Predavanja o Jevanđelju po Jovanu

Koraci Gospoda I

Dr. Džerok Li (Jaerock Lee)

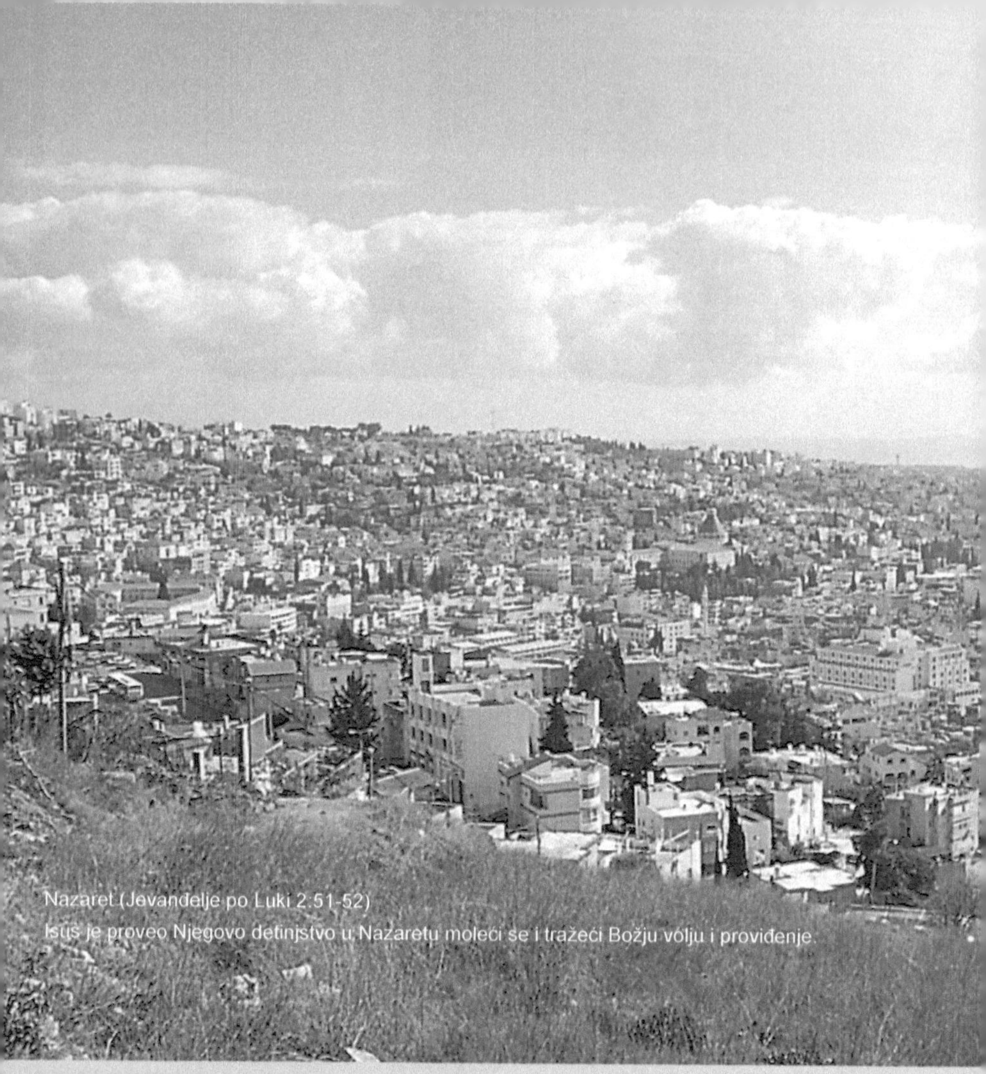

Nazaret (Jevanđelje po Luki 2:51-52)

Isus je proveo Njegovo detinjstvo u Nazaretu moleći se i tražeći Božju volju i proviđenje.

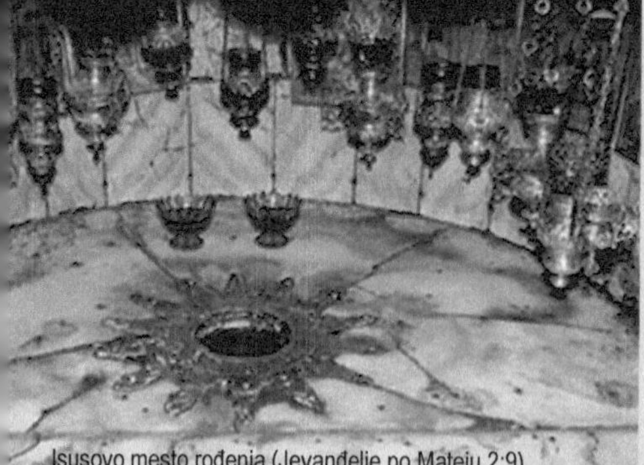

Isusovo mesto rođenja (Jevanđelje po Mateju 2:9)

Isus je rođen u Vitlejemu u zemlji Judeje pre oko 2000 godina kako bi ispunio Božje proviđenje spasenja.

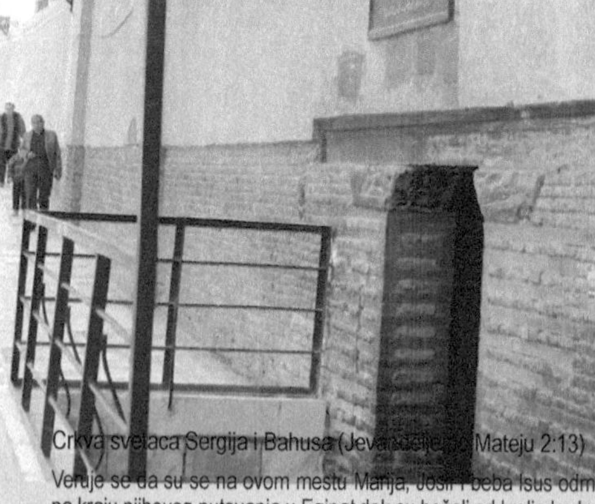

Crkva svetaca Sergija i Bahusa (Jevanđelje po Mateju 2:13)

Veruje se da su se na ovom mestu Marija, Josif i beba Isus odma na kraju njihovog putovanja u Egipat dok su bežali od kralja Iroda.

Isus,
Spasitelj,

koji je iza ostavio slavu nebesa

da bi spasio svet izgubljen u grehu

Gora iskušenja (Jevanđelje po Mateju 4:1)

Nakon 40-dnevnog posta, Isus je vođen Svetim Duhom u pustinju da bi bio uhvaćen od strane đavola.

Reka Jordan (Jevavnđelje po Mateju 3:13)

Dok je Isus krštavao u reci Jordan nebesa su se otvorila i Duh Božji se spustio nad Njim poput goluba.

Franjevačka crkva za venčanje u Kani (moderni naziv Kafr Kanna) (Jevanđelje po Jovanu 2:7-11)

Na početku Njegove javne službe, Isus je izveo Njegov prvi znak pretvarajući vodu u vino na svadbenom veselju.

Sinagoga u Kapernaumu (Jevanđelje po Luki 4:31-32)

Gde god da je On išao, Isus je tražio sinagogu u toj oblasti da bi propovedao jevanđelje o Nebesima.

Vitsaida (Jevanđelje po Mateju 11:21)

Uprkos činjenici da je Isus izvodio mnogo čuda u Vitsaidi, oni se nisu pokajali i On je prekorio grad.

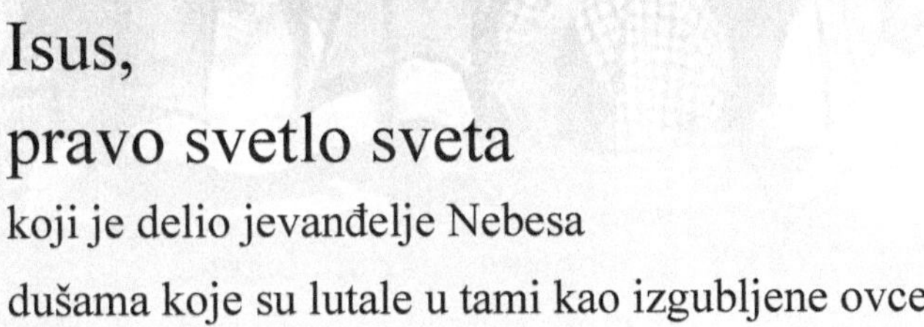

Isus,
pravo svetlo sveta

koji je delio jevanđelje Nebesa

dušama koje su lutale u tami kao izgubljene ovce

Galilejsko more

U Galileji koja je bila glavna lokacija za Njegovu službu, Isus je pozvao Njegove učenike zajedno i izvodio je brojna čuda.

Isus...
iscelitelj

koji je doneo slobodu
bolesnim i potlačenim,
i koji je doneo utehu i nadu
odbačenim i zanemarenim.

Crkva množenja u Tabghi (Jevanđelje po Jovanu 6:11-13)

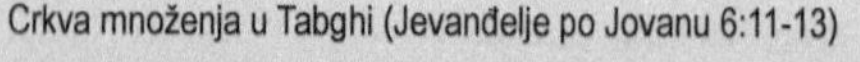

Ova crkva je takođe nazvana crkva množenja hlebova i ribe u znak sećanja na čudo gde su se najeli pet hiljada ljudi sa dve ribe i pet vekni hleba.

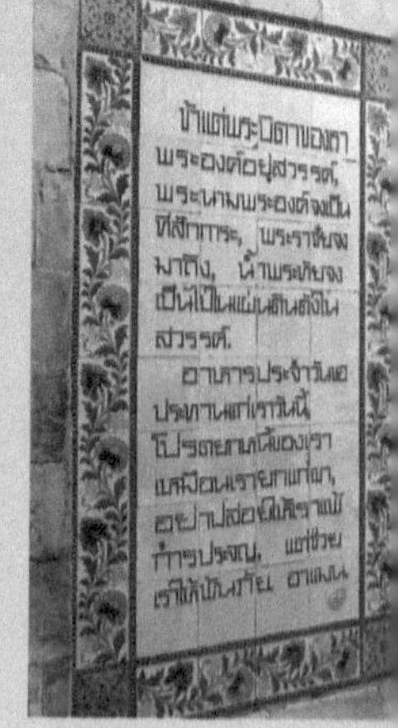

Kapela Pater Noster
(Jevanđelje po Mateju 6:9-13)

Banja Siloamska (Jevanđelje po Jovanu 9:7)

Isus je rekao slepom čoveku da opere njegove oči u ovom bazenu. Čovek je isceljen i sa vidom je otišao kući.

Gora Preobraženja (Jevanđelje po Luki 9:28-30)

Na ovoj gori Isus se preobrazio i učestvovao je u dubokom duhovnom razgovoru sa Mojsijem i Ilijom.

Ovde je Isus učio Njegove učenike molitvi Gospodnjoj. Molitva Gospodnja je upisana na zidine crkve na oko 70 različitih jezika.

Drvo masline

Viša od čak 810 metara, gora maslina je bila prekrivena drvećem maslina još od davnina.

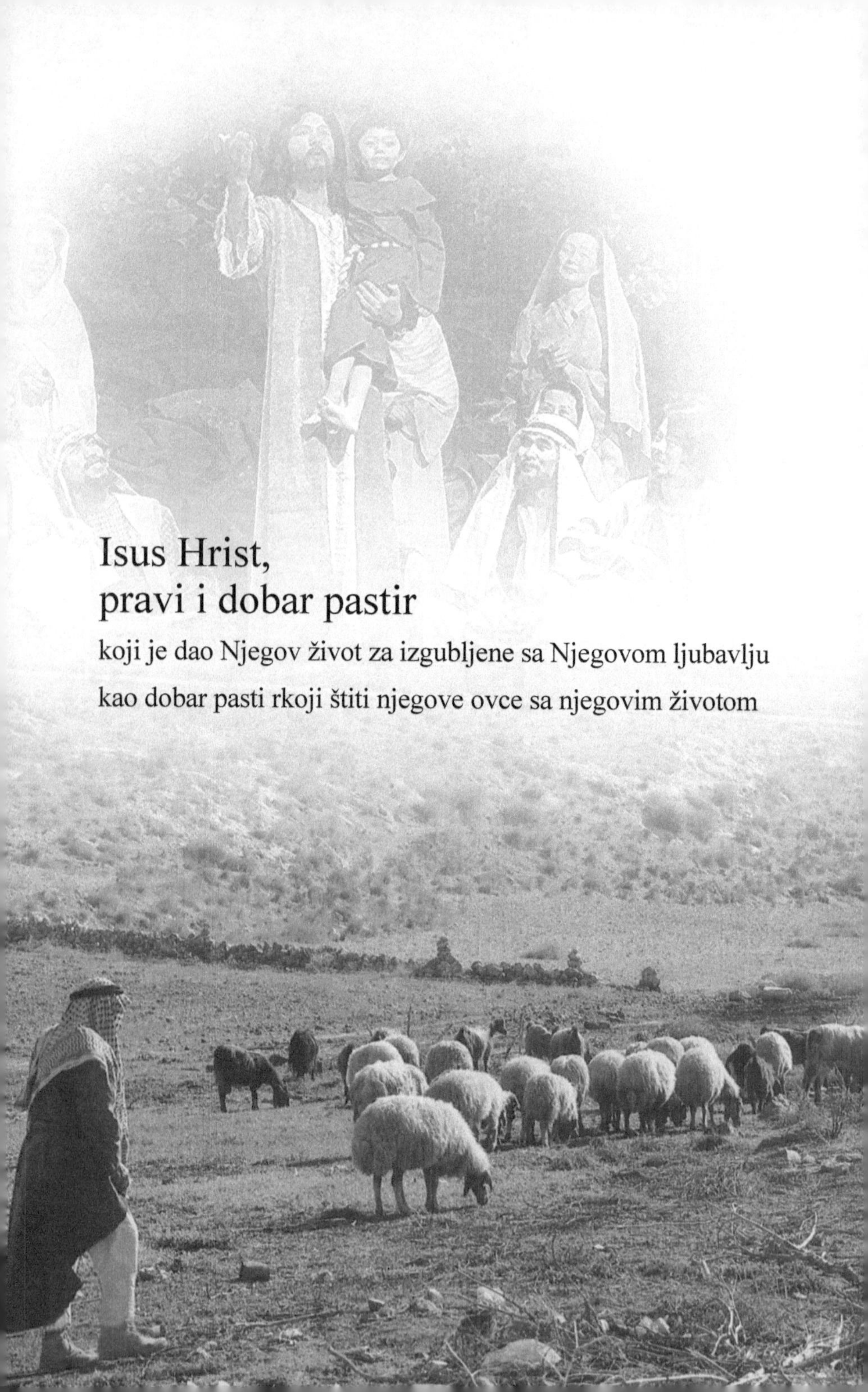

Isus Hrist,
pravi i dobar pastir

koji je dao Njegov život za izgubljene sa Njegovom ljubavlju

kao dobar pasti rkoji štiti njegove ovce sa njegovim životom

Koraci Gospoda I

Predavanja o Jevanđelju po Jovanu

Koraci Gospoda I

Dr. Džerok Li

Koraci Gospoda I:
Predavanja o Jevanđelju po Jovanu od strane dr. Džerok Lija
Objavile Urim knjige (Predstavnik: Johnny H. Kim)
73, Yeouidaebang-ro 22-gil, Dongjak-Gu, Seul, Koreja
www.urimbooks.com

ISBN: 979-11-263-0643-5, 979-11-263-0642-8(set) 04230

Prethodno objavila na korejskom jeziku Urim knjige u 2009.g.

Prvo izdanje Maj 2020

Uredio dr. Geumsun Vin
Dizajnirao urednički biro Urim Books
Štampa Prione Printing
Za više informacija kontaktirajte: urimbook@hotmail.com

Prateći Njegove stope...

Dok sam se vraćao unazad Gospdovim koracima za vreme mog hodočašća u Svetu zemlju, došao sam do plavih voda Galilejskog mora. Osećao sam se kao da sam se vratio unazad 2000 godina u vreme našeg Gospoda. Nisam mogao da prođem niti pored jednog kamenčića, niti pored jedne travke a da ne budem zadivljen njihovim značajem. Kad god sam zatvorio oči na nekoliko sekundi, to je izgledalo kao da sam mogao jasno da čujem glas Gospoda. A dok sam gledao iza trag prašine nogu hodočasnika koji su koračali da bi pratili Gospodove korake, prošlost i sadašnjost su postali zamršeni u jednoj mreži i sam sam osetio kao da sam stajao na baš tom mestu gde je Gospod sprovodio Njegovu službu. Možda je to bilo zbog moje iskrene želje da pratim Njegove korake.

Postoje četiri jevanđelja u Bibliji koja prate korake koje

je Gospod napravio za vreme Njegovog službovanja. Ta jevanđelja su: po Mateju, po Marku, po Luki i po Jovanu. Među četiri jevanđelja, Jevanđelje po Jovanu, zapisano od strane Jovana – koji je bio toliko blizu Gospoda da je nazvan „ljubljeni učenik," a koji se susreo sa svime iz prve ruke-nosi najdublje duhovno značenje. Jevanđelje po Jovanu je to koje najjasnije pokazuje da spasenje dolazi od samog Isusa Hrista i da je On pravi Sin Božji.

Svaki put kada čitam jevanđelja, ja postajem prepravljen emocijama. Naročito kada čitam Jevanđelje po Jovanu, Sveti Duh me obasjava sa dubokim duhovnim značenjem reči zapisanim u njemu i ja ne mogu a da ne podelim ovo sa svakim koga poznajem. Baš kao što je Gospod rekao apostolu Pavlu: „Hrani ovce Moje," ja sam takođe osetio potrebu da nahranim sve vernike sa dubokim, duhovnim tajnama pronađenim u Jevanđelju po Jovanu. Zbog toga sam ja u Julu 1990 god., počeo da dajem seriju od 221 propovedi o Jevanđelju po Jovanu.

Predavanja o Jevanjđelju po Jovanu: Koraci Gospoda I

& II jasno zahvataju sliku Isusa od pre 2000 godina kao što se vidi u očima Jovana, koji je bio svedok života Isusa iz prve ruke. I prolazeći kroz vreme večnosti, tajne o početku vremena, kao i informacije o poreklu Isusa i Njegove ljubavi i proviđenju koje nas na kraju dovode do našeg spasenja, su sve razmršene.

Bilo da je On bio u Hramu, na mestu sastajanja, ili u planinama ili poljima, Isus je učio ljude koristeći slike iz svakodnevnog života kako bi svako mogao Njega lako da razume. Njegove poruke su uglavnom bile o Bogu, Njegova dužnost kao Spasitelja i večni život. Čak iako visoki sveštenici i Fariseji nisu mogli da razumeju duhovno značenje Njegovih poruka, dobri ljudi poput Nikodima, žene Samarićanke na izvoru Sihar i Lazara, našli su nove živote kroz Gospodove poruke. Dok su deljene poruke života koje nisu nigde drugde mogle da se čuju, Gospod je doneo utehu i nadu bolesnima, siromašnima i zanemarenima. Međutim, oni ljudi koji su odbili da razumeju Božju ljubav okrenuli su leđa Isusu, jer On nije bio nalik Mesiji kojeg su oni čekali. I na kraju, ti isti ljudi vikali su na Njegovom raspeću na krstu. Sada, šta mislite da je prolazilo kroz Isusove misli dok je On bio raspet na krstu?

Kada mi shvatimo žrtvu koju je načinio Isus – trpeći sve vrste boli i mučenja zato što je krst bio jedini put Božjeg proviđenja – mi samo možemo ponizno da se poklonimo pred Njim. Od Njegovog rođenja, do znakova i čuda koje je On izvodio, pa od poruka koje je On prenosio, do Njegove patnje na krstu i na kraju Njegovog vaskrsenja, svaki korak koji je Isus načinio je bio značajan. Kada shvatimo duhovni značaj iza svakog slučaja, mi možemo jasno da razumemo duboku ljubav koju Bog ima za nas.

Tajna večnog života koja je pronađena u Jevanđelju po Jovanu se odnosi i na nas danas. Ako mi otvorimo naša srca i prihvatimo Gospoda sa dobrim srcem, mi ćemo otkriti neverovatno blago, a ako živimo u skladu sa Rečju, Bog će odgovoriti na naše molitve i daće nam nezamislive blagosove i snagu.

Ja bih želeo da dam posebnu zahvalnost dr. Geumsun Vin,

direktorki Izdavačkog biroa i osoblju koji su marljivo radili na izdavanju ove knjige, a ja se i nadam da će svako ko čita ovu knjigu iskusiti Božju veliku ljubav. Ja se takođe molim da kako pratite korake Gospoda i živite u skladu sa Njegovim učenjima, da ćete dobiti odgovore na sve vaše molitve i da će vam Bog darovati neverovatne blagoslove odozgo!

Januar 2009 god.
Džerok Li (Jaerock Lee)

Kako je nastalo Jevanđelje po Jovanu

1. O autoru Jevanđelja po Jovanu

Autor Jevanđelja po Jovanu je apostol Jovan. Iako se ne pominje u Jevanđelju po Jovanu ko je njegov autor, mi lako možemo da zaključimo da je autor Jovan. Ovo je zato što je kao Gospodov „ljubljeni učenik" (Jevanđelje po Jovanu 13:23, 19:26, 20:2, 21:7, 20) Jovan, iz prve ruke iskusio Gospodov život.

Jovan je sin Zevedeja i Salomije i mlađi brat Jakova. Zajedno sa svojim bratom Jakovom, Jovan je bio jedan od prvih Isusovih učenika. Zbog njegove plahovite naravi, Jovan je bio nazvan „sin gromova." Međutim, on je bio toliko voljen od strane Gospoda da je imao priliku da bude svedok Isusovom duhovnom preobraženju na gori Preobraženja i povrataku u život Jairove kćeri. I nakon što je Isus uhvaćen od strane Jevreja, dok su svi učenici od straha pobegli, Jovan je ostao uz Gospoda do momenta dok On nije umro na krstu. I zato što je Isus video Jovanovu pouzdanost, Isus je poverio Jovanu devicu Mariju, nekoliko trenutaka pre nego što je umro na krstu.

Nakon što je bio svedok Isusovog vaskrsenja i nakon što je primio blagoslov Svetog Duha, Jovan je bio druga osoba. I on je posvetio svoj život u širenju jevanđelja (Dela Apostolska 4:13) i proveo je njegove poslednje godine u Efesu. Onda, nakon oštre tiranije cara Domicijana, Jovan je prognan na ostrvo Patmos. Napravljeno u potpunosti od granita, ostrvo Patmos je sačinjeno od jalove zemlje gde je voda za piće bila retka i gde se vegetacija teško razvijala.

Tokom dana, pod nadzorom rimskih vojnika, Jovan je bio primoran da radi u kamenolomu pod teškim uslovima. A tokom noći, dok je trpeo zbog zime i gladi, Jovan je svu njegovu energiju usmerio ka molitvi. Čak i sada, ako posetimo pećinu za koju se kaže da se Jovan u njoj molio svaki dan, mi još uvek možemo da vidimo njegove otiske ruku koji nam govore kakvi su tu uslovi bili dok je Jovan tamo boravio. Nakon smrti Domicijana, Jovan se vratio u Efes i tamo umro. U njegovim zapisima, uključujući Jevanđelje po Jovanu, Prvu, Drugu i Treću Poslanicu Jovanovu i knjigu Otkrivenja Jovanovog, Jovan spominje ljubav preko 120 puta, zbog čega je i često nazvan „Apostolom ljubavi.“

2. Zašto je napisano Jevanđelje po Jovanu

U Jevanđelju po Jovanu 20:31, apostol Jovan jasno tvrdi zašto je napisao Jevanđelje po Jovanu.

> *„A ova se napisaše, da verujete da Isus jeste Hristos, Sin Božji, i da verujući imate život u ime Njegovo. “*

U to vreme, mnogi Jevreji su mrzeli Isusa i čvrsto su poricali da je On Hrist, na kraju su Njega ubili na krstu. Ali prema onome gde je on bio svedok iz prve ruke, apostol Jovan je jasno svedočio da je Isus pravi Sin Božji i da je On Hrist.

Tema Jevanđelja po Jovanu je „Hrist, ljubav, život i Svetlost sveta.“ I ono nam govori o Hristu koji je došao na ovu zemlju da bi nama dao život, hristu koji je došao da osvetli svet iz tame i

Hristu koji je pokazao Božju ljubav svetu žrtvujući Sebe.

3. Šta čini Jevanđelje po Jovanu posebnim

Generalno, tri jevanđelja koja beleže službu i učenja Isusa-Matej, Marko i Luka-su slična po sadržaju, strukturi i perspektivi; zbog čega su ova jevanđelja nazvana sinoptička jevanđelja. Međutim, svakako da postoji nešto što čini Jevanđelje po Jovanu drugačijim od ostalih jevanđelja.

Prvo, sinoptička jevanđelja zapisuju službu Isusa gde je Galileja glavna scena događaja, ali Jevanđelje po Jovanu zapisuje službu Isusa i fokusira se uglavnom na Jerusalim i Judeju.

Drugo, iako je pasha samo jednom spomenuta u sinoptičkim jevanđeljima (Jevanđelje po Mateju 26:1-5; Jevanđelje po Marku 14:1; i Jevanđelje po Luki 22:1-2), Jevanđelje po Jovanu spominje pashu tri puta (Jevanđelje po Jovanu 2:13; 6:4; i 11:55), označava da je Isusova služba trajala ukupno tri godine.

Treće, sinoptička jevanđelja se fokusiraju na kraljevstvo Nebesa, Jevanđelje po Jovanu se fokusira na odnos između Isusa i Boga i večni život (Jevanđelje po Jovanu 3:16; 5:24; 11:25; 17:2-3).

Jevanđelje po Jovanu objašnjava poreklo isusa Hrista i kako je On bio sa Bogom od početka i fraza: „Ja sam ---“ se pojavljuje mnogo puta kroz Jevanđelje po Jovanu. Fraza kao što je: „*Ja sam hleb života*“ (Jevanđelje po Jovanu 6:35), „*Ja sam videlo svetu*“ (Jevanđelje po Jovanu 8:12), „*Ja sam put i istina i život*“ (Jevanđelje po Jovanu 14:6), „*Ja sam pastir dobri*“ (Jevanđelje po Jovanu 10:11), „*Ja sam pravi čokot*“ (Jevanđelje po Jovanu 15:1) jasno pokazuju ko je Isus. I događaji kao što je prvi znak koji Isus izvodi na svadbenom veselju u Kani, ili Njegova poseta Samariji i mnogi drugi koji nisu zapisani u sinoptičkim jevanđeljima, zapisani su u Jevanđelju po Jovanu.

Naročito u Jevanđelju po Jovanu, mi vidimo zapis kako Isus govori: „*Zaista, zaista vam kažem,*“ u mnogim prilikama. Ovo snažno naglašava čitaocu apsolutnu vrednost Božje Reči.

Sadržaj

Sadržaj

Poglavlje 1

Sin Božji koji je došao na ovaj svet

1. Isus, reč koja je postala meso
(1:1-18)

2. Svedočenje Jovana Krstitelja
(1:19-34)

3. Sledbenici Isusa
(1:35-51)

Isus, reč koja je postala meso

Još od početka vremena ljudi su smatrali važnim faktorom u životu porodičnu liniju ili poreklo. Porodična stabla pokazuju želju ljudi da otkriju i neguju njihovo poreklo i koren. Porodično stablo pokazuje ko su naši roditelji, ko su naše bake i deke o ko su naše pra-bake i pra-deke. Ako nastavimo da idemo ka vrhu porodičnog stabla, do pravog porekla cele naše familije, šta mislite ko je koren svih nas? To su Adam i Eva, preci celog čovečanstva.

Tako da, koji događaji su se dogodili pre postojanja čoveka, kako je nastao čovek i zašto je Isus, Sin Božji, trebao da dođe na ovaj svet?

Bog i Reč

„U početku beše Reč, i Reč beše u Boga i Bog beše Reč." (1:1)

Tajna o poreklu života nalazi se u Jevanđelju po Jovanu 1:1. Rečeno je da je na početku postojala „Reč." Ovde, „Reč" označava Boga, koji postoji u obliku Reči. Za razliku od čoveka, Bog nije nastao kao rezultat rođenja od strane roditelja. On je savršeno Boće koje je postojalo pre večnosti (Izlazak 3:14).

U stvarnosti, kada objašnjavamo o Bogu mi ne treba zaista da koristimo reč „početak." Međutim, razlog zbog čega mi koristimo reč „početak" je zato što u skladu sa ljudskim znanjem i iskustvima, sve stvari i događaji moraju da imaju neki početak. Tako da nam ova reč pomaže da bolje razumemo koncept Boga.

Reč „početak" se takođe nalazi u Postanku 1:1: „ *U početku stvori Bog nebo i zemlju.* " Ali, ovaj „početak" se razlikuje od „početka" koji je zapisan u Jevanđelju po Jovanu. Svaki od ova dva početka se odnose na različito vreme. Spomenut „početak" u Postanku se odnosi na vreme kada je Bog stvorio nebo i zemlju, a „početak" spomenut u Jevanđelju po Jovanu se odnosi na vreme pre večnosti koje čovek ne može ni da zamsili.

Onda, zašto je Jovan rekao da je na početku postojala „Reč" a ne „Bog?" Ovo je kako bi se bolje objasnila slika o Bogu. Na samom početku, Bog nije postojao u obliku ili po izgledu na čoveka. Kao što je zapisano u 1. Jovanovoj Poslanici 1:5: „ *Bog je Videlo,* " Bog je vladao celim prostranstvom vremena i prostora usred jasne, raskošne i prelepe svetlosti, pružajući utočište za bezbroj reči.

Ove reči su jasne, transparentne, glatke a opet veličanstvene i jakog zvuka koji je dovoljno jak da odjekuje kroz celi univerzum. Ljudi koji su čuli Božji glas pod dubokom inspiracijom Svetog Duha mogli su lako da razumeju ovaj zvuk. Dok je sam vladao nad ogromnim prostorom, do neke mere, kako bi imao iskrenu decu sa kojom bi On podelio iskrenu ljubav, Bog je začeo plan da „kultiviše čoveka."

Nakon planiranja kultivacije čoveka, Bog je uzeo oblik za Sebe (Postanak 1:26). Bog koji je samo postojao u obliku Reči sada je imao izgled čoveka i On je postojao kao Trojedini Bog, time što je bio Otac, Sin i Sveti Duh. Bog je morao da načini od Sebe Trojedinog Boga zato što je Njemu bio potreban Sin Isus, koji će postati Spasitelj kroz kojeg ljudi mogu postati iskrena deca Božja i Sveti Duh, koji će ispuniti kultivaciju čoveka.

Zato što je zapisano: „I Reč beše u Boga," izgleda kao da su Reč i Bog različiti entiteti. Međutim, zaključak: „I Bog beše Reč" nam daje do znanja da je Reč zapravo Sam Bog. Ali ako treba da analiziramo redosled, Reč je bila prva. Ovo je zato što je Reč postala Sveto Trojstvo a onda je preuzela ime „Bog." Kada je postojala samo Reč, On nije imao potrebu za drugim imenom ali nakon planiranja kultivacije čoveka, On je imao potrebu da čoveku da ime kako da Njega naziva.

Normalno, kada mi kažemo „Reč," mi mislimo na 66 knjiga Biblije. Ali Biblija je zapis koja objašnjava poziciju čoveka, put spasenja i tako dalje-informacije koje su potrebne za vreme čovekove kultivacije. Međutim, ovo je samo mala porcija Reči koja je postojala od samog početka a koja obuhvata celo Božje srce.

Isus Hrist

„Ona beše u početku u Boga. Sve je kroz Nju postalo, i bez Nje ništa nije postalo što je postalo. U Njoj beše život i život beše videlo ljudima. I Videlo se svetli u tami, i tama Ga ne obuze." (1:2-5)

Bog koji je postojao u obliku Reči, načinio je Sebe u Trojedinog Boga zbog ljudske kultivacije, a kao Sveto Trojstvo, On je počeo delo stvaranja. Tako da nam ovaj stih govori da su još od samog početka, ili čak i pre stvaranja, Otac, Sin i Sveti Duh postojali zajedno i da su čak i činili zajedno.

Kada je došlo vreme Bog, koji je planirao ljudsku kultivaciju čoveka kako bi okupio iskrenu decu, započeo je stvaranje univerzuma sa Njegovom Rečju. Kada je Bog rekao „*Neka bude svetlost,*" svetlost je nastala i sve u prirodi, sva vegetacija i svi živi organizmi, nastali su u skladu sa svakom Njegovom zapovesti (Postanak, poglavlje 1). Ovo je zato što je Reč Sam Bog i pravi izvor života.

Na kraju, Bog je stvorio čoveka i postavio je kamen temeljac za kultivaciju čovečanstva. Kroz ovo, Bog se nadao da će imati decu po Njegovom liku, ali ljudi nisu živeli po Božjoj Reči. Na kraju, čovečanstvo je počelo da korača ka putu smrti.

Tako da, kako bi im dao iskren život, Bog je uzeo telo čoveka i došao na ovaj svet. Ovo je Bog Sin, Isus. Zato što je Isus imao isto poreklo kao Bog Otac, sve Njegove Reči i dela ukazuju na srce Boga. Zbog toga je On rekao: „*Koji vide Mene, vide Oca*" (Jevanđelje po Jovanu 14:9).

Isus je imao telo čoveka, ali pošto On potiče od Reči, on je mogao da isceljuje bolesne, vraća mrtve u život i umiruje vetar i mora (Jevanđelje po Marku 4:39). I konačno, kako bi nam dao Nebesa, On je uzeo krst umesto nas i dao nam večni život (1. Jovanova Poslanica 1:2).

1 Jovanova Poslanica 5:12 kaže: „*Ko ima Sina Božijeg ima život; ko nema Sina Božijeg nema život.*" A u Jevanđelju po Jovanu 14:6 Isus govori: „*Ja sam put i istina i život; niko neće doći k Ocu do kroza Me.*"

Tako da je Isus, koji je Sam život, došao na ovaj svet kao Svetlost čoveka. I pošto ova Svetlost sija u tami, čovek može da razazna neistinu koja leži u tami i može da razume pravu dobrotu i hoda ka životu, istini i Svetlosti.

Međutim, kao što je zapisano: „i tama Ga ne obuze," ljudi koji su uprljani grehom su od neprijatelja đavola, koji ima vlast nad svetom tame. Prema tome, ljudi pod ovom vlašću vide Svetlost ali ne mogu da je shvate.

Svedok svetlosti

„Posla Bog čoveka po imenu Jovana. Ovaj dođe za svedočanstvo da svedoči za Videlo da svi veruju kroza nj. On ne beše Videlo, nego da svedoči za Videlo." **(Jevanđelje po Jovanu 1:6-8)**

Pre nego što je poslao Isusa na ovu zemlju i ljudi koji su živeli u sredini bezakonja, nemorala i greha, Bog je pripremio svedoka da svedoči o Isusu, koji je Svetlost i život.

Ljudi lako govore da je Bog jedan koji kontroliše život i smrt. Naravno Bog ima potpunu vlast nad životom i smrću i sa preciznošću i po redosledu On kontroliše ceo univerzum. Međutim, On ne odlučuje o tome koja su se deca rodila nekim roditeljima. Svaki čovek i žena imaju slobodnu volju da biraju supružnika, venčaju se i imaju decu. Jedina stvar koju Bog daje su biološke potrepštine u njihovim telima da bi dobili svoje potomke. To su jajnici i sperma.

Međutim, postoje posebni slučajevi gde Bog interveniše u pravljenju osobe kako bi ga iskoristio na poseban način za Njegovo kraljevstvo. Dok se pripremao da ispuni volju u budućnosti, On je birao određenu osobu za određenu nameru. Jovan Krstitelj je bio takva osoba. On je bio začet pod Božjim proviđenjem da bi pripremio put za Isusa, koji je trebao da postane Spasitelj celog čovečanstva.

Jevanđelje po Luki 1:5-6 kaže: „*U vreme Iroda cara judejskog beše neki sveštenik od reda Avijinog, po imenu Zarija, i žena njegova od plemena Aronovog, po imenu Jelisaveta. A behu oboje pravedni pred Bogom, i življahu u svemu po zapovestima i uredbama Gospodnjim bez mane.*" Zarije i Jelisaveta su bili priznati od Boga kao besprekorni i pravedni. Jedino što im je nedostajalo u njihovim starim godinama je njihovo sopstveno dete. Ali Bog je video dobrotu njihovih srca i blagoslovio je Jelisavetinu matericu da bi mogla da začne dete (Jevanđelje po Luki 1:13). To dete je bilo Jovan Krstitelj.

Pod Božjim proviđenjem, Jovan koji je rođen šest meseci pre Isusa, vodio je veoma poseban život za razliku od ostalih.

Odvojen od ostatka sveta, Jovan je živeo u pustinji, nosio je odeću napravljenu od kamilje dlake sa kožnim kaišem oko struka i živeo je hraneći se skakavcima i divljim medom. On je samo komunicirao sa Bogom i shvatao je njegovu misiju i pripremao se za nju.

Njegova misija je bila da pripremi put za Isusa. Mnogo je ubedljivije kada neko drugi kaže: „Ova osoba je ovakva" za nekog pojedinca, umesto da sama osoba kaže: „Ja sam takav." Sa ovim u mislima, ljudima bi bilo mnogo teže da prihvate Isusa kao Mesiju da je On Sam izgivorio: „Ja sam Mesija. Verujte u Mene." Zbog toga je Bog izabrao Jovana da svedoči o „Mesiji" koji treba da dođe.

Da je svedok živeo u tami i svedočio o Svetlosti, ljudi mu nikada ne bi poverovali i ne bi ga pratili. Zbog toga je Jovan bio toliko čestit i neovozemaljski- do mere da je imao samo jednu vrstu odeće- i vodio je život u potpunoj pokornosti prema Bogu dok je svedočio o Isusu.

Prava Svetlost i deca Božja

„Beše Videlo istinito koje obasjava svakog čoveka koji dolazi na svet. Na svetu beše, i svet kroza Nj posta, i svet Ga ne pozna. K svojima dođe, i svoji Ga ne primiše. A koji Ga primiše dade im vlast da budu sinovi Božiji, koji veruju u ime Njegovo, koji se ne rodiše od krvi, ni od volje telesne, ni od volje muževlje, nego od Boga." (1:9-13)

Predmet koji daje svetlost, bez obzira koliko da svetli, ima svoja ograničenja. Čak ni sunce ne može da osvetli celu zemlju u isto vreme. Međutim, Isus je prava Svetlost koja daje svetlost celom svetu i svakome u njemu. Fizička svetlost koju mi vidimo sa našim očima može da izbledi vremenom, ali Isus Hrist je večan i prema tome On je nazvan prava Svetlost.

Jovan Krstitelj je posvetio ceo svoj život u učenju ljudi o ovoj Svetlosti, ali ljudi ipak nisu prepoznali ovog Isusa. Ovo je zato što Isus nije izgledao kao Mesija kojeg su oni zamišljali i očekivali. U ovo vreme, Jevreji su živeli pod ugnjetavanjem Rimskog carstva, tako da su oni očekivali Mesiju sa političkom moći koji će da ih oslobodi od ovog ugnjetavanja. Međutim, u njihovim očima, Isus je izgledao mnogo nemoćno i siromašno za ovaj zadatak.

Ali onima koji su prihvatili ovog Isusa koji je došao u zemlju Judeju i onima koji su verovali u Njegovo ime, Bog je dao pravo da postanu Njegova deca. On im je takođe dao Svetog Duha kao dar i zapisao njihova imena u Knjigu života na Nebesima. Od tog momenta pa nadalje, oni su dobili pravo da nazivaju Boga njihovim „Ocem." Ovo pravo je neuporedivo sa ničim na ovoj zemlji. Porodični odnosi, ili odnosi po krvi se završavaju kada osoba umre. Međutim, duhovni porodični odnosi su večni, jer oni ostaju povezani čak i na Nebesima (Jevanđelje po Mateju 12:50).

Tako da ljudi koji postaju deca Božja su svi braća i sestre u Hristu. Neki ljudi misle da su prihvatili Hrista i da su samovoljno došli u crkvu, ali to nije tako. Mi ne postajemo Božja deca kroz naše sopstvene napore ili želje. Samo Bog ima kontrolu nad ovim, a prema tome sva deca Božja su rođena od

Boga.

Slava Božjeg Jedinorodnog Sina

„I Reč postade telo i useli se u nas puno blagodati
i istine; i videsmo slavu Njegovu, slavu, kao
Jedinorodnoga od Oca." (1:14)

Bog, koji je na samom početku postojao kao Reč, uzeo je
oblik čoveka i došao je na ovu zemlju kako bi Sebe pokazao
nama. Kada je On u liku Njegove kreacije da bi njih spasio,
mi zovemo Njega „Isus, Božji Jedinorodni Sin." Tako da ime
Isus znači: *„On će izbaviti Svoj narod od greha njihovih"*
(Jevanđelje po Mateju 1:21). Pre nego što je poslao Njegovog
Sina, Bog je poslao anđela Gavrila devici Mariji da joj da kaže o
Isusovom dolasku.

*„Duh Sveti doći će na tebe, i sila Najvišeg oseniće
te; zato i ono što će se roditi biće sveto, i nazvaće se
Sin Božji"* (Jevanđelje po Luki 1:35).

Fizičko okruženje i uslovi koji su okruživali Isusovo rođenje
bili su veoma siromašni. U to vreme, u skladu sa odredbom
Rimskog cara, Marija i Josif su morali da se vrate u njihov rodni
grad Vitlejem da bi registrovali njihovu porodicu u popisu.
Pošto su se svi ljudi koji su bili rasprostranjeni po celoj zemlji u
isto vreme vraćali u rodne krajeve, nije bilo ni čudo što su sve
gostionice bile prepune. Zbog toga je Isus rođen u štali gde su

bile životinje. To znači da je On došao da služi ljudima koji se nisu ralikovali od životinja pored kojih je On rođen.

Međutim, duhovna atmosfera za vreme Njegovog rođenja je bila svakakva osim loša. Brojni anđeli su hvalili Boga i slavili rođenje Spasitelja. Oni su znali da će Isus prevazići moć smrti i tamu i da će ponovo okrenuti izgubljen narod ove zemlje u Božju decu.

Isus je rođen u oblasti Vitlejema u zemlji Judeje. Ali Njegova porodica je morala sa Njim da pobegne u Egipat. On je proveo Njegovo rano detinjstvo u Nazaretu, oblasti jugozapadno od Galilejskog mora. Smešten u mirnom i osamljenom delu prirode, Isus se zadubljivao i postajao je svestan Božje volje i proviđenja. Kada god je On imao vremena, On je odlazio na planine i molio se i meditirao na Božjim Rečima gledajući ka Nebesima. On je strpljivo čekao da ispuni Njegovu misiju u širenju jevanđelja Nebesa i uzimanju krsta za spasenje čovečanstva.

Kada je On imao dvanaest godina, Isus, Marija i Josif otišli su u Jerusalim da proslave praznik pashe. Nakon što je proslava bila završena, Marija i Josif su se spremali da se vrate kući. Postojalo je toliko mnogo ljudi koji nisu videli da je Isus nestao sve dok ceo dan u putu nije prošao. Misleći da se mlad Isus izgubio na nepoznatom mestu, oni su svuda pokušavali da Ga pronađu. Oni su pretraživali puteve i unutrašnjost zidina grada četiri dana, ali Isusa nigde nisu mogli da pronađu. Kada su već postali umorni i na rubu očajanja, videli su Isusa u hramu kako razgovara sa velikim učiteljima Zakona. Isus nije izgledao ni malo rastrojen niti nervozan. Umesto toga, On je izgledao veoma staložen i smiren, kao da je On bio kod Svoje kuće.

Iz nekoliko dana, dok je Isus razgovarao sa učiteljima Zakona, ljudi koji su Njega slušali bili su zapanjeni Njegovom mudrošću i znanjem. Ovaj događaj nam pokazuje kako je već u dvanaestoj godiniIsus bio upoznat sa Zakonom. Čak i u ovim ranim godinama, Isus je već bio zainteresovan za duboka duhovna značenja sadržana u svakom zakonu. Tako da se kaže u Jevanđelju po Luki 2:52: *„I Isus napredovaše u premudrosti i u rastu i u milosti kod Boga i kod ljudi.“*

Neki ljudi misle da je kao dete, Isus pomagao Josifu u stolarskim radovima. Ali ako je Isus pomagao Josifu u stolariji, kako je On onda imao vremena da bude upoznat sa Zakonom i da čak zadivi velike učitelje Zakona? A devica Marija je znala ko je Isus. Znajući da je On bio Sin Svevišnjeg Boga, ona Njemu nije dozvolila da se bavi stolarijom. Ona je želela da služi Njemu i da Njega pazi sa najvećom brigom.

Pošto se On primremao za Njegovu službu još od ranijih godina, od trenutka kada je napunio trideset godina, On je sa punom snagom započeo Njegovu službu. On je pozvao Njegovce učenike zajedno i pokazao je Božju moć ljudima, Kao Sin Božji, Isus je svedočio o živom Bogu i davao je Njemu slavu. On je otvarao oči slepim, činio da mutavi progovore i vraćao mrtve u život. Ljudima koji su u potpunosti izgubili svoja mesta kao oni stvoreni po Božjem liku a koji su živeli kao životinje, Isus je pokazao njihovu pravu sliku i identitet kao dece Boga. On je otkupio ljude iz isromaštva, bolesti i slabosti. On je doneo nadu onima koji su bili očajni a ljudima koji su hodali ka večnoj smrti, On je doneo uslugu i priliku da steknu večni život. Ova usluga koju nam Bog garantuje besplatno je nazvana „milost.“

A pravedan put, život i večni život, nešto što se nikada ne menja, čak i kako vreme prolazi, mi nazivamo „istina.“ Iako je Isus imao beskrajnu moć i vlast kao Bog, on se ophodio prema zlim ljudima sa dobrotom i On je imao milosti prema svim ljudima-opraštajući im i voleći ih. I zato što je On osvetljavao svet sa ovom prelepom istinom, Biblija govori da je On bio prepun „milosti i istine.“

Milost i istina kroz Isusa Hrista

„Jovan svedoči za Njega i viče govoreći: 'Ovaj beše za koga rekoh: „Koji za Mnom ide preda Mnom postade, jer pre Mene beše.“' I od punine Njegove mi svi uzesmo blagodat za blagodaću. Jer se zakon dade preko Mojsija; a blagodat i istina postade od Isusa Hrista. Boga niko nije video nikad; Jedinorodni Sin koji je u naručju Očevom, On Ga javi.“ (1:15-18)

Ime Jovan znači „onaj voljeni od Boga.“ Sam Jovan je znao da je poslat od Boga pre Isusa da svedoči o Njemu. Zbog toga je Jovan znao da je Isus, koji je sa Bogom od početka, bio „pre“ njega. Čak iako je živeo sam u pustinji on je bio prepun milosti sa velikom nadom za Nebesa. Zato što je Jovan svedočio o Isusu, koji je Svetlost i život, on je samo mogao da bude preplavljen milošću. Jovan takođe izražava preobilnu radost u njegovom

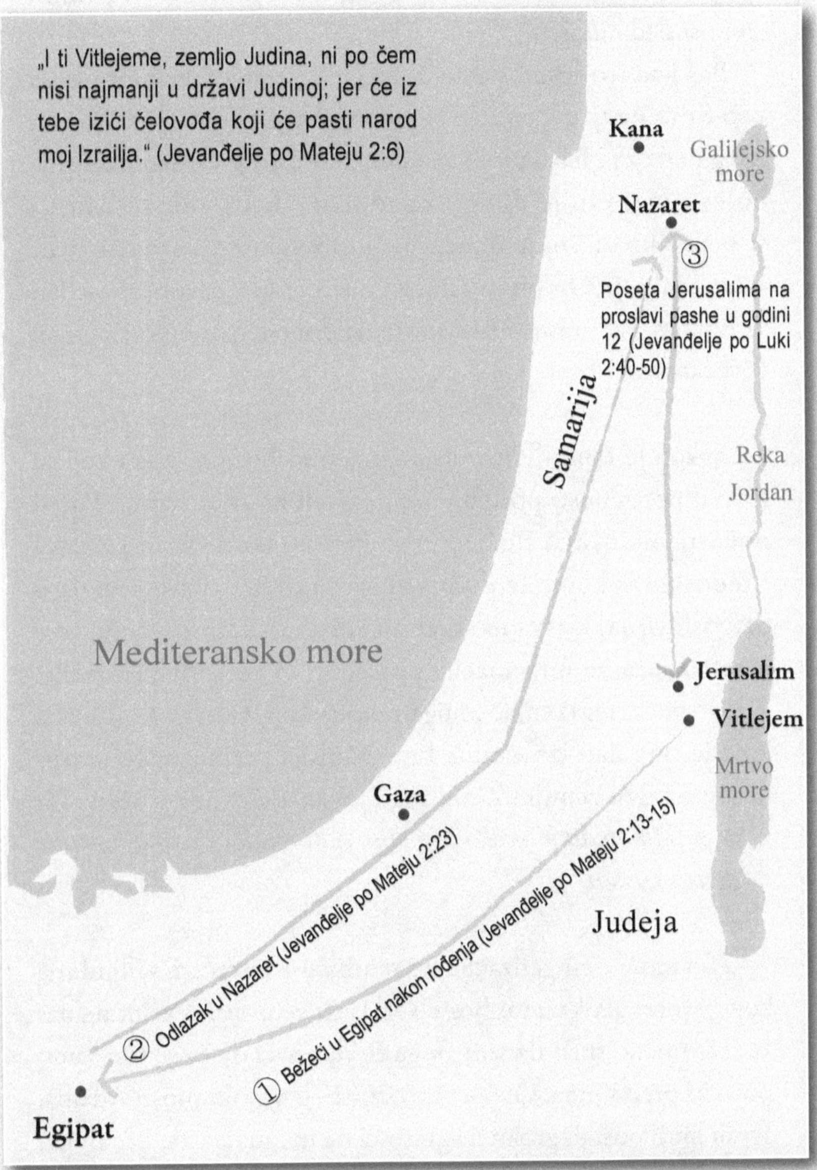

„I ti Vitlejeme, zemljo Judina, ni po čem nisi najmanji u državi Judinoj; jer će iz tebe izići čelovođa koji će pasti narod moj Izrailja." (Jevanđelje po Mateju 2:6)
Kana
Galilejsko more
Nazaret
③
Poseta Jerusalima na proslavi pashe u godini 12 (Jevanđelje po Luki 2:40-50)
Samarija
Reka Jordan
Mediteransko more
Jerusalim
Vitlejem
Mrtvo more
Gaza
② Odlazak u Nazaret (Jevanđelje po Mateju 2:23)
① Bežeći u Egipat nakon rođenja (Jevanđelje po Mateju 2:13-15)
Judeja
Egipat
: : Rođenje i razvoj Isusa

srcu dok to svedoči zato što zbog Isusa mi smo svi primili „milost nad milošću.“

Baš kao što Jovan svedoči, svako ko veruje i prihvata Isusa kao Sina Božjeg i pokaje se od svojih grehova, je radostan zbog nade za Nebesa u njegovom srcu. Isus je doneo isceljenje bolesnima, On je doneo ugodnost i nadu odbačenima i siromašnima i On je doneo blagoslov spasenja i večni život svima. Iako je On bio u telu, zato što je On prvobitno jedan sa Bogom, samo Isus Hrist može da donese ovu milost i istinu čovečanstvu.

Zakon je zapis duhovnih zakona pod Božjom vlasti koji su nam u potpunosti potrebni da bi živeli na ovoj zemlji. Pored objašnjenja o srcu Božjem u Zakonu, takođe se objašnjava i redosled u kome se duhovni svet održava i sva pravila o blagoslovima, kletvama, grehu i smrti, osudi, spasenju i sve ostale značajne informacije potrebne za kultivaciju čoveka. „Tora“ na jevrejskom, je knjiga zakona koja sadrži 613 članaka koje je Bog dao Izraelcima kroz Mojsija pre nego što je Isus došao na ovu zemlju. Zbog toga Jovan započinje u stihu 17: *„Jer se Zakon dade preko Mojsija, a blagodat i istina postade od Isusa Hrista. “*

Za vreme evangelizacije, vi se obično susrećete sa ljudima koji govore: „Pokaži mi Boga. Onda ću verovati.“ Međutim, baš zato što neko traži da vidi Boga to ne znači da će se On samo pojaviti pred njima. Ovo je zato što zbog nepokornosti Adama, svi su ljudi postali grešnici i grešnici ne mogu da vide lice Boga; inače će umreti (Izlazak 19:21). Zbog toga je Reč, koja je Bog, postala telo i došao na ovaj svet sa imenom Isus, kako bi svi ljudi na kraju mogli da vide Boga. Prema tome, ako verujemo u ovog Isusa i živimo u skladu sa Njegovom Rečju, mi možemo da se susretnemo sa Bogom i bilo šta da potražimo, On će to nama dati.

Svedočenje Jovana Krstitelja

U godini 433, pre Hrista, posle proroka Malahije, Izrael se suočio sa duhovno „mračnim dobom." U periodu od 400 godina, nije postojao prorok Božji koji bi objavio i dostavio Njegove poruike ljudima. Kao nacija pod podčinjavanjem Rima, Izrael je oplakivao i jecao kroz dugi period od 400 godina dok na kraju prorok nije probio kroz ovu tišinu. Ovaj prorok je bio Jovan Krstitelj.

Glas onoga koji doziva u pustinji

„I ovo je svedočanstvo Jovanovo kad poslaše Jevreji iz Jerusalima sveštenike i Levite da ga zapitaju: 'Ko si ti?' I on prizna i ne zataji i prizna: 'Ja nisam Hristos.' I zapitaše ga: 'Ko si dakle? Jesi li Ilija?' I reče: 'Nisam.' 'Jesi li prorok?' I odgovori: 'Nisam.' A oni mu rekoše: 'Ko si, da možemo kazati onima što su nas poslali? Šta kažeš za sebe?' Reče: 'Ja sam glas onog što viče u pustinji: „Poravnite put Gospodnji," kao što kaza Isaija prorok.'" (1:19-23)

Ako pogledamo u Jevanđelje po Mateju u poglavlju 3, mi vidimo da je Jovan Krstitelj dozivao u pustinji Judeje: „*Pokajte se, jer se približi carstvo nebesko*" (stih 2). On je na glas vikao da bi rekao ljudima o Isusu, koji je došao kao Spasitelj na zemlju i poveo ka Njemu narod. I kada je Jovan krstio u reci Jordan, ljudi su dolazili iz Jerusalima i iz cele Judeje i cele oblasti Jordana da bi priznali njihove grehove i bili kršteni od njega.

Dok je Jovan pripremao put za Gospoda na ovaj način, on je postao predmet velike rasprave među ljudima. Dok je živeo u pustinji hraneći se samo skakavcima i divljim medom, Izraelcima koji su bili u potpunom duhovnom mraku, Jovan je izgledao samo kao tračak svetlosti. Kako je vreme prolazilo, priče o Jovanu Krstitelju počele su da se šire i Jevreji su postali radoznali o tome ko je on bio. Zbog toga su oni poslali sveštenike i Levite koji su bili upoznati sa zakonima da ga ispitaju.

„Ko si ti?"
„Ja nisam Hristos."
„Jesi li Ilija?"
„Nisam."

„Jesi li prorok?“

„Nisam.“

Za vreme vladavine kralja Ahava u severnom kraljevstvu Izraela postojao je prorok nazvan Ilija. Da bi dokazao da je Bog Izraela jedan i jedini pravi Bog, Ilija je ušao u takmičenje protiv 850 proroka Vala i Ašera. Bog je odgovorio na Ilijin zahtev zapalivši njegovu žrtvu sa vatrom sa neba dok proroci sa druge strane nisu dobili ni jedan znak od njihovih bogova. Zato što je on bio svet i čist, on je bio uzdignut na nebesa a da nije iskusio smrt. Veoma dug period on je bio negovan u srcima Izraelaca i primao je njihovu ljubav i poštovanje. Kao što je zapisano u Malahiji 4:5: „*Evo, ja ću vam poslati Iliju proroka pre nego dođe veliki i strašni dan GOSPODNJI;*“ Jevreji su verovali u proročanstvo i žarko su iščekivali Iliju. Ali suprotno njihovim nadanjima i želji, Jovan Krstitelj je jasno negirao da je Hrist ili Ilija.

Na kraju, kao rezultat njihovog upornog istraživanja, Jovan Krstitelj sebe predstavlja na ovaj način: „Ja sam glas onog što viče u pustinji: 'Poravnite put Gospodnji.'“ Zato što je veoma dobro znao da je njegova misija bila da pripremi put za Gospoda, on se postarao da ne pređe ni jednu granicu. I on je oduvek tvrdio da onaj koji je veći od njega samoga treba da dođe posle njega.

„Ja krštavam vodom“

„I behu poslanici od fariseja. I zapitaše ga govoreći

mu: 'Zašto, dakle, krštavaš kad ti nisi Hristos ni Ilija ni prorok?' Odgovori im Jovan govoreći: 'Ja krštavam vodom a među vama stoji Onaj koga vi ne znate. On je Onaj što će doći za mnom, koji beše preda mnom, kome ja nisam dostojan odrešiti remen na obući Njegovoj.' Ovo bi u Vitaniji preko Jordana gde Jovan krštavaše." (1:24-28)

Naravno visoki sveštenici i Leviti su bili nepoverljivi i sumnjičavi-njihov narod je bio kršten od strane nekoga ko je tvrdio da nije niti Ilija niti prorok. Tako da su ga oni pitali: „Zašto dakle, krštavaš?" Šta mislite, zašto je Jovan Krstitelj krštavao sa vodom? On je krstio sa vodom kako bi ljudima stavio do znanja da dolazi Mesija.

Duhovno, voda simbolizuje vodu života koja daje večni život čoveku, što je, Reč Božja. Baš kao što voda čisti telo od prljavih stvari, Božja Reč čisti dušu od greha. Jovan je krstio sa vodom na simboličan način da bi učinio da se ljudi najpre pokaju od njihovih grehova a onda veruju i prihvate Sina Božjeg koji dolazi kao Spasitelj.

U to vreme, Jovan Krstitelj je bio visoko poštovan od ljudi jer je bio pravedan i živeo je u skladu sa Zakonom i živeo je u istini. Ovaj čovek je trebao da govori ljudima o Mesiji, ponižavajući sebe, govoreći: „On je Onaj što će doći za mnom, koji beše preda mnom, kome ja nisam dostojan odrešiti remen na obući Njegovoj." Kada mi razmotrimo činjenicu da su njega mnogi ljudi smatrali za proroka i pratili ga, mi možemo da vidimo koliko je on bio ponizan. U isto vreme, Jovanovo priznanje nam takođe pomaže da razumemo koliko je svet i vredan Isus.

„Gle, jagnje Božije...“

„A sutradan vide Jovan Isusa gde ide k njemu, i reče:
'Gle, Jagnje Božije koje uze na se grehe sveta!'“ (1:29)

Sledećeg dana, Isus je otišao da se sretne sa Jovanom na
reci Jordan. On je otišao da bi se krstio pre nego što započne
Njegovu javnu službu. Isus nije imao mane niti slaboslti.
Međutim, On je bio kršten zato što je On došao na ovu zemlju
u telu, u liku Njegove kreacije, da bi njih spasio. Zbog toga je
On bio oprezan u praćenju pravila ove zemlje. Tako da Njegovo
krštenje na reci Jordan je bilo značajno zato što je simbolizovalo
žrtvu i posvećenost koju će On da pruži dok bude uzimao krst
da bi spasio mnogobrojne ljude.

U ispunjenosti Svetim Duhom, u momentu kada je Jovan
video Isusa, on je rekao: „Gle, Jagnje Božije koje uze na se ovog
sveta!“ Za vreme svog života ovde na zemlji, mnogi ljudi ili jure
za zadovoljstvima ove zemlje ili čine sve vrste različitih grehova
dok pokušavaju da steknu slavu, moć ili samo da budu ispred
drugih. Jovan je dao ovo priznanje, znajući da će Isus na kraju
da bude zakovan na krstu zbog svih ovih grehova.

Onda, od svih životinja koje postoje, zašto je Jovan uporedio
Isusa sa jagnjetom? On je napravio ovo upoređenje zbog
različitih osobina jagnjeta. Ovce su veoma pokorne i one idu
samo na ona mesta gde ih njihov pastir vodi. Čak iako ih neko
uhvati i odere im vunu, one se ne odupiru. Njihova vuna, mleko
i meso su žrtva za korist ljudi.

Muško jagnje staro godinu dana sa obično mekom vunom
koja izgleda prelepo se obično žrtvovalo Bogu. Ako se uporedi

sa ljudima, ova jagnjad bi bila jednaka mladim ljudima u najboljem periodu njihovog života. Zato što je ovo pre doba parenja, jagnjad su veoma čista i bez mana. Ovo je poput Isusa, žrtveno jagnje, koji nesebično daje Sebe za nas, grešnike. Bez ikakvih naznaka ratobornosti i umišljenosti, On je bio nežan i krotak, čist i bez ikakve greške.

Jovan je uporedio Isusa sa jagnjetom zato što ovaj Isus, kao žrtveno jagnje, treba da bude žrtvovan za grešnike kao žrtva paljenica. Neki ljudi nazivaju nove vernike koji su mladi u veri „jagnje" Međutim, Biblija se odnosi na vernike sa rečju „ovca" ili „Božja ovca" ali nikada sa „jagnje." Ovo je zato što se izraz „jagnje" odnosi na Isusa Hrista.

Sin Božji

„Ovo je Onaj za koga ja rekoh: 'Za mnom ide Čovek koji preda mnom postade, jer pre mene beše.' I ja Ga ne znadoh: nego da se javi Izrailju zato ja dođoh da krstim vodom. I svedoči Jovan govoreći: 'Videh Duha gde silazi s neba kao golub i stade na Njemu.' I ja Ga ne znadoh; nego Onaj koji me posla da krstim vodom On mi reče: 'Na koga vidiš da silazi Duh i stoji na Njemu to je Onaj koji će krstiti Duhom Svetim.' I ja videh i zasvedočih da je ovaj Sin Božji." (1:30-34)

Isus je rođen na ovoj zemlji šest meseci posle Jovana Krstitelja. Ali duhovno, On je postojao pre početka vremena. Jovan je znao ovu istinu. Zbog toga je on rekao: „Za mnom ide

Čovek koji preda mnom postade, jer pre mene beše."

I on navodi razlog njegovog postojanja otkrivanje ovog Isusa Izraelu. Razlog zbog kojeg je Jovan krstio sa vodom je da kaže ljudima o Isusu, koji će krstiti Svetim Duhom. Kako bi ljudi bolje razumeli krštenje sa Svetim Duhom koje će Isus kasnije izvoditi, ljudi najpre treba da shvate duhovno značenje iza krštenja sa vodom.

Bog je rekao Jovanu Krstitelju da je onaj na koga će Duh doći kao golub sa neba, Hrist. Baš kao što je Bog rekao, nakon što je Isus kršten i nakon što je ustao iz vode, nebo se otvorilo i Duh je došao nad Njim kao gloub. Videvši ovo, Jovan Krstitelj je znao da je Isus Sin Božji. A Isus, budući da je bio prvi koji je primio Svetog Duha, On će biti prvi koji će kasnije krstiti sve ljude Svetim Duhom.

Tako da šta mislite zašto Biblija govori da će Sveti Duh doći kao golub? Golub simbolizuje mir i veoma je blaga i nežna ptica koja je veoma prijateljski nastrojena ka ljudima. Ali ovo ne znači da je baš pravi golub sišao i sleteo na Isusa. To znači da je prisustvo Duha sletelo na Isusa na nežan i blag način, odražavajući se na Isusov karakter. Sveti Duh čini različito, u skladu sa temperamentom svake osobe. Za ljude sa jarkim temperamentom Sveti Duh čini na veoma jak način; a za ljude sa nežnim temperamentom Sveti Duh čini na nežan i blag način. Zato što je Bog otvorio Jovanove duhovne oči, on je mogao da vidi prisustvo Svetog Duha, što ljudi ne mogu da vide sa fizičkim očima. Prema tome, on je mogao da vidi i svedoči da je Isus Sin Božji.

Sledbenici Isusa

Kada se Jovan na kraju sreo sa Isusom, koga je čekao i koji je bio unapred poslat od strane Boga, koliko se samo osećao uzbuđeno i zaprepašćeno! Nakon što je video ovog Isusa koji je došao da ga krsti, Jovana je bila toliko sramota da je hteo da odbije Njegov zahtev. Međutim, Isus je rekao: „*Ostavi sad, jer tako nam treba ispuniti svaku pravdu*" (Jevanđelje po Mateju 3:15). Isusova blagost, ipak i odlučan glas ubedili su Jovana da ne okoliše više. Ovo je zato što se sve dogodilo u skladu sa Božjom voljom.

Učenici Jovana Krstitelja

„A sutradan, opet, stajaše Jovan i dvojica od učenika

njegovih, i videvši Isusa gde ide, reče: 'Gle, Jagnje Božije!' I čuše ga oba učenika kad govoraše, i otidoše za Isusom. A Isus obazrevši se i videvši ih gde idu za Njim, reče im: 'Šta ćete?' A oni Mu rekoše: 'Ravi (koje znači: učitelju), gde stojiš?' I reče im: 'Dođite i vidite.' I otidoše, i videše gde stajaše; i ostaše u Njega onaj dan, a beše oko devetog sahata." (1:35-39)

Bio je to dan nakon što je Isus bio kršten sa vodom. Jovan je želeo da njegovi voljeni učenici prate Isusa, Sina Božjeg. Zbog toga je Jovan rekao njegovim učenicima: „Gle, Jagnje Božije!" da ponovi još jednom ko je Isus zaista bio.

Tako da je Isus pitao ove učenike šta zaista žele. On nije pitao zato što nije znao šta oni žele. On je pitao zato što je On mogao da im odgovori samo ako pitaju (Jevanđelje po Mateju 7:7). On je želeo da im da priliku da pitaju. U trenutku kada su ovo čuli, učenici u odmah počeli da prate Isusa.

„Šta ćete?"
„Ravi, gde stojiš?"

„Ravi" na jevrejskom znači titula za učitelja zakona o Judizmu i to znači: „Moj učitelj, moj Gospod." To je titula koja se koristi da bi se obratili osobi od poštovanja, ili učitelju sa mnogo znanjem. I opet On je progovorio Jovanovim učenicima, koji su Njega smatrali učiteljem, govoreći: „Dođite."

Dok su pratili Isusa i osećali se osramoćeno u razgovoru sa Njim, učenici čak nisu ni bili svesni kako prolazi vreme. Oni su bili toliko udubljeni u Njegove poruke.

Andrej i Simon Petar

„A jedan od dvojice koji čuše od Jovana i iđahu za Njim beše Andrija, brat Simona Petra. On nađe najpre brata svog Simona, i reče mu: Mi nađosmo Mesiju, koje znači Hristos. I dovede ga k Isusu. A Isus pogledavši na nj reče: Ti si Simon, sin Jonin; ti ćeš se zvati Kifa (koje znači Petar)." (1:40-42)

Jedan od Jovanovih učenika koji je pratio Isusa bio je Andrija, brat Simona Petra. Dok je razgovarao sa Isusom, on je otkrio neverovatnu istinu. On je otkrio da je Isus Mesija kojeg su sva proročanstva predviđala! Andrej nije mogao više da zadrži za sebe ove vesti. Tako da je on požurio ka njegovom bratu Simonu i rekao mu: „Mi nađosmo Mesiju!"

Možete li da zamislite kako se samo Simon osećao kada je video Andrejovo lice svo pocrvenelo i ispunjeno sa uzbuđenjem dok je vikao: „Sreo sam Mesiju!" Simon je možda bio na početku zbunjen, ali pošto je njegov brat tvrdio da je sreo Hrista- tog Mesiju kojeg su Izraelci žarko iščekivali sve ove godine, on je brzo pratio brata da bi otišao i video se sa Njim. Nakon što je video Simona, Isus je rekao: „Ti si Simon, sin Jonin; ti ćeš se zvati Kifa (Petar)."

Isus je znao od početka ko je on bio i On je gledao pravo kroz Simonovo srce. Isus je takođe znao kako će ga Bog iskoristiti kasnije. „Kifa" ili „Petar," kao što ga je Isus nazvao, postaće kasnije Isusov dragoceni učenik koji će žrtvovati svoj život da bi izgradio jake temelje na kojima će se izgraditi prva crkva.

Druga jevanđelja navode da su Petar i Andrija pecali pored mora Galilejskog kada su bili pozvani da postanu Isusovi učenici (Jevanđelje po Mateju 4:18; Jevanđelje po Marku 1:16-18). Razlog zbog kojega se Jevanđelje po Jovanu razlikuje u ovom pogledu je zato što Jevanđelje po Jovanu saopštava prvi susret Andreja i Petra sa Isusom; a ne gde su bili pozvani da budu Njegovi učenici.

Filip i Natanailo

„A sutradan namisli izići u Galileju, i nađe Filipa. I reče mu Isus: 'Hajde za mnom.' A Filip beše iz Vitsaide, iz grada Andrijinog i Petrovog. Filip nađe Natanaila, i reče mu: 'Za koga Mojsije u zakonu pisa i proroci, nađosmo Ga, Isusa sina Josifova iz Nazareta.' I reče mu Natanailo: 'Iz Nazareta može li biti šta dobro?' Reče mu Filip: 'Dođi i vidi.'" (1:43-46)

Dan nakon što je Isus sreo Andriju i Petra, kako je On krenuo da napusti Galileju, Isus je sreo Filipa. On mu je rekao: „Hajde za mnom." Filip, kao i Petar, bili su iz grada Vitsaide i on je takođe bio pozvan da bude Isusov učenik. I kao i Andrej, nakon što je saznao da je Isus Mesija, on je otišao da podeli vest sa Natanilom. Zato što u ovo vreme Filip nije mnogo znao o Isusu, on ga je predstavio kao: „Isus, sin Josifov, iz Nazareta." I on reče: „Za koga Mojsije u zakonu pisa i proroci, nađosmo Ga, Isusa sina Josifova iz Nazareta." Ali Natanilo je pitao: „Iz Nazareta! Može li biti šta dobro iz Nazareta?"

Natanilo nije verovao Filipu. On je mislio: „Kako tako veliki Mesija može da potiče iz tako zapuštenog mesta?" Natanilo je mislio da će Mesija koji treba da spasi celo čovečanstvo od njihovih grehova biti, kao Božji Sin, dobra osoba, ali takođe u isto vreme i tako visoko poštovan da se ljudi neće usuditi da na Njega tek tako pogledaju. Tako da naravno, nakon što je čuo da je Mesija sin običnog stolara, on nije mogao da veruje njegovim ušima!

Filip, pošto je bio mudar čovek, nije pokušavao da se raspravlja sa Natanilom! On mu je rekao da samo jednostavno pođe i uveri se sam ako već ne može da veruje. Natanilu je bilo teško da poveruje, ali pošto je imao dobro srce, on je poslušao savet njegovog prijatelja i pratio ga.

> „A Isus videvši Natanaila gde ide k Njemu reče za njega: 'Evo pravog Izrailjca u kome nema lukavstva!' Reče Mu Natanailo: 'Kako me poznaješ?' Odgovori Isus i reče mu: 'Pre nego te pozva Filip videh te kad beše pod smokvom.'" (Jevanđelje po Jovanu 1:47-48)

Kada je Isus vido Natanila kako prilazi Njemu dok ga vodi Filip, On ga je pohvalio sa rečima: „Evo pravog Izrailjca u kome nema lukavstva!" Isus je video sredinu Natanilovog srca i On je znao da on ima nepromenljivo srce-biće verno i pokorno Božjoj Reči. Tako da, šta mislite zašto je Isus nazvao Natanila „pravim Izrailjcom?"

Kada je Bog izabrao Jakova da postane otac Izraela, On je želeo narod koji će biti dobar i iskren. Međutim s vremena na vreme, Izraelci su se udaljavali od Boga i služili su drugim idolima. Bog je tražio „iskrene Izraelce" koji su zaista bili verni i pokorni i tada se Natanilo pojavio pred Isusom.

Naravno, Natanilo je bio iznenađen kada je Isus, koga nikada ranije nije sreo, prepoznao njega i pohvalio ga. On je pitao: „Kako me Ti poznaješ?" a Isus je odgovorio: „Pre nego te pozva Filip, videh te kad beše pod smokvom."

Isus nikada ranije nije video Natanila, ali je On gledao pravo kroz njega! Zato što je Natanilo imao dobro srce, on nije sumnjao u Isusa pitajući: „Pitam se da li je neko rekao Isusu o meni pre našeg susreta?" Umesto toga, on je otvorio njegovo srce i prihvatio je istinu onakvu kakva jeste.

Natanailovo duhovno priznanje

„Odgovori Natanailo i reče Mu: 'Ravi, Ti si Sin Božiji, Ti si Car Izrailjev.' Odgovori Isus i reče mu: 'Što ti kazah da te videh pod smokvom zato veruješ? Videćeš više od ovog.' I reče mu: 'Zaista, zaista vam kažem, odsele ćete videti nebo otvoreno i anđele Božije gde se penju i silaze k Sinu Čovečijem.'" (1:49-51)

Nakon razmenjivanja samo nekoliko reči sa Isusom, Natanilo je dao veoma iznenađujuće priznanje: „Ravi, Ti si Sin Božiji, Ti si Car Izrailjev." Na šta mu je Isus odgovorio: „Što ti kazah da te videh pod smokvom zato veruješ? Videćeš više od ovog."

Nakon što je čuo Natanilovo duhovno priznanje, Isus mu

je rekao o stvarima koje će se dogoditi u budućnosti. Baš kao i Vartolomej, jedan od Isusovih apostola, Natanilo je bio svedok mnogim znakovima i čudima kako se držao blizu Isusa. On je bio svedok mnogim ljudima koji su isceljeni od različitih vrsti bolesti; on je bio svedok Lazaru koji je vraćen u život nakon što je umro i trulio 4 dana; i na kraju, bio je svedok Isusu koji je umro na krstu, sahranjen u grobnici i vaskrsao trećeg dana.

Isus je onda dao Natanilu još jednu blagoslovenu poruku: „Zaista, zaista vam kažem, odsele ćete videti nebo otvoreno i anđele Božije gde se penju i silaze k Sinu Čovečijem." Ovo je potvrda Natanilovog priznanja: „Ravi, Ti si Sin Božiji, Ti si Car Izrailjev." Razlog zbog koga Isus ne odgovara: „Da, ti si u pravu," već umesto toga indirektno prepoznaje Natanilovo priznanje i indirektno izražava da je On Mesija, je taj da još nije bilo Isusovo vreme da to učini. Ako bi sve On otvoreno rekao, neprijatelj đavo i Sotona bi ometali plan spasenja i pokušali bi da spreče da volja Božja ne bude ispunjena. Prema tome, On nije želeo da još otkrije Sebe. Isus je uvek gledao u centar srca osobe; i imao je u mislima da On mora da ispuni misiju, On je činio samo u potpunom skladu sa voljom Božjom.

Poglavlje 2

Isus čini prvi znak

1. Svadbeno veselje u Kani
(2:1-12)

2. Ne činite od doma Oca Mog dom trgovački
(2:13-25)

Svadbeno veselje u Kani

Kako je On sve više sazrevao, Isus je konstantno pripremao samog Sebe za Njegovu službu kao Spasitelja i čekao je da dođe Njegovo vreme. I čim je On napunio 30 godina, On je zvanično započeo Njegovu javnu službu, da spase čovečanstvo kao Mesija.

Čudesan znak koji je Isus izveo dok je prisustvovao svadbenom veselju u Kani, označava početak Njegove javne službe. Neki ljudi veruju da je Isus pretvorio vodu u vino da bi jednostavno blagosiljao ljude na venčanju. Ipak, postoji posebno značenje koje se krije iza ovog prvog Isusovog znaka, koje je On izveo, kad je započeo Njegovu javnu službu. Isusovo prisustvo na venčanju, pretvaranje vode u vino i izgovaranje određenih reči Mariji, imaju veliko značenje.

Isus je bio pozvan na svadbeno veselje

„I treći dan bi svadba u Kani galilejskoj, i onde beše mati Isusova; a pozvan beše i Isus i učenici Njegovi na svadbu. I kad nesta vina, reče mati Isusova Njemu: 'Nemaju vina.' Isus joj reče: 'Ženo, kakve to veze ima sa nama? Još nije došao moj čas.'" (2:1-4)

Region Kane nije daleko od Nazareta ili Galileje. Jednog dana, Marija i naravno Isus i Njegovi učenici, bili su pozvani na svadbeno veselje, koje se tamo održavalo.

Ako pogledate u Jevanđelje po Luki 17:27, kaže se da je za vreme sudnjeg dana Nojevog vremena: *„jeđahu, pijahu, ženjahu se, udavahu se do onog dana kad Noje uđe u kovčeg, i dođe potop i pogubi sve. "* A u stihu 30, govori se: *„ Tako će biti i u onaj dan kad će se javiti Sin Čovečiji. "* Reči, „jeđahu, pijahu, ženjahu se i udavahu se," opisuju kako će svet biti ispunjen zlobom u njegovim poslednjim danima.

Šta više, Kana u Galileji duhovno simbolizuje svet, a svadbeno veselje u Kani simbolizuje svet ispunjen jelom, pićem i uživanjem u grehu poslednjih dana. Neprijatelj đavo, koji je vladar ovoga sveta, iskušava ljude da prate svoje grešne instinkte da bi se opijali u svetovnom svetu.

Zbog čega je Isus prisustvovao svetovnom svadbenom veselju? Isus nikada ne bi prisustvovao veselju da bi uživao u ovozemaljskom zadovoljstvu. On je došao na ovaj svet samo da bi slavio Boga i da bi spasao čovečanstvo. Kako je moguće da je On započeo Njegovu javnu službu uživajući u ovozemaljskim zadovoljstvima? Razlog zbog kog je Isus prisustvovao ovom svetovnom svadbenom veselju bio je da pokaže da je Božji Sin, koji je svetac i koji se odvaja od greha, koji je došao na svet pun greha da bi spasao grešnike u njemu.

Upravo kada je slavlje bilo na vrhuncu, nestalo je vina. Za domaćina događaja, bila je to vrlo neprijatna situacija. Marija, koja je saznala šta se događa, bilo je žao domaćina, te je rekla Isusu šta se dogodilo. Ovo je zbog toga što je ona, tokom trideset godina koje je živela sa Isusom znala, da On ima moć da učini bilo šta. Ipak, Isus daje Mariji neočekivani odgovor: „Ženo, kakve to veze ima sa nama? Moj čas još nije kucnuo."

I zašto Isus Mariji kaže „ženo?" Bog, koji je Stvoritelj sveta, ne može da nazove ženu koju je On stvorio „majka." Naravno, On je služio trideset godina Njegovim fizičkim roditeljima u skladu sa zapovestima i Njegovim dužnostima kao sin. Ipak, nakon što je započeo Njegovo služenje, On je nosio Njegovu misiju kao „Božji Sin." Zbog toga je Isus rekao Mariji „ženo" u prisustvu Njegovih učenika na slavlju.

A razlog zbog kog je pitao Mariju: „Ženo, kakve to veze ima sa nama?" bio je da pokaže da On i Njegovi učenici nemaju nikakvog udela u jelu, piću i veselju muškaraca. Šta Isus misli kada kaže: „Moj čas još nije kucnuo?" U ovoj rečenici, reč „čas" označava duhovno vreme. Isus misli na to, da još uvek nije došlo vreme za Njega da ispuni Njegovu misiju spasenja umirući razapet na krstu zbog naših grehova. Marija je govorila Isusu o fizičkoj situaciji u kojoj su bili, o tome da je nestalo vina na veselju, a Isus joj je odgovorio rečima koje su nosile duboko, duhovno značenje.

Duhovno značenje šest vodenih sudova od kamena

„Reče mati Njegova slugama: 'Šta god vam reče učinite.' A onde beše šest vodenih sudova od kamena, postavljenih po običaju jevrejskog čišćenja, koji uzimahu po dva ili po tri vedra. Reče im Isus: 'Napunite sudove vode.' I napuniše ih do vrha." (2:5-7)

Marija govori slugama da rade šta god im Isus kaže da rade. Prvo, ovo nas može navesti na to da mislimo da su postupci Marije u suprotnosti sa onim što je Isus rekao kada je odgovrio: „Moj čas još nije kucnuo." Ipak, nije moguće da je Marija zanemarila ono što je Isus rekao. Iako je Isus rekao da On nema nikakve veze sa veseljem na ovom svetu, Marija je verovala da će On imati milosti prema domaćinu veselja—koji je bio u vrlo teškoj situaciji—i da će učiniti nešto za njega.

Na slavlju je bilo šest vodenih sudova od kamena, koje su Jevreji koristili za ceremonijalno umivanje, a svaki je mogao da primi dvadeset do trideset litara vode. Biblija spominje da su sudovi bili napravljeni od „kamena." Ovo je zbog toga što kamen predstavlja nešto jako i nepromenljivo, kao što je čvrst temelj. To predstavlja nepromenljivo obećanje od Boga. Činjenica da je bilo šest sudova je značajna, jer predstavlja 6000 godina ljudske kultivacije. Kao i kameni sudovi, Božje proviđenje i ljubav prema čovečanstvu su nepromenljivi i biće tokom 6000 godina ljudske kultivacije.

Kada je Marija pokazala Isusu svoju nepokolebljivu veru, Isus joj je odgovorio izvodeći čudesni znak. Isus je rekao

: : Venčanje u Kani (Slike unutar Franjevačke crkve za venčanja)

: : Franjevačka crkva za venčanje

slugama da napune šest kamenih sudova vodom. Kaže se da su sudovi bili napunjeni do ivica, što znači da samo što se nisu prelivali. Činjenica da je voda bila do ivica sudova ali se nije prelila, znači da će istorija ljudske kultivacije biti završena pre završetka 6000 godina. Vrlo mali prostor koji je ostao iznad ivica sudova, simbolično predstavlja događaje koji će se dogoditi ovde na zemlji tokom Sedam godina velikog stradanja nakon završetka ljudske kultivacije.

Proviđenje pretvaranja vode u vino

„I reče im: 'Zahvatite sad i nosite kumu.' I odnesoše. A kad okusi kum od vina koje je postalo od vode, i ne znaše otkuda je (a sluge znahu koje su zahvatile vodu), zovnu kum ženika, i reče mu: 'Svaki čovek najpre dobro vino iznosi, a kad se opiju onda rđavije; a ti si čuvao dobro vino dosle.'" (2:8-10)

Kada su se sluge povinovale Isusu, što znači, kada su izvukli nešto vina iz suda i odneli ga kumu, voda se pretvorila u vino! Voda koju je Isus pretvorio u vino, bilo je vino koje je imalo fenomenalan ukus. Bilo je tako dobrog ukusa, da je kum pozvao mladoženju da bi ga o tome pitao. Obično na slavlju, ljudi najpre služe njihovo najbolje vino, zato što kako slavlje napreduje i ljudi postaju pijani, njihova čula otupljuju, tako da u tom trenutku nije važno ako je kvalitet vina malo slabiji nego ranije. Ali na ovom slavlju, najbolje vino je došlo kasnije, tako da je kum pomislio da je to malo čudno.

Isus nije prisustvovao svadbenom veselju i pretvorio vodu u vino da bi ljudi dublje pali u razvrat. Isus je u stvari napravio vino koje nije sadržalo nikakvu supstancu koja bi izazvala pijanstvo. Da bismo razumeli zašto je Isus izveo ovaj čudesni znak, prvo moramo razumeti duhovni značaj vode i vina.

Ovde, voda predstavlja telo Isusa Hrista koji je došao na ovaj svet kada je Reč postala telo (Jevanđelje po Jovanu 1:14), a vino predstavlja krv Isusovu kojaće spasiti sve grešnike. Zato, razlog zbog kog je Isus pretvorio vodu u vino i pustio ljude da ga piju je taj, da pokaže, da kad dođe vreme, Isus će umreti na krstu i proliti Njegovu krv da bi ljudima koji veruju u ovaj svet mogli biti oprošteni njihovi grehovi da bi mogli da prime spasenje.

„Kum" predstavlja ovozemaljske ljude koji ne veruju u Boga, a sluge koje su donele vino kumu, predstavljaju Božje sluge. Sluge su znale kako je vino nastalo, dok kum nije imao predstavu odakle je došlo. Isto tako, Božje sluge znaju vrlo dobro da smo mi spaseni Isusovom krvlju, te oni pokušavaju da šire propoved svom stadu o Isusu Hristu i Božjoj Reči, kao i ljudima ovog sveta koji ne veruju.

Kao što je kum bio radostan kada je probao novo vino, tako i ljudi kojima su oprošteni njihovi gresi dragocenom krvlju Isusovom, iskreno osećaju radost u središtu svojih srca. Njihovi gresi bi ih vodili putem večne smrti, ali zbog Božje milosti, njihovi gresi su sprani i naravno da će oni osećati veliku radost!

Činjenica da je vino koje je nastalo iz vode bilo dobrog ukusa, duhovno predstavlja Božju Reč koja je slatka kao med. Ljudi koji ne veruju u Boga pokušavaju da zadovolje svoje fizičke želje jureći za različitim svetovnim stvarima; ipak, pošto će se kad-tad suočiti sa večnom smrću, sve te stvari postaju beznačajne. Ali Božja Reč je slatka i duboka i ona nam daje život, te je zato istinski vredna.

Ovaj prvi znak je pokazao Božje proviđenje u vođstvu Njegovih ljudi ka Nebesima, oproštajući njihove grehe kroz dragocenu krv Isusa i njihovo osvećivanje kroz Njegovu Reč.

„Ovo učini Isus početak čudesima u Kani galilejskoj, i pokaza slavu Svoju; i učenici Njegovi verovaše Ga." (2:11)

Kada Biblija govori o tome da su učenici počeli da veruju u Isusa, nakon što su videli Njegovu slavu kroz ovaj prvi čudesni znak, to se ne odnosi samo na ovaj jedan događaj pretvaranja vode u vino. Ova fraza se simbolično odnosi na sve događaje koja će u budućnosti ispuniti Božje proviđenje. U Jevanđelju po Mateju, u poglavlju 12, prisustvujemo sceni u kojoj neki Fariseji i učitelji zakona dolaze kod Isusa i pitaju Njega da im pokaže znak. Do tada, uz pomoć Božje moći, Isus je pokazao dovoljno dokaza da bi ljudi mogli da veruju. Isus je iscelio slepe, da bi mogli da vide, iscelio je neme da bi mogli da govore. Isus je pokazao nebrojeno mnogo znakova uz ove; ipak, oni njima nisu bili dovoljni. Oni još uvek nisu hteli da veruju i tražili su još jedan znak.

U Jevanđelju po Mateju 12:39-40, Isus je odgovorio i njima rekao: „*Rod zli i preljubotvorni traži znak; i neće mu se dati znak osim znaka Jone proroka; jer kao što je Jona bio u trbuhu kitovom tri dana i tri noći: tako će biti i Sin Čovečiji u srcu zemlje tri dana i tri noći.*" Trbuh kita se u Starom Zavetu naziva „dubine Šeola" (Jona 2:2), što znači „Gornji Grob." Ono što Isus ovde govori je to, da kao što prorok Jona nije poslušao Boga, te zbog toga proveo tri dana u grobu, Isus će takođe umreti na krstu zarad ljudskih grehova i onda otići u grob. I onda će nam On pokazati još jedan znak tako što će se posle tri dana vratiti u život.

Tako da fraza: „Ovo učini Isus početak čudesima u Kani galilejskoj, i pokaza slavu Svoju; i učenici Njegovi verovaše Ga," ne znači da su Isusovi učenici poverovali istog trenutka kada su videli da se voda pretvara u vino. Ova fraza je proročanstvo, da će učenici steći istinsku veru samo ako Isus učini „znak Jone proroka," tako što će umreti na krstu i pokazati slavu uskrsnuća. I kao što piše u ovom Svetom pismu, tek nakon što su bili svedoci uskrsnuća, učenici su istinski razumeli sve što im je Isus govorio i verovali su u Njega.

„Potom siđe u Kapernaum, On i mati Njegova, i braća Njegova, i učenici Njegovi, i onde stajaše ne mnogo dana." (2:12)

Nako što je učinio Njegov prvi znak, On je otišao sa Njegovom majkom i braćom i Njegovim učenicima u Kapernaum. Kapernaum, koji se nalazi severozapadno od mora Galilejskog, bilo je gusto naseljeno mesto, zato što je u to vreme tu postojala pošta rimske vojske i tu se nalazio administrativni centar. Isus je takođe izveo mnogo Njegovih evangelističkih službi na ovoj lokaciji.

Ovo je mesto gde je pozvao Petra, Andreja, Jakova i Jovana da budu Njegovi učenici; i ovde ih je On naučio mnogim stvarima. Ovo je mesto gde je Isus iscelio paralisane i vratio u život Jairovu ćerku. Međutim, narod Kapernauma nije prihvatio Isusove reči. Ljudi iz ovog mesta bili su svedoci mnogih Božjih dela, nego što je to bio slučaj sa ljudima bilo kog drugog mesta i ipak se nisu pokajali. Nije ni čudo što je Isus žalio zbog njih (Jevanđelje po Mateju 11:23).

Oko šestog veka, zidine grada Kapernauma su pale; i on je ostao nenaseljen i u ruševinama do danas. Isus se nije dugo zadržao na ovom mestu i kad se mi osvrnemo da pogledamo sve ono što je On učinio, možemo razumeti zašto. Isus nije nikad činio prema Svojoj sopstvenoj volji. On je uvek pratio Božju volju. On je samo govorio da mu je Bog rekao da govori, On je išao samo tamo gde je Bog rekao Njemu da ide i On je ostajao samo tamo gde mu je Bog govorio da ostane.

Ne činite od doma Oca Mog dom trgovački

Tokom vladavine kralja Rovoama, Solomonovog sina, Izrael je bio podeljen na severno kraljevstvo Izraela i južno kraljevstvo Judeju, a kao rezultat toga, oni su iskusili mnogo invazija od neprijateljskih naroda. Kasnije, godine 772. p.n.e., severni Izrael su uništili Asirci, a 586.g. p.n.e., južnu Judeju je zauzeo Vavilon, a mnogi Izraelci su uhvaćeni kao zarobljenici. Kao rezultat toga, jevrejski narod je patio mnogo godina. Ipak, i pored ugnjetavanja od strane Rimljana, Jevreji su uspeli da se sa svih strana vrate u Jerusalim da bi prineli žrtve Bogu na njihov najveći nacionalni praznik, pashu.

Isus čisti Hram

„I blizu beše pasha jevrejska, i iziđe Isus u Jerusalim.
I nađe u crkvi gde sede oni što prodavahu volove i ovce
i golubove, i koji novce menjahu. I načinivši bič od
uzica, izgna sve iz crkve, i ovce i volove; i menjačima
prosu novce i stolove ispremeta; i reče onima što
prodavahu golubove: 'Nosite to odavde, i ne činite od
doma Oca Mog dom trgovački.' A učenici se Njegovi
opomenuše da u pismu stoji: 'Revnost za kuću Tvoju
izjede me.'" (2:13-17)

Prateći Zakon, Isus je takođe otišao gore u crkvu da proslavi
pashu. Mi kažemo da su ljudi „otišli gore u hram" jer se
Jerusalim nalazi na planini, na 760 metara nadmorske visine.
Ali kada su Isus i Njegovi učenici stigli u hram, Isus nije mogao
da poveruje svojim očima! Hram je bio ispunjen prodavcima
koji su prodavali stoku, ovce, golubove itd., kao i ljudima koji
su doputovali iz daleka i koji nisu bili u mogućnosti da bilo šta
pripreme kao žrtvu Bogu.

Bili su tu judi koji su prodavali stoku, ovce i golubove,
ljudi koji su menjali novac ljudima koji su imali stranu valutu,
govoreći da je strani novac prljav da bi se ponudio Bogu. Zvuk
ljudi koji se cenjkaju, zvuci sotke koja je pomešana zajedno,
pravili su takvu galamu, da hram jedva da je ličo na sveto mesto
bogosluženja.

Prisustvujući ovakvoj sceni, izazvalo je kod Isusa da mu srce
gori ognjenim besom. Zato je On napravio bič od uzica i izveo
životinje iz hrama, prosuo je menjačima novac i ispremetao im

stolove. Zatim je On rekao onima što prodavahu golubove, „Nosite to odavde, i ne činite od doma Oca Mog dom trgovački.“

Šta vi mislite da je navelo Isusa, koji je tako blag i nikada svadljiv, niti žestok, da bude tako besan? On nije pobesneo zato što je On bio preke naravi. On je bio besan zato što je Božji hram, koji treba da bude najsvetije i najčistije mesto, bio ukaljan prodavcima koji su pokušavali da zarade za sebe. Ova scena nam pokazuje koliko je Isus voleo hram.

Neko može postavlja pitanje: „Zar nije u redu kupovati i prodavati stvari koje su neophodne da bi se prinele žrtve Bogu?“ Ipak, prodavci su trgovali za svoj račun, prikrivajući Božju slavu. Hram je mesto na kome bogoslužimo Bogu u duhu i u istini, i mesto na kome Bogu nudimo naše molitve i hvalospeve. Na ovom mestu ne bi trebalo da postoje poslovne razmene između vernika.

Čak i danas, mi moramo da pazimo da ne trgujemo u crkvi bez obzira na razlog. Neko može da pita: „Ali zar ne prodajemo knjige i druge crkvene predmete i crkvenoj prodavnici?“ Ipak, razlog iz kog se vodi crkvena prodavnica nije da se napravi profit. Novac koji se prikupi od prodaje Biblija, Crkvenih pesmarica i drugih predmeta koji su neophodni za svakodnevni život Hrišćana, koristi se da se pomogne onima kojima je pomoć potrebna, da se pomogne misijama i drugim programima Božjeg kraljevstva. Osim toga, ako neko pokušava da trguje u crkvi zarad lične dobiti, to ne treba dozvoliti.

Na bilo kom mestu gde se ljudi zajedno okupljaju u

Gospodu, mi moramo biti sigurni da tu ne unosimo načine svetovnog sveta. Ovo možemo postići tako što ćemo uvek činiti u istini. Ako unesemo i najmanji deo svetovne misli u crkvu, trendovi svetovnog sveta, kao što gljivice brzo rastu, izazvaće iskušenja i poteškoće kao posledicu. Da, Bog nas voli i milostiv je; ipak, On neće tolerisati dela koja oskrnavljuju crkvu ili sakrivaju Njegovu slavu.

Učenici koji su bili svedoci Isusovog besa počeli su da shvataju Sveto pismo: *„Revnost za kuću Tvoju izjede me"* (Psalmi 69:9). Fariseji, Sadukeji i učitelji zakona su tvrdili da vole Boga i zbog toga su proučavali zakone i pridržavali ih se sa žarom. Oni su se okupljali u hramu da bi prinosili žrtve i da bi se molili. Ali na kraju, oni nisu razumeli Božju volju. Oni su u svojoj spoljašnjosti izgledali sveto, ali oni su bili ispunjeni zlom i nepravednošću iznutra. Oni nisu mogli da prepoznaju da su ljudi skrnavili hram trgujući u njemu.

Na isti način, iako je spoljašnji izgled hrama važan, važnije je naše srce, koje je prema Bibliji, takođe Božji hram. Bog ne gleda čovekovu spoljašnjost, već u najdublji deo čovekovog srca. Zbog toga je u Poslanici Korinćanima 3:16-17 zapisano: *„Ne znate li da ste vi crkva Božija, i Duh Božji živi u vama? Ako pokvari ko crkvu Božiju, pokvariće njega Bog: jer je crkva Božija sveta, a to ste vi."*

Zbog toga što je srce tamo gde Sveti Duh boravi, mi se moramo uvek pridržavati Reči, odbaciti zlo i težiti da osvetimo naša srca svaki dan. Samo onda kada ovo činimo, možemo ispravno dešifrovati Božju volju i živeti po njoj.

„Razvalite ovu crkvu, i za tri dana ću je podignuti"

„A Jevreji rekoše: 'Kakav nam znak pokazuješ, da to možeš činiti?' Isus odgovori i reče im: 'Razvalite ovu crkvu, i za tri dana ću je podignuti.' A Jevreji rekoše: 'Četrdeset i šest godina građena je ova crkva, a Ti za tri dana da je podigneš?' A On govoraše za crkvu tela Svog. A kad usta iz mrtvih, opomenuše se učenici Njegovi da ovo govoraše, i verovaše pismu i reči koju reče Isus." (2:18-22)

Prodavci u crkvi, visoki sveštenik, Sadukeji i Fariseji su bili šokirani kada su videli Isusa kako premeće stolove. Ljudi su pitali: „Kakav autoritet On ima da preinačuje nešto što su visoki sveštenik i Sadukeji dozvolili?" Ako je Isus imao moć i autoritet da ovo učini, oni su želeli da On to i dokaže.

Oni su pitali: „Koji znak ćeš nam Ti pokazati kao tvoj autoritet da ovo učiniš?" „Razvalite ovu crkvu, i za tri dana ću je podignuti," Isus je odgovorio. Jevreji koji su čuli Isusov odgovor, Njemu su se smejali. Hram u Jerusalimu je pretrpeo mnogo patnji kao i sam narod Izraela. Izgrađen je prvi put za vreme vladavine kralja Solomona, ali je uništen nakon invazije kralja Vavilona Navuhodonosora. Kada se prva grupa zarobljenika iz Vavilona vratila kući u Judeju, oni su zajedno sa Zorovaveljom obnavljali hram 20 godina. Ali ovaj hram je uništen i prilikom druge invazije i godinama kasnije, kralj Herod da bi zadobio podršku naroda, obnavljao je hram 46 godina.

Možemo videti da izgradnja hrama nije lak zadatak. Izgradnja hrama zahteva mnogo resursa i radne snage, posvećenost i predanost. Kada je Isus rekao da će obnoviti hram—za koji je trebalo 46 godina da se obnovi—za tridana, naravno da su Jevreji mislili da je On bio apsurdan. Kasnije vidimo da oni koriste ovu izjavu protiv Isusa, kada Njega osuđuju (Jevanđelje po Mateju 26:61). Povrh toga, kada je Isus umirao na krstu da bi ispunio Božje proviđenje spasenja čovečanstva, oni su uzviknuli: *„Ti koji crkvu razvaljuješ i za tri dana načinjaš pomozi sam Sebi! Ako si Sin Božji, siđi s krsta"* (Jevanđelje po Mateju 27:40; Jevanđelje po Marku 15:29-30).

Kada je Isus rekao: „za tri dana ću je podignuti," On je govorio: „Ja sam Gospodar hrama." Duhovno značenje iza ove izjave je ovo: Isus, koji je hram, umreće na krstu i vaskrsnuti za tri dana.

Da im je Isus rekao: „Ja sam Gospodar hrama i Sin Boga Stvoritelja," oni bi verovatno pobesneli i uzvratili: „Ko ti je dao pravo da budeš Gospodar hrama?!" A da je Isus iskreno odgovorio: „Iako ćete Me razapeti na krst zato što Me mrzite, Ja ću ustati za tri dana," oni bi još više pobesneli. Zbog toga je Isus samo indirektno implicirao.

Ljudi od tela, ne razumeju duhovne reči. Čak i u slučaju Isusovih učenika, oni su istinski poverovali da je Isus Spasitelj, tek nakon što su bili svedoci Njegovog umiranja na krstu i ponovnog vaskrsnuća. I tek nakon što su primili Svetog Duha na dan Svete Trojice, postali su hrabri svedoci jevanđelja bez straha za sopstvene živote. Zato, čovek mora imati duhovno iskustvo i primiti Svetog Duha da bi istinski razumeo Božju Reč i da bi rastao u veri.

„A kad beše u Jerusalimu na praznik pashe, mnogi
verovaše u ime Njegovo, videći čudesa Njegova koja
činjaše. Ali Isus ne poveravaše im Sebe; jer ih sve znaše,
i ne trebaše Mu da ko svedoči za čoveka; jer Sam znaše
šta beše u čoveku." (2:23-25)

Za one ljude koji nisu verovali bez znakova i čuda, Isus je
iscelio bolesne i oživljavao mrtve. On im je pokazao mnoga
moćna dela. Kao rezultat toga, mnogo ljudi je Njega dočekivalo
sa dobrodošlicom i pozivalo ga u svoje domove. Ipak, Isus im se
nije poveravao. Ovo je zato što je poznavao srca ljudi. Ono što
su oni hteli nije bio Isus, već Njegovu moć.

Da Isus više nije ima moći, njihova srca bi se promenila. Ako
se nešto menja u zavisnosti od situacije, to nije istinsko. Ipak,
oni ljudi koji su voleli Isusa iz dubine njihovih srca, donosili su
radost Isusovom srcu. Marija i Marta, koje su živele u Vitaniji,
bile su među takvim ljudima. Zbog toga što su istinski volele
Isusa iz dubine svojih srca, kad god bi prošao tim područjem,
On bi ih posetio (Jevanđelje po Luki 10:38).

Onda, na šta je Isus mislio kada je rekao da Mu ne treba
niko da svedoči za čoveka? Ovo je zato što je u unutrašnjosti
čovekovog srca zavist, ljubomora, ubistvo, požuda i prevara.
Isus, koji je bio bez mana, pravedan i istinski, nije želeo da ga
oni osuđuju. Ovakva vrsta ljudi ne može da primi Božju moć
i oni ne mogu slaviti Boga. Onim ljudima sa istinskim srcima,
Bog će pokazati Njegovu moć—da dokaže da je On sa njima—
da bi oni mogli da Njega slave.

Tajna biti ponovo rođen

Razgovor sa Nikodimom

Dok je On bio u Jerusalimu na prazniku pashe, Isus je osvetio hram, isceljivao bolesne propovedao poruke koje ljudi ranije nigde nisu čuli. Mnogi ljudi su videli čudesne znakove koje je On izvodio i počeli su da veruju u Njega. Jedan od ovih ljudi je bio Farisej zvan Nikodim, koji je bio član jevrejskog vladajućeg saveta.

Za vreme Isusovog vremena, Judaizam je bio podeljen na Fariseje, Sadukeje i Esene. Od ovo troje, Fariseji su verovali u striktno poštovanje zakona, verovali su u vaskrsenje mrtvih i imali su najveću moć nad ljudima. Sa druge strane Sadukeji su sa prezirom gledali na oštro poštovanje zakona. Oni nisu verovali u vaskrsenje i večni život i oni su poricali postojanje anđela i duhovnog kraljevstva. Oni su bili verski nastrojeni realistima.

Eseni su se fokusirali na ispunjavanju savršene harmonije sa Bogom. Oni su međusobno delili njihovu imovinu i živeli su za razliku od ostatka zemlje život u odricanju.

Nikodim traži Isusa

„Beše pak čovek među Farisejima, po imenu Nikodim, knez jevrejski; ovaj dođe k Isusu noću i reče Mu: 'Ravi, znamo da si Ti učitelj od Boga došao; jer niko ne može čudesa ovih činiti koja Ti činiš ako nije Bog s njim.'" (3:1-2)

Vladajući savet u kome je Nikodim bio član sastojao se od 71 članova uključujući i visokog sveštenika. Članovi ovog saveta uspostavili su i sudili zakonima i oni su preuzimali uloge jednake onim zakonodavnim i sudskim granama vladine celine. Ovo je bilo moguće zato što iako je Izrael bio pod vlašću Rimskog Carstva, Rimljani su dali lokalnim vlastima vladajuću moć nad narodom.

Zato što je on bio uticajan čovek na poziciji i vođa, Nikodim je zapazio da Isus nije bio samo obična osoba. Iako je on sam bio učitelj, on je osetio da je postojala neoubičajna moć u Isusovim učenjima. I zato što je Isus činio stvari kao što su isceljivanje bolesnih i hromih, što čovek ne može da učini, on je Njega prepoznao kao nekoga poslatog od Boga.

Jedne noći, on je došao da vidi Isusa. U to vreme, vođe religije kao što su Fariseji i Sadukeji optužili su Isusa govoreći:

: : Javno okupljanje u Sinedrionu (model)

„On je zaposednut Velzevulom! Knezom demona...“ Ovo je bio zato što su mnogi ljudi počeli da prate Isusa, a Fariseji i Sadukeji su se plašili da izgube njihovu poziciju i vlast nad narodom.

Ali Nikodim je bio drugačiji. On je uvek bio žedan za istinom. Iako se on striktno pridržavao zakona, on time nije bio zadovoljan. Do neke mere, on je počeo da misli da će Isus moći da ugasne njegovu žeđ za istinom. Čak iako je on došao da vidi Isusa po noći da bi izbegao da bude viđen od drugih ljudi, on je prepoznao Isusa kao dobru osobu i želeo je da zna više o Njemu.

Na isti način, svako može da čuje i da svedoči o istoj moći Božjoj, ali sva osoba različito reaguje. Nakon što su bili svedoci

Božje moći, neki ljudi su bili presrećni i otvorili su njihova srca veoma brzo. Ali neki ljudi nisu želeli ni da čuju o takvim stvarima i u potpunosti su poricali Božju moć. Neki zli ljudi iznose sve nesreće i pokušavaju da nađu načine za nastanak ogovaranja. Razlika je između dobrog i zla u srcima svake osobe.

Kada je Nikodim sreo Isusa, on se ponizno spustio. Čak iako je on sam bio čovek od pozicije i vođa, on je pokazao njegovo poštovanje prema Isusu nazivajući ga: „Ravi“ i priznao je: „Ti si kao učitelj od Boga došao.“ Nikodim je rekao ovo zato što je znao da čudesni znakovi koje je Isus izvodio nisu nešto što svako može da učini, tako da je on želeo da izrazi njegovo poštovanje prema Njemu.

Značenje „biti ponovo rođen“

„Odgovori Isus i reče mu: ʼZaista, zaista ti kažem, ako se ko nanovo ne rodi, ne može videti carstvo Božije.ʼ Reče Nikodim Njemu: ʼKako se može čovek roditi kad je star? Eda li može po drugi put ući u utrobu matere svoje i roditi se?ʼ“ (3:3-4)

Nakon što je čuo Nikodimovo priznanje, Isus daje neočekivan odgovor. Kada je Nikodim Njemu rekao: „Ti si kao učitelj od Boga došao,“ Isus nije rekao: „Da, u pravu si.“ Umesto toga, On mu je odgovorio: „Zaista, zaista ti kažem, ako se ko nanovo ne rodi, ne može videti carstvo Božije.“

Baš kao što je Isus video sredinu Natanilovog srca kada je

Filip njega doveo Isusu, Isus je takođe video šta je postojalo u sredini Nikodimovog srca. Nikodim je dao takvo priznanje u njegovom srcu, zato što je verovao da je Isus bio Hrist i da je On Sin Božji. Zato što je on imao dobro srce, videvši sve čudesne znakove koje je Isus izvodio, on je jednostavno mislio da je Isus osoba od Boga. Ali ova misao nije poticala iz duhovnog prosvetljenja. Zbog toga Isus nije rekao: „Da, u pravu si," ili „Nisi u pravu." Umesto toga, On ga uči duhovnom istinom govoreći mu da mora biti ponovo rođen da bi video kraljevstvo Božje.

Šta znači biti ponovo rođen? Kada neko, ko je stalno bio kritikovan od strane njegovih ili njenih komšija, okrene novi list i postane „dobra osoba," ljudi obično kažu: „On je postao druga osoba," ili „Ona je ponovo rođena." Ali ono na šta Isus ovde misli nije biti rođen u fizičkoj prirodi već biti ponovo rođen u duhovnoj prirodi. Biti ponovo rođen u duhu je kada osoba koja je ranije živela u sredini neistine, sluša Reč Božju i počinje da živi u istini. Na primer, osoba koja je nekada bila lažov menja se u poštenu osobu; ili ljuta ili mrzovoljna osoba menja se u nežnu i ljubaznu osobu.

Postoje vremena gde ljudi koji su patili od neizlečive bolesti sreću Boga i isceljeni su. Oni postalu toliko ispunjeni Božjom milošću i zahvalnošću da se njihovo srce menja. Ali ovo ne znači da su oni odmah ponovo rođeni u duhu, Da bi se ovo dogodilo, nama je potrebna pomoć Svetog Duha. Samo kada mi primimo pomoć Svetog Duha mi možemo da razumemo Božju volju, a samo kada se pridržavamo Božje volje mi možemo da budemo ponovo rođeni i na taj način primimo večni život.

Ne razumejući Isusa, Nikodim je pitao kako osoba može dva puta biti rođena. Naravno da je on morao da postavi pitanje, pošto nije mogao da razume. „Kako se može čovek roditi kad je star? Eda li može po drugi put ući u utrobu matere svoje i roditi se?“

Fetus raste u majčinoj utrobi devet meseci pre nego što dođe na ovaj svet. Svako zna da osoba ne može da se vrati u majčinu utrobu jednom kada se rodi. Čak iako je Nikodim imao detaljno znanje o zakonima i bio je učitelj zakona, zato što nije razumeo duhovnu poruku, on nije mogao a da ne postavi bezvezno pitanje.

Biti rođen vodom i Duhom

„Odgovori Isus: 'Zaista, zaista ti kažem, ako se ko ne rodi vodom i Duhom, ne može ući u carstvo Božije.'“ (3:5)

Nikodim nije mogao da razume na šta je Isus mislio kada je rekao „biti ponovo rođen,“ tako da kada je Isus govorio o rođenju sa vodom i Duhom, on nije mogao da shvati o čemu Isus govori. Voda gasi žeđ i radi kao mazivo za sve organe u telu kako bi funkcionisali normalno. Voda održava život i pere sve prljave stvari. Tako da „rođen sa vodom“ znači očistiti svu tamu i prljave stvari iz srca kroz Reč Božju.

Čak iako je ispred nas voda u izobilju, ako je ne pijemo mi ne možemo da ugasimo žeđ, a ako se ne operemo, mi ne možemo da budemo čisti. Isto važi i za Reč Božju. Čak iako znamo Reč

Božju, ako se nje ne pridržavamo, onda je sve beskorisno. Tako da, baš kao što nam Bog govori u Bibliji: „ne čini ovo, odbaci ono," ako mi odbacimo mržnju, ljutnju, ljubomoru, prezir i osudu i druge plodove neistine iz naših srca, onda će naša srca biti čista. Onda, kako nam Bog govori: „Učini ovo" ili „Seti se;" mi možemo da postanemo ispunjeni ljubavlju, požrvovanjem, radošću što smo drugima od korist i istina kao što je ova biće u našim srcima. Odbacivanjem neistine i nastati osoba od istine pridržavajući se Božje Reči je „biti rođen sa vodom."

Šta znači onda „biti rođen u Duhu"? Adam, prvi predak čovečanstva, bio je čovek stvoren od duha, duše i tela (1. Solunjanima Poslanica 5:23). Ali kada je počinio greh nepokornosti prema Bogu tako što je pojeo plod sa drveta spoznaje dobra i zla, njegov duh je umro. Tako da od tada pa na dalje, čovek je postao biće samo sa dušom i telom, baš kao i životinje (Knjiga Propovednika 3:18).

Međutim, kada mi prihvatimo Isusa Hrista kao našeg Spasitelja i primimo Svetog Duha, naš duh se vraća u život i mi postajemo dete Božje. Pored toga, naša imena su upisana u Knjigu života na Nebesima. Sveti Duh boravi u našim srcima i pomaže nam da razumemo da smo mi grešnici i vodi nas ka pokajanju. Sveti Duh nam takođe daje milost, snagu i moć da živimo u skladi sa Božjom Rečju.

Čak iako mi mislimo da znamo mnogo o Božjoj Reči, mi ne možemo da živimo u skladu sa njom bez pomoći Svetog Duha. Ako Božja Reč ostane samo kao znanje u našim glavama, onda spasenje ne može da se primi kroz njega. Nakon što posadimo seme, mi moramo njega da negujemo i da se brinemo o njemu sve dok ne vidimo njegove plodove. Slično tome, nakon što mi primimo Svetog Duha, nam je potrebna pomoć Svetog Duha da negujemo i da se brinemo o našem duhu kako bi on mogao da raste i razvija se. Tako da biti rođen od Duha znači pridržavati se Božje Reči uz pomoć Svetog Duha i postati osoba od ploda-osoba koja liči na lik Boga. Kada se ovo dogodi, mi primamo spasenje i možemo da uđemo na Nebesa.

Ako mi imamo Božju Reč a nemamo Svetog Duha, mi ne možemo da imamo pobedu nad svetom i neprijateljem đavolom. Čak iako Sveti Duh dođe nama, ako nemamo Božju Reč, mi ne možemo da budemo očišćeni. Božja Reč i Sveti Duh rade zajedno i vode nas ka Nebesima. Zbog toga mi treba da „budemo rođeni sa vodom i Duhom.“

Osoba rođena od Svetog Duha

„Šta je rođeno od tela, telo je, a šta je rođeno od Duha, duh je. Ne čudi se što ti rekoh: 'Valja vam se nanovo roditi.' Duh diše gde hoće, i glas njegov čuješ, a ne znaš otkuda dolazi i kuda ide; tako je svaki čovek koji je rođen od Duha.“ (3:6-8)

Nikodim je bio zbunjen sa onim što je Isus rekao, ali pokušao je da to primi sa dobrim srcem. Zato što je Isus znao ovo srce, On je nastavio da mu govori. Da je Nikodim bio kao drugi Fariseji i Sedukeji, koji će pokušati samo da pronađu trunku svađe bilo gde da mogu, Isus bi verovatno prestao da razgovara sa njim.

Nikodim postaje još više zbunjen kada je Isus počeo da govori o „telu" i „duhu." „telo" bukvalno znači „koža" ili „meso." Ali duhovno značenje „tela" je nešto što nestaje ili nešto što se menja; nešto što nije večno. „Telo" označava sve iščezljive stvari kao što su: sve što je pod suncem, mržnja, ljutnja, ljubomora, preljuba, razdor-sve što nije od Boga i što nije od istine.

Tako da zašto Isus govori: „Šta je rođeno od tela, telo je?" Kako bi ovo razumeli, mi moramo da razumemo osobine blata ili zemlje. U zavisnosti sa čime je pomešana, kvalitet zemlje se menja. Jedan od kvaliteta zemljišta je da se ono razrađuje i menja; prema tome zemlja je od „tela."

Zato što je čovek stvoren od prašine, ili zemlje, njegova prvobitna priroda je od „tela." Kada je Bog stvorio prvog čoveka, on je napravljen od plodne zemlje. Onda je Bog udahnuo dah života u ljudske nozdrve i čovek je postao živo biće sa živim duhom. Da, Adam, prvi čovek je imao duh, ali on nije bio savršeno biće kao Bog. Čovek nije sam po sebi bio živi duh; on je postao živi duh zato što je Bog udahnuo Njego dah života u njega. A zato što čovek nije bio savršen, sa njegovom slobodnom voljem je jeo zabranjeno voće. Kao rezultat, Adamov duh je umro i on se vratio kao jednostavan čovek od tela.

A ovom su čoveku, koji se vratio da samo bude od tela ili u kvarljivo biće, neprijatelj đavo i Sotona posadili sve vrste neistina. Zbog ovoga nije samo prva generacija Adamove porodice bila izbačena iz Edenskog vrta, prvi slučaj ubistva se dogodio-a počinio ga brat protiv sopstvenog brata.

Adamova dvojice sinova, Kain i Avelj napravili su žrtve

Bogu, ali Bog je prihvatio samo Aveljuvu žrtvu, zato što je to bila prikladna žrtva. Kain je postao ljubomoran i ubio je Avelja. Zato što je Adam postao čovek od tela, njegovi potomci su takođe bili od tela i tako sa svakom sledećom generacijom, čovek je postao sve više zlobniji. Na kraju, sve ljudske misli i želje su postale stvari od neistine i stvari od tela, koje na kraju nestaju i menjaju se. Na ovo je Isus mislio kada je rekao: „Šta je rođeno od tela, telo je."

Prema tome ljudi koji su nalik ovima, koji su jednostavno od tela, ne mogu da uđu na Nebesa, što je duhovno kraljevstvo. Zbog toga 1. Korinćanima Poslanica 15:50 kaže: „*...telo i krv ne mogu naslediti carstvo Božije, niti raspadljivost neraspadljivosti nasleđuje.*" Kako onda može čovek od tela da uđe u Božje kraljevstvo? „Duh mora da rodi duh." Duh je suprotno od tela. Duh ne nestaje niti se menja; on je večan. Samo Sveti Duh može da rodi duha.

Kao što je ranije objašnjeno, Sveti Duh oživljava naš duh, koji je jednom umro; i ne samo to, on konstantno razuvija naš duh. Sveti Duh nam pomaže da spazimo naše grehove i stalno pokušava da oživi „dobro" u našim srcima. Sveti Duh nam govori: „Ne idite na put večnih osuda. Ovo je greh i to je neistina. Ovaj put je put pravednosti." Kada mi pokušamo da živimo u istini, uz pomoć Svetog Duha, „telo" počinje da se skida sa nas. Na primer, Božja Reč nam govori: „Ne mrzi." Ako mi pokušamo da se povinujemo odgurujući mržnju iz naših srca, ljubav koja je suprotna neistini mržnje, zauzima mesto u našim srcima. Ovo je slučaj kada „Duh rađa duha."

Kada je Isus pokuišavao da objasni praveći razliku između

telesnog sveta i duhovnog sveta, Nikodim nije mogao da shvati o čemu je On govorio. Ovo je zato što duhovni svet nije nešto šmo možete razumeti sa svetskim znanjem. Samo uz pomoć Svetog Duha jedan to može da razume. Iako je Nikodim bio naučen i veoma obrazovan, on je bio neuk o duhovnom svetu, tako da on nije mogao da razume Isusa. Tako da bi mu pomogao da bolje razume, Isus opet objašnjava koristeći „vetar" kao objašnjenje.

Kada mi vidimo lišće da se pomera, mi možemo da kažemo da vetar duva ali mi ne možemo da kažemo kada i odakle vetar dolazi. Baš kao što ne znamo kurs vetra, čovek od tela ne može u potpunosti da razume osobu rođenu od Duha. Pošto se osoba rođena od Duha udaljava od svetovnih zadovoljstva i živi živi život sa velikom samokontrolom, ljudi od tela će možda misliti: „Šta ova osoba radi da bi se zabavio?" Ali osoba rođena od vode i Duha živi u skladu sa Božjom Rečju, tako da je on ispunjen iskrenim mirom koji potiče iz nade za Nebesa koju mu je Bog dao.

Nikodim opet postavlja pitanje

„Odgovori Nikodim i reče Mu: 'Kako može to biti?' Isus odgovori i reče mu: 'Ti si učitelj Izrailjev, i to li ne znaš? Zaista, zaista ti kažem da mi govorimo šta znamo, i svedočimo šta videsmo, i svedočanstvo naše ne primate.'" (3:9-11)

Čak i nakon što je Isus objasnio koristeći primer vetra,

Nikodim ipak i dalje nije razumeo. Tako da je opet pitao. Sa ovim mi možemo da vidimo njegovu iskrenu želju da nauči više o duhovnom svetu. On je pitao: „Kako može to biti?“

Na ovo pitanje, Isus odgovora sa pitanjem: „Ti si učitelj Izrailjev, i to li ne znaš?“ Isus nije postavio ovo pitanje da bi pobedio Nikodima ili da bi mu se podsmevao. On je samo iskreno želeo da Nikodim razume, pošto je znao Boga i bio je učitelj zakona ali opet nije mogao da razume duhovni svet. U stvarnosti, u vreme kada je Nikodim došao da poseti Isusa, Isus je već neko vreme bio u službi. Prema tome, Nikodim je već bio upućen i čuo je Isusova svedočenja o tome šta je On video što se odnosi na Nebesa. On je takođe znao o svim znakovima i čudima koje je Isus izvodio. Ali opet nije mogao da razume. Zbog toga je stalno postavljao pitanja.

U to vreme, iako su mnogi ljudi videli znakove i čuda koje je Isus izvodio, oni ipak nisu mogli da veruju. Razlog zbog koga oni nisu mogli da veruju nije bio zato što oni nisu imali znanje o duhovnom svetu, već zato što su njihova srca bila zla i neosetljiva. Ili su bili duhovno arogantni ili su oni mislili da ono što su oni videli se ne podudara sa znanjem zakona koji su postavili za same sebe. Tako da, oni su nastavili sa kritikama i osuđivanjem Isusovih učenja i čuda. Kako bi pomogao ovim ljudima da razumeju, Isus je govorio o „šta znamo,“ što će biti Božja istina ili Njegova Reč i On je svedočio o „šta videsmo“ što će biti duhovni svet, znakovi i čuda. Ali Isus je izjavio da ljudi ipak još ne slušaju niti veruju.

„Ljudi“ o kojim Isus govori uključuju i Nikodima. Ovo je zato što njegove duhovne oči još nisu bile otvorene i on je bio u situaciji gde još nije moga da razume duhovne stvari. Međutim,

Nikodim nije došao kod Isusa sa zlim srcem, tako da na kraju, on je završio tako što je prihvatio Gospoda a rezultat toga je bio da je njegov život bio totalno promenjen. Kasnije, iako nije bio u situaciji da podrži Isusa, on je Isusa ipak branio a posle Isusove smrti na krstu, Nikodim je čak doneo i začine koje je iskoristio na Isusovom telu (Jevanđelje po Jovanu 7:51, 19:39-40).

> **„Kad vam kazah zemaljsko pa ne verujete, kako ćete verovati ako vam kažem nebesko? I niko se ne pope na nebo osim koji siđe s neba, Sin Čovečiji koji je na nebu.“ (3:12-13)**

Kada je Isus učio Reč Božju, On je koristio mnoge primere, kao što su talenti, zemlja, vinogradi i tako dalje, Ovo je bilo zato što nije bilo lako da se objasni duhovni svet sa jezikom iz ovog sveta. Ali čak i da je bilo moguće, Isus je znao da ljudi neće i dalje verovati. Kao i oni, Nikodim isto nije mogao da razume čak iako je u nekoliko puta slušao nekoliko primera. Tako da kako je Isus mogao sa njim da razgovara o duhovnim stvarima?

„Koji dolazi s neba“ je Isus. Svaka osoba je začeta i rođena kroz ujedinjenje roditeljske sperme i jajnika. Ali Isus je začet od Svetog Duha, tako da je On nazvan: „onaj koji dolazi s neba.“ U Bibliji se kaže da su pre Isusa, Enoh i Ilija otišli na Nebesa a da nisu umrli. Ali zašto se takođe kaže: „I niko se ne pope na nebo osim koji siđe s neba, Sin Čovečiji koji je na nebu,“ govoreći o Isusu?

Enoh i Ilija su Adamovi potomci, kao i mi. Tako da su oni rođeni sa prvim grehom. Iako oni nisu počinili grehove za vreme njihovog života ovde na zemlji oni su opet imali prvi greh koji su nasledili od njovih roditelja. Onda kako su se oni popeli na nebesa bez umiranja? Enoh i Ilija su živeli u vremenima Starog Zaveta. Ovo je bilo pre nego što je Isus došao i pre nego što je Sveti Duh bio Pomoćnik. Međutim, sa verom, oni su prevazišli njihov pravi greh. Oni su preuzeli kontrolu i savladali prvi greh u njihovim srcima sa verom i tako su postali oslobođeni od duhovnog zakona koji kaže: „Plata za greh je smrt." Sa ovim mi možemo da vidimo kolika je njihova vera bila.

Isus, sa druge stranem koji je bio začet od Svetog Duha nije imao ni jedan greh od samog početka. Isus je došao na ovaj svet da umre na krstu za nas i naše grehove; On je onda vaskrso i uzdigao se na Nebesa, sve u skladu Božjim proviđenjem. Tako da šta označava ovaj stih jeste da pored Isusa, ne postoji niko više koji je otišao na Nebesa bez prvog greha ili počinjenih grehova.

Proročanstvo Isusove smrti na krstu

„I kao što Mojsije podiže zmiju u pustinji, tako treba Sin Čovečiji da se podigne; da nijedan koji Ga veruje ne pogine, nego da ima život večni." (3:14-15)

Još jednom Isus je iskoristio priču o izlasku Iuraelaca iz Egipta kako bi pomogao Nikodimu da razume. Izraelci koji su pratili Mojsija iz Egipta su videli Božju moć. Oni su iskusili sve vrste čudesnih događaja, kao što su deset pošasti nad Egiptom, razdvajanje crvenog mora i pretvaranje gorke vode Mere u slatku vodu. Ali svaki put kada su se suočavali sa nevoljima oni nisu uspeli da pokažu njihovu veru. Umesto toga, oni su imali ozlojeđenost prema Bogu kao da nikada nisu iskusili Njegovu moć.

Čak iako ih je Bog oslobidio od 400 godina od surovog ropstva, oni su u potpunosti zaboravili na ovu milost i žalili su se da je On činio da oni „umru u pustinji." Oni su čak i nazvali manu, koju im je Bog dao da jedu, „užasnom hranom" i odnosili su se prema Božjim blagoslovima sa osudama (Brojevi 21:5). I oni su insistirali da čak i ako treba da žive kao robovi, da će radije umreti u Egiptu. Kao rezultat, Bog je okrenuo Njegovo lice od njih i došle su otrovne zmije i ujedale ih. Samo na ivici smrti oni su žalili nad njihovim postupcima i na kraju se pokajali.

Kada se Mojsije molio umesto njih, Bog mu je rekao kako Izraelci mogu da budu spašeni od smrti. Mojsiju je rečeno da napravi bronzanu zmiju i da je stavi na stub a onda da kaže onima koji su bili ujedeni da pogledaju ka bronzanoj zmiji i da će živeti. Čak iako su oni imali tek toliko vere da se samo povinuju Mojsiju i pogledaju na bronzanu zmiju, Bog je želeo da to prepozna kao veru i spasi njihove živote.

Duhovno, zmija predstavlja neprijatelja đavola i Sotonu i to je takođe simbol za smrt. Zato što je zmija uhvatila Evu i načinila da celo čovečanstvo ide na put smrti, ona je oličenje greha. Tako da zašto je Bog rekao Mojsiju da napravi zmiju, što simbolizuje greh i smrt i da je stavi na stub?

Ovo nagoveštava Božje proviđenje spasenja: smrt Isusa Hrista na krstu. Isus će preuzeti sve grehove čovečanstva i umreće na krstu. Zbog toga je Bog rekao Mojsiju da napravi zmiju, koja predstavlja greh i smrt i da je stavi na stub. Baš kao što je svako ko je pogledao na bronzanu zmiju na stubu bio spašen od smrti, svako ko veruje u spasenje sa krstom je spašen od večne smrti i steći će večni život.

Ponekad ljudi pitaju: „Pošto je Mojsije napravio bronzani lik i dao da narod gleda na njega, zar se to ne smatra idolopoklonstvom?" Ako ne razumete duhovno značenje Božje Reči i Njegovo proviđenje, vi ćete možda imati ovu vrstu pogrešnog shvatanja. Međutim, ovaj događaj je bio samo put predskazaja Božjeg plana spasenja sa Isusovom smrću na krstu da bi platio kaznu za ljudske grehove. Ovo nije bilo ni u kom slučaju namera bogosluženja bronzanoj zmiji.

Ljubav Boga koji je dao Njegovog Jednog JedinorodnogSina

„Jer Bogu tako omile svet da je i Sina Svog Jedinorodnog dao, da nijedan koji Ga veruje ne pogine, nego da ima život večni. Jer Bog ne posla Sina Svog na svet da sudi svetu, nego da se svet spase kroza Nj." (3:16-17)

U mnogim delovima Biblije, kaže se: „*Ne ljubite svet*" (1. Jovanova Poslanica 2:15), ali u ovom stihu, kaže se da je Bog voleo svet. Šta ovo znači? Kada Biblija kaže: „Ne ljubite svet," to znači da ne volimo ništa što ide protiv Božje volje, kao što je bezakonje, neistina i život u grehu. To znači da ne živimo u grehu ili tami, već da živimo po Božjoj Reči i da živimo u

Svetlosti. Kada Biblija kaže: „Bog omile svet,“ to znači da Bog voli narod i sve što je u odnosu sa njim.

Bog, koji je planirao za kultivaciju čovečanstva kako bi podelio Njegovu ljubav sa njima, stvorio je prirodan svet i sve na ovom svetu što je ljudima potrebno za život. Baš kao što i novi roditelji sa radošću pripremaju sve za njihovo novorođeno dete, Bog je sa radošću pripremio sve u stvaranju za čoveka, koji će biti stvoren po Njegovom liku. Zato što je Bog mnogo voleo ljude, On je takođe voleo sve što je stvorio za njih. Na kraju, kada su ljudi zgrešili i kada su trebali da pođu na put smrti, Bog je poslao Njegovog jednog jedinorodnog Sina, da ih spasi od večne smrti.

Postoje neki ljudi koji pogrešno shvataju Boga kao jednog strašnog Boga osude. Međutim, jasno se govori u stihu 17, da Bog nije poslao Isusa da sudi svetu, već da ga spasi.

Vera i večni život

„Koji Njega veruje ne sudi mu se, a koji ne veruje već je osuđen, jer ne verova u ime jedinorodnog Sina Božijeg. A sud je ovaj što Videlo dođe na svet, i ljudima omile većma tama negoli Videlo; jer njihova dela behu zla. Jer svaki koji zlo čini mrzi na na Videlo i ne ide k Videlu da ne pokaraju dela njegova, jer su zla. A ko istinu čini ide k Videlu, da se vide dela njegova, jer su u Bogu učinjena.“ (3:18-21)

Dela Apostolska 4:12 kažu: *„I nema ni u jednom drugom spasenja; jer nema drugog imena pod nebom danog ljudima kojim bi se mi mogli spasti.* " Čak iako je osoba hvaljena kao svetac, ili postiže velika dela za udruženja, on ili ona ne mogu da nas spasiti. Jedini način da budemo spašeni je da primimo Isusa Hrista sa verom. Vera ovde ne znači da smo svesni u našim glavama o načinu kako da budemo spašeni. Vera znači da pokušamo da budemo sve više kao Hrist i da živimo u skladu sa Božjom Rečju, odbacujući neistinu i postanemo osoba od istine.

Onda zašto Sveto pismo govori da oni koji ne prihvataju Isusa Hrista kao njihovog Spasitelja su već odavno osuđeni? Ovo je zato što nema drugog imena osim imena Isus Hrist kroz koga se može dobiti spasenje a oni koji ne veruju u Njega ne žive u Svetlosti i ne žive u skladu sa istinom, oni ne mogu biti spašeni. Ako neko ko nije primio Isusa Hrista sada umre, on mora otići u Pakao. Zbog toga Sveto pismo govori da su ovi ljudi već osuđeni.

Dok širimo jevanđelje, mi povremeno srećemo ljude koji ne vole hrišćane i osećaju žalost zbog njih. Oni vole tamu više od Svetlosti i oni ne poznaju radost i sreću u primanju Svetog Duha i nade za nebesima, tako da oni misle da je biti hrišćanin-dosadno.

Gledavši kroz srca ovakvih ljudi, Isus je rekao: „Jer svaki koji zlo čini mrzi na na Videlo i ne ide k Videlu da ne pokaraju dela njegova, jer su zla." Suprotno tome, ljudi koji prate istinu, koji prihvate Gospoda i prime Svetog Duha, pokušavaju da vode život koji je fokusiran na slavljenje Boga. Oni ovo čine zato što znaju da će kroz Boga, svi njihovi problemi mogu biti rešeni,

da svi njihovi blagoslovi dolaze od Boga i da će na kraju otići na
Nebesa.

Onaj koji je došao sa neba

Tako gde ima vode, ljudi se okupljaju i nastaje selo. Slično tome, ljudi koji su željni i žedni pravednosti, okupljaju se tamo gde je Božja Reč, koja je voda života. Kada je Isusa, koji je Sam bio Reč, počeo da širi jevanđelje o Nebesima i počeo da krštava, mnogi ljudi su se svakako okupljali u Njegovoj blizini. Ovo je bilo zato što, baš kao što je pisac Psalma priznao: *„Kako su slatke jeziku mom reči Tvoje! Slađe od meda ustima mojim!"* (Psalmi 119-103), Reč Božja je slatka.

„A potom dođe Isus i učenici Njegovi u judejsku zemlju, i onde življaše s njima i krštavaše. A Jovan krštavaše u Enonu blizu Salima, jer onde beše mnogo vode; i dolažahu te ih krštavaše-jer još ne beše Jovan bačen u tamnicu. Tada postade raspra među učenicima

Jovanovim i Jevrejima oko čišćenja. I dođoše k Jovanu i rekoše mu: 'Ravi, onaj što beše s Tobom preko Jordana, za koga si Ti svedočio, evo on krštava, i svi idu k Njemu.'" (3:22-26)

Dok je Isus krstio, Jovan Krstitelj je takođe krstio u Enonu, u blizini zapadne strane Jordana gde je bilo vode u izobilju. Mnogi od Jovanovih sledbenika počeli su da prate Isusa. Videvši ovo, drugim učenicima Jovana krstitelja nije baš bilo prijatno.

Do ovog trenutka, mnogi ljudi su gledali na Jovana krstitelja kao na velikog proroka i pratili su ga. Bili su ponosni što su bili njegovi učenici. Ali situacija se promenila i više ljudi se okupljalo oko Isusa, koga je njihov učitelj krstio, tako da su prijavili ovo Jovanu na neprijatan način.

„Ravi, Onaj što beše s tobom preko Jordana, za koga si ti svedočio, evo On krštava, i svi idu k Njemu."

„Onaj treba da raste, a Ja da se umanjujem."

„Jovan odgovori i reče: 'Ne može čovek ništa primiti ako mu ne bude dano s neba. Vi sami meni svedočite da rekoh: „Ja nisam Hristos, nego sam poslan pred Njim." Ko ima nevestu ženik je; a prijatelj ženikov stoji i sluša ga, i radošću raduje se glasu ženikovom. Ova dakle radost moja ispuni se. Onaj treba da raste, a Ja da se umanjujem.'" (3:27-30)

Jovanovi učenici su misleli da će Jovan razumeti njihova uznemirena srca, ali Jovanova reakcija je bila totalno drugačija. Jovan je svedočio da pošto je to bila Božja volja, da je jedino ispravno da ljudi prate Isusa. On je naučio njegov učenike istinom.

Ako primenimo ovu situaciju u današnje vreme, kako bi to izgledalo? Hajde da kažemo da su postojali ljudi koji su tragali tu i tamo zato što su bili žedni za Božjom Rečju. Ako se njihov pastor zabrine misleći da će otići u drugu crkvu i poče negativno da govori o crkvi i pastoru, onda će pastorovo srce da bude veoma daleko od Jovanovog srca. Ili, ako čujemo da neko negativno govori o nekoj drugoj osobi i uzdižemo se zbog toga, mi se onda ne razlikujemo od Jovanovih učenika. Čak iako čujemo da osoba govori negativno o drugoj osobi, mi ne treba da mu se pridružimo; umesto toga, mi bi trebali da prosvetlimo one uključene u negativnom razgovoru sa istinom i odbacimo tamu iz te situacije.

Zato što je Jovan Krstitelj znao Božju volju, on je mogao da kaže njegovim učenicima koji je poziv bio njegov i koji je njihov poziv. I da bi bio siguran da njegovi učenici ne budu razočarani, on je koristio objašnjenje da bi im rekao ko je Isus. Glavna osoba na venčanju koja čeka mladu je mladoženja. Tako da prijatelji mlade dele radost i blagoslove mladoženju.

Jovan je pokušavao da objasni da pošto je Isus, mladoženja došao, kao mladoženjin prijatelj, Jovanova radost je bila obilna. Iako je on krstio Isusa, Jovan je znao da će Isus da bude onaj koji će da spase njegov narod od greha i da je Isus onaj sa velikom moći. Zato mu to donosi više radosti da još više uzdigne Isusa i Njemu služi.

Mnogi ljudi se ne osećaju lagodno kada su drugi više uspešniji od njih u nekim stvarima, ili u nekim situacijama. Jovan je bio drugačiji. On nije mario za ono što potiče od njega samog; već se nada da će sve dobro ići za Isusa. On je spustio sebe govoreći: „Onaj treba da raste, a Ja da se umanjujem.“ Jovanovo srce je bila vrsta srca koje je bilo radosno čak i kada je druga osoba bila voljenija i mnogo više prepoznatljiva od njega.

Svedočenje onoga odozgo

„Koji odozgo dolazi nad svima je; koji je sa zemlje od zemlje je, i govori od zemlje. Koji dolazi s neba nad svima je. I šta vide i ču ono svedoči; i svedočanstvo Njegovo niko ne prima. Koji primi Njegovo svedočanstvo, potvrdi da je Bog istinit.“ (3:31-33)

Jovan Krstitelj je znao da je Isus onaj koji će doći odozgo. Jovan je svedočio da kao jedan koji je stvorio univerzum, Isus je kralj kraljeva, Gospod gospodara i On je iznad svega. Jovan je takođe rekao da „koji je sa zemlje“ od zemlje je i govori kao jedan sa zemlje. Onda, gde mi pripadamo? Pošto smo primili Isusa Hrista i spašeni smo kroz veru, mi smo postali dete Božje i građani nebesa, prema tome, mi pripadamo Nebesima.

Naravno, čak iako verujemo u Isusa, ako još nismo primili Svetog Duha, mi smi i dalje ljudi od tela i još uvek „od zemlje.“ Osoba koja „pripada zemlji“ čuje Božju Reč, ali ne može da veruju u nju. Isto je bilo za vreme Isusovog vremena. Isus je svedočio o onome što je On video i čuo na Nebesima, ali ljudi nisu verovali u Njega. Oni su Njega umesto toga osuđivali i pokušali da Njega ubiju.

Ali oni sa dobrim srcem prihvatili su Njegovo svedočenje i Njegove Reči. Kada su oni otvorili njihova srca i prihvatili Isusa Hrista, Bog im je dao Svetog Duha kao dar i oni su stekli pravo da postanu deca Božja. Tako da je Stvoritelj postao njihov Otac i oni su primili osiguranje da oni pripadaju Nebesima. Onda, oni mogu da priznaju da je Bog istina i povinuju se Njegovim Rečima.

Večni život i Božji gnev

„Jer koga Bog posla, onaj reči Božije govori: jer Bog Duha ne daje na meru. Jer Otac ljubi Sina, i sve dade u ruke Njegove. Ko veruje Sina, ima život večni; a ko ne veruje Sina, neće videti život, nego gnev Božji ostaje na njemu." (3:34-36)

Isus, koga je Bog poslao, samo govori Rečima Božjim. Samo je Božja Reč istinska i večna. Bog je Njemu dao Duh bez mere, tako da je On govorio Božjim Rečima koje su prepune Svetim Duhom.

Ista reč se i na nama danas primenjuje. Onima koji su primili svedočenje, onima koji veruju da je Bog istina, Bog njima daje Duha bez mere. Tako da oni koji prihvate Isusa Hrista kao njihovog Spasitelja i koji su preplavljeni Božjom milošću svedoče o Bogu i Isusu Hristu u ispunjenosti Svetim Duhom.

Zato što je Otac Bog voleo Sina, On je stavio sve u ruke

Isusa. Isus je bio bezgrešan i čist i On je bio Sam Bog; On je preuzeo telo sluge i došao je na ovui zemlju i povinovao se čak i do tačke smrti. Tako da kako Bog da Njega ne voli? Pošto ga je On toliko mnogo voleo, Bog je njemu sve stavio u ruke.

Ljudi koji veruju u ovog Sina, povinuju se Njegovoj Reči i čine u istini. Tako da je život u njima i oni hodaju ka večnom životu. Ali oni koji se nisu povinovali Sinu ne mogu da vide večni život i umesto toga Božji gnev prebiva u njima. Sveto pismo govori da Božji gnev prebiva u njima zato što Božji gnev može da nestane ili ostane u skladu sa time da li su se oni pokajali i povinovali dok su živeli nepokornim životom. Zbog toga Sveto pismo govori: „ko ne veruje Sina, neće videti život, nego gnev Božji ostaje na njemu." Ali ako se ovi ljudi pokaju i vrate se Bogu, On će im oprostiti i voleće ih.

Poglavlje 4

Isusov metod evangelizacije

1. Isusov razgovor sa Samarićankom
(4:1-26)

2. Isus uči Svoje učenike
(4:27-42)

3. Drugi znak u Kani
(4:43-54)

Isusov razgovor sa Samarićankom

Koga upoznate i kada upoznate, može definisati glavnu prekretnicu u vašem životu. U Jevanđelju po Jovanu, u poglavlju 4, možemo videti kako se život jedne Samarićanke totalno promenio nakon što je upoznala Isusa.

U jevrejskom društvu, verske vođe kao što su Fariseji i učitelji zakona, nisu bili zadovoljni time što Isus propoveda ljudima. Jedino što su oni radili bilo je to, da su tražili povoljan trenutak da uhvate Isusa u zamku kako god su mogli. U to neko vreme čuli su da Isus krštava ljude i to više od samog Jovana.

Isus prolazi pored Samarije

„Kad razume, dakle, Gospod da su čuli Fariseji da

Isus više učenika dobija i krštava nego Jovan (Isus pak sam ne krštavaše nego učenici Njegovi), ostavi Judeju, i otide opet u Galileju. A valjalo Mu je proći kroz Samariju." (4:1-4)

Iako Isus nije bio onaj koji je krštavao, glasine su govorile drugačije. Isusovi učenici su krštavali, ali ljudi su i dalje dolazili da budu krštavani. Onda su Fariseji postali ljubomorni i pitali su: „Ko je taj Isus koji krštava?" Znajući šta se zbivalo u srcima Fariseja, Isus je napustio Judeju i vratio se u Galileju da bi izbegao sukob sa njima.

Postoje dva načina da se stigne iz Judeje u Galileju. Jedan je pravi put od Jerusalima kroz regiju Samarije. Drugi počinje od Jerusalima put severa uz reku Jordan, koji je duži i neravan. Ipak, Jevreji su se najčešće kretali drugim putem. Imali su svoje razloge za to.

U suštini, Samarićani su takođe Avramovi potomci. Godine 772. p.n.e., nakon što su Asirci zarobili severni Izrael, uzeli su mnogo ljudi za zarobljenike i naselili mnogo stranaca u taj region. U to vreme, Izraelci koji su ostali u Samariji, sklapali su brakove sa strancima i izgubili su čistu krvnu liniju Izraela. Dakle, Samarićanin je bio melezar od jednog roditelja koji je bio Izraelac i drugog koji nije bio Izraelac.

Sa druge strane, kada je Južnu Judeju osvojio Vavilon, tamošnji Jevreji su takođe bili silom prebačeni na drugu loakciju, ali se oni nisu mešali sa drugim rasama. A za vreme Nehamije, Jevreji koji su se vratili u svoju domovinu Judeju, počeli su opsežan projekat da povrate svoje nasleđe. U slučaju da se Jevrejin oženio stranom ženom i dobio dete, oni bi naterali strankinju i dete da se vrate u ženinu domovinu, tako da ostane samo čista Jakovljeva krvna linija. Ovo pokazuje koliko je etnički ponos Jevreja bio snažan, a kao rezultat toga, oni su tretirali Samarićane kao pse i nisu voleli da se mešaju sa njima.

Nakon što su Jevreji vratili i bili u procesu ponovne izgradnje hrama u Jerusalimu, Samarićani su se stalno mešali i ometali jevrejski projekat obnavljanja toliko mnogo,da su dve nacije postale neprijatelji. Zbog toga su Jevreji smatrali da je i sam čin da kroče u zemlju Samarićana odvratan i zbog toga, kada su putovali iz Judeje u Galileju, oni su preferirali duži put oko Samarije. Ipak, Isus koji je u svom srcu imao samo ljubav bez imalo zla, odlučio se da krene kroz Samariju.

Žena Samarićanka koja je srela Isusa

„Tako dođe u grad samarijski koji se zove Sihar, blizu sela koje dade Jakov Josifu, sinu svom; a onde beše izvor Jakovljev. I Isus umoran od puta seđaše na izvoru. A beše oko šestog sahata. Dođe žena Samarjanka da zahvati vode. Reče joj Isus: 'Daj Mi da pijem.' Jer učenici Njegovi behu otišli u grad da kupe jela. Reče Mu žena Samarjanka: 'Kako ti, Jevrejin budući, možeš iskati od mene, žene Samarjanke, da piješ?' (Jer se Jevreji ne mešaju sa Samarjanima.)" (4:5-9)

Kad je Isus prolazio kroz Samariju, On je naišao na grad koji se zove „Sihar." Jakovov izvor je bio tu (izvor koji je Jakov iskopao za svog sina Josifa). Vi možete pomisliti: „Šta je tako posebno u malom izvoru, da je obeležen imenom?" Ipak, u rasponu jedne godine, između aprila i oktobra, u Izraelu skoro da ne pada kiša. Zato je voda od izuzetnog značaja za ovaj narod. Tako da su i izvori su vrlo vredni u Izraelu.

Napisano je da je Isus sedeo pored izvora jer je bio umoran od putovanja, ali ovo je zapisano od strane Njegovih učenika. Zbog toga što su i sami bili umorni, pretpostavili su da je i Isus bio umoran.

Dok se Isus odmarao, učenici su otišli u grad da kupe nešto hrane. U ovo vreme, pojavila se žena Samarićanka koja je došla na izvor da uzme nešto vode. Ona je mogla da dođe u drugo vreme da izbegne najjače sunce, ali žena je izabrala da dođe na izvor u ovo vreme. Pošto je bilo podne, žena nije očekivala da će videti mnogo ljudi. Onda, ugledala je stranca koji se odmarao kraj izvora. On je sasvim sigurno bio Jevrej, te se zapitala zašto je prolazio kroz Samariju.

Isus je zatražio od žene da pije. Žena je bila šokirana. Ona je bila šokirana, jer kada jevrejin ugleda Samarićanina, on se obično ponaša kao da je video bubu. Jednostavno rečeno, Jevreji se nikad ne mešaju sa Samarićanima. A ovaj se obraćao njoj! U stvari, Isusovo putovanje kroz Samariju do Galileje, bilo je Božja volja—u svrhu širenja jevanđelja u Samariji. To što su Isusovi učenici otišli u grad i ženin dolazak na izvor u istom trenutku, nije bilo slučajno. Sve je bilo dirigovano od strane Boga.

„Eda li si Tiveći od našeg oca Jakova, jesi li?"

„Odgovori Isus i reče joj: Da ti znaš dar Božji, i ko

: : Samarija i okolne oblasti

: : Jakovljev izvor, smešten
u podnožju gore Gevil u
severnom delu Sihema

je taj koji ti govori: 'Daj mi da pijem', ti bi iskala u Njega i dao bi ti vodu živu. Reče Mu žena: 'Gospode, ni zahvatiti nemaš čim, a studenac je dubok; odakle ćeš dakle uzeti vodu živu? Eda li si ti veći od našeg oca Jakova, koji nam dade ovaj studenac, i on iz njega pijaše i sinovi njegovi i stoka njegova?'" (4:10-12)

Ženi koja ne može da sakrije svoje zaprepašćenje, Isus govori o Božjem poklonu i Njemu samom. Ovde, „Božji dar" označava Svetog Duha. Kao što je zapisano u Delima Apostolskim 2:38: „*Pokajte se, i da se krstite svaki od vas u ime Isusa Hrista za oproštenje greha; i primićete dar Svetog Duha.*"

Isus objašnjava, da kad bi ona znala da je onaj što joj traži vodu Spasitelj, ona bi od Njega tražila Svetog Duha i živu vodu. Ali pošto ona to ne zna, ona ne traži. Zato Isus pokušava da je poduči istini. Ali ne razumevajući dublji smisao onoga o čemu On govori, ona odgovara shvatajući samo fizičku situaciju, pitajući: „Gospode, ni zahvatiti nemaš čim, a studenac je dubok; odakle ćeš dakle uzeti vodu živu?" Isus govori o Svetom Duhu i vodi večnog života. Ali žena ne razume duhovno značenje iza Njegovih Reči i postavlja takvo pitanje. Ona je slična Nikodimu, koji nije razumeo duhovno značenje „ponovnog rađanja."

Onda iznenada, žena pita da li je Isus veći od Jakova. Pošto je Isus rekao da joj može dati živu vodu, ona je Njega poredila sa njenim pretkom Jakovom, koji je obezbedio svom narodu izvor da iz njega crpi vodu. Ovo je zbog toga što je ona svog pretka Jakova smatrala za velikog čoveka. Da je znala da je ta osoba pred njenim očima Spasitelj, ona bi odogovrila drugačije.

Voda što ću mu ja dati biće u njemu izvor vode koja teče u život večni

„Odgovori isus i reče joj: 'Svaki koji pije od ove vode opet će ožedneti; a koji pije od vode koju ću mu Ja dati neće ožedneti doveka; nego voda što ću mu Ja dati biće u njemu izvor vode koja teče u život večni.' Reče Mu žena: 'Gospode, daj mi te vode da ne žednim niti da dolazim ovamo na vodu.'" (4:13-15)

Voda je osnovni element života. Žena je uvek dolazila na izvor da zahvati vode, ali nakon što bi se napila vode, njena žeđ bi bila utoljena kratko vreme i kasnije bi se njena žeđ vratila. Ali pošto je Isus rekao da joj može dati vodu od koje nikad više neće ožedneti, to su bile sjajne vesti! Isus prosvećuje ženu za najvažniji faktor života i time joj pomaže da otvori svoje srce.

Tek onda žena shvata da je voda o kojoj joj Isus govori, drugačija od one na koju ona misli. Zato što je Isus rekao: „a koji pije od vode koju ću mu Ja dati neće ožedneti doveka," žena je pomislila: „On ovde izgleda misli na nešto drugo." Onaj koji joj je prenosio ovu poruku učinio joj se iskrenim, te je ona imala ovu misao u svom srcu: „ja ne razumem u potpunosti, ali bolje da od Njega učim i da verujem u ono što On govori." Zato je odgovorila Isusu, „Gospode, daj mi te vode da ne žednim niti da dolazim ovamo na vodu."

„Reče joj Isus: 'Idi zovni muža svog, i dođi ovamo.' Odgovori žena i reče Mu: 'Nemam muža.' Reče joj Isus: 'Dobro si kazala: „Nemam muža;" jer si pet muževa

imala, i sad koga imaš nije ti muž; to si pravo kazala.'"
(4:16-18)

Žena traži od Isusa vodu večnog života. Ali Isus joj ne daje vodu koju joj je On ponudio. Umesto toga, on joj govori da pozove svog muža. Ovo je ženi bilo vrlo čudno. On je odgovorila, „Nemam muža."

Onda joj se Isus obraća kao da je već sve znao i kaže joj da je imala pet muževa. Činjenica da je potpuni stranac znao tako dobro njenu prošlost, još više je šokirala. Kao što je Isus rekao, žena jeste imala pet muževa. Posle svih turbulencija u njenom životu, ona je upoznala čoveka sa kojim je trenutno bila, ali ni ovaj čovek joj nije mogao ponuditi pravu ljubav i sreću.

Tako je ova žena znala da ne može da očekuje da dobije takvu vrstu ljubavi od bilo kog čoveka. Zato je ona čekala Hrista, o kome su joj govorila proročanstva iz Starog Zaveta— pravi mladoženja koji će je spasiti i biti sa njom čitavu večnost. I pošto ona još uvek nije bila upoznala ovog Mesiju, ona je priznala da nema muža. Videvši njeno srce, Isus je potvrdio njene reči. „Dobro si kazala: 'Nemam muža.'"

Umesto da je prekori rečima: „Zašto lažeš? Čovek sa kojim sada živiš, zar ti on nije muž?" On joj veruje na reč i to prihvata. A kada joj Isus kaže: „Idi zovni muža svog i dođi ovamo," On ne pokušava da kopa po njenoj prošlosti. On je pokušavao da reši najvažniji problem u njenom životu. I zbog toga što je poznavao njeno srce i njene okolnosti veoma dobro, On kaže: „... to si pravo kazala."

„Ja vidim da si ti prorok"

**„Reče Mu žena: Gospode, vidim da si Ti prorok.
Oci naši moliše se Bogu na ovoj gori, a vi kažete da je u
Jerusalimu mesto gde se treba moliti." (4:19-20)**

Pošto je stranac, koga nikad nije srela i nikad ranije sa njim
nije razgovarala, poznavao njeno srce i njene okolnosti tako
dobro, ona se tresla od zaprepašćenja. I znala je da ovaj čovek sa
kojim govori nije običan čovek. Ona je bila sasvim sigurna da je
On prorok o kome je čula od drugih ljudi ili njenih predaka.

Kada je Isusa nazvala „Gospode," ona je pokušavala da Mu
ukaže poštovanje, iako nije mogli zamisliti da je osoba pred
njom bio Mesija. Ali, smatrajući Ga za proroka, ona Ga pita
nešto što je oduvek zanimalo, pitanje o mestu na kom se treba
moliti.

U ovo vreme, Jevreji su bogoslužili u hramu u Jerusalimu
na vrhu gore Garizim, u okviru svoje zemlje. Tokom vladavine
kralja Rovoama, Izrael je bio podeljen na severno i južno
kraljevstvo. A Jerovoam, kralj Severnog Izraela gradio je
svetilišta na viskoim mestima da bi sprečio ljude da odlaze
u Jerusalim. Pošto je čula nejasne glasine o ovim istorijskim
činjenicama, ona je htela da sazna gde nalazi prikladno mesto za
bogosluženje.

„Ženo! Veruj mi"

„Reče joj Isus: 'Ženo veruj mi da ide vreme kad se

nećete moliti Ocu ni na ovoj gori ni u Jerusalimu. Vi
ne znate čemu se molite; a mi znamo čemu se molimo:
jer je spasenje od Jevreja.'" (4:21-22)

Ljudima Izraela mesto bogosluženja je od izrazitog značaja.
Hram je tamo gde je Gospod prisutan, tako da se postavlja na
stranu kao sveto. Jevreji su verovali da je hram centar svemira.
Ipak, značajnije od mesta na kome bogoslužimo, je način na
koji bogoslužimo—sa kojom vrstom srca bogoslužimo. Bog
je zadovoljan kada ljudi delaju po dobroti i kada se mole sa
istinskom ljubavlju ka Bogu, ali On ne prihvata bogosluženja
ljudi koji se mole sa zlobom u njihovim srcima.

Žena Samarićanka nije imala tačno znanje o Bogu i
Spasitelju, te nije mogla ispravno da pruži bogosluženje.
Samarija je izgubila svoj kulturni identitet i postala je
politeisitčko društvo, u kome je preovlađivalo obožavanje
idola, te žena nije baš tačno poznavala Boga. Da je imala tačne
informacije o Bogu i Mesiji, ona bi verovatno prepoznala da je
čovek preko puta nje Mesija.

Ljudi koji zaista poštuju Boga, brzo bi prepoznali Isusa kao
Mesiju. Oni su takođe znali—kao što su stari proroci prorekli—
spasenje će doći od Davidove linije; od nekoga rođenog u
Vitlejemu, u zemlji Judeji. Zbog toga je Isus rekao ženi: „Vi
ne znate čemu se molite; a mi znamo čemu se molimo: jer je
spasenje od Jevreja."

„Ali ide vreme, i već je nastalo, kad će se pravi bogomoljci moliti Ocu duhom i istinom"

„Ali ide vreme, i već je nastalo, kad će se pravi bogomoljci moliti Ocu duhom i istinom, jer Otac hoće takve bogomoljce. Bog je Duh; i koji Mu se mole, duhom i istinom treba da se mole." (4:23-24)

Bogosluženje je formalnost u kojoj Bogu dajemo poštovanje i obožavanje. Ono Bogu daje hvale i slavu i time uzdiže Njegovo sveto ime. Razlog zbog kog čovek treba da bogosluži Bogu je taj, što je Bog stvorio univerzum za čoveka i On je poslao Njegovog jednog jedinorodnog Sina, Isusa Hrista, da ga spasi od greha.

Ipak, Bog ne prima bilo kakvu vrstu bogosluženja. Ovo možemo videti iz Kajinovih i Aveljovih bogosluženja. Avelj je žrtvovao prvorođeno jagnje i loj, a Kajin je žrtvovao usev sa polja. Kajin je bogoslužio Bogu u telu, u skladu sa onim što je smatrao da je pravilan oblik bogosluženja. Avelj se sa druge strane, bogoslužio je Bogu u duhu, u skladu sa Božjom voljom, koristeći žrtvovanu krv. Bog je prihvatio samo Aveljovo bogosluženje.

Šta znači bogosluženje u duhu? Kakvu vrstu bogosluženja Bog prihvata? To su darovi bogosluženja Bogu u duhu i istini. Bogosluženje u duhu znači da se preuzme 66 knjiga Biblije kao ishrana, u skladu sa vođstvom Svetog Duha i bogosluženje iz središta nečijeg srca. Bogosluženje u istini znači da bogoslužimo čitavim našim telom, umom, voljom i iskrenošću; sa radošću, zahvalnošću, molbom, pohvalom, delima i darovima. Kada

Bogosužimo Bogu na ovaj način, Bog će prihvatiti naše bogosluženje i zaštititi nas od nesreća, bolesti i opasnosti. On če takođe blagosloviti naš posao i radna mesta.

Isus je ženi Samarićanki odgovorio odgovorom koji ona nije očekivala, govoreći joj o duhovnom bogosluženju. On joj je govorio o vremenu koje dolazi, kada ćemo se moliti u duhu i istini. Ovo „vreme" koje je Isus spomenuo, odnosi se na vreme posle Isusovog uskrsnuća i uspinjanja na Nebesa, koje je od trenutka kada će doći Sveti Duh, do Isusovog povratka u vazduhu. Ali žena nije mogla u potpunosti da razume šta znači bogosluženje u duhu i istini.

„Ja sam koji s tobom govorim."

„Reče Mu žena: 'Znam da će doći Mesija koji se zove Hristos, kad On dođe kazaće nam sve.' Reče joj Isus: 'Ja sam koji s tobom govorim.'" (4:25-26)

Žena Samarićanka je iskreno čekala Mesiju o kome su preci i proroci Starog Zaveta govorili. Ali ona nije znala ko je On bio. Čak ni Jevreji, koji su tvrdili da poznaju zakon, nisu mislili da će Mesija biti Spasitelj čovečanstva; Oni su mislili da će on jednostavno biti kralj, koji će ih spasiti od ugnjetavanja Rimskog Carstva.

Isus joj otkriva tajnu koja je iznenađuje. Da je On Sam Maesija. „Ja sam koji s tobom govorim."

Sa slojevima bola i patnje zakopanim u njenom srcu, ova žena je jedino Mesiju čekala. Sada kada je On stajao pred njom, koliko li je bila uzbuđena! Kao magla koja se raziđe u vazduhu, sve njene sumnje su u trenutku nestale. Bez i trunke sumnje, ona je poverovala Isusovim Rečima.

Isus uči Svoje učenike

Koliko je vremena prošlo? Dok je Isus ženi Samarićanki propovedao jevanđelje, Njegovi učenici su se vratili nakon što su kupili nešto hrane. Oni su znali da Isus nije poznavao nikog u Samariji. Ipak, oni su ga videli gde razgovara sa ženom, kao da je On dugo poznavao.

„I tada dođoše učenici Njegovi, i čuđahu se gde govoraše sa ženom; ali nijedan ne reče: Šta hoćeš? Ili šta govoriš s njom?" (4:27)

Svi učenici su mislili da je čudno što Isus razgovara sa Samarićankom, ali niko Njega nije otvoreno pitao šta On radi. Iz svakodnevnog posmatranja Isusa, oni su znali da su Njegove Reči i Njegova dela uvek u isitni i da u Njemu nije bilo obmane ili neistine. Zbog toga, ni jedan od njih nije lako mogao da kaže da li je ono što On radi „isparvno“ ili „pogrešno.“ Jevreji se nisu mešali sa Samarićanima, ali oni su znali da ako Isus razgovara sa tom ženom, mora da je u pitanju poseban razlog. Zbog toga nisu sumnjali u Njega.

Ipak, da učenici nisu imali srca koja osuđuju i kažanjavaju od samog početka, oni verovatno ne bi bili „iznenađeni.“ Svaka osoba odlučuje šta je ispravno ili pogrešno u skladu sa svojim znanjem, obrazovanjem, iskustvom i mudrošću. Kada se nešto ne podudara sa čovekovim ličnim mislima, on lako osuđuje i kažnjava. Ali nečije znanje, teorija, ili iskustvo nisu uvek istina, tako, nečije rasuđivanje uvek može biti pogrešno.

Žena Samarićanka evangelizuje

A žena ostavi sudove svoje i otide u grad i reče ljudima: 'Hodite da vidite čoveka koji mi kaza sve što sam učinila; da nije to Hristos?' Iziđoše, dakle, iz grada i pođoše k Njemu.“ (4:28-30)

Zbog radosti što je upoznala Mesiju, ona je zaboravila zašto je došla na izvor i ostavljajući za sobom svoj lonac za vodu, požurila je u grad. Zbog čega joj lonac za vodu više nije bio potreban? Sada kada je upoznala Isusa, koji je večna živa voda—večni život sam po sebi, njen cilj se totalno promenio! Sa novim sjajem na svom licu, ona je kazala svima da je čovek koga nikad pre nije upoznala, znao sve o njenoj prošlosti i da je On Mesija koga su čekali.

„Hodite da vidite čoveka koji mi kaza sve što sam učinila; da nije to Hristos?“ Ove reči su bile dovoljne da pobude radoznalost ljudi iz grada.

Jelo je Moje da izvršim volju Onog koji Me je poslao

„A učenici Njegovi moljahu Ga, međutim, govoreći: 'Ravi! Jedi.' A On im reče: 'Ja imam jelo da jedem za koje vi ne znate.' Tada učenici govorahu među sobom: 'Već ako Mu ko donese da jede?' A On im reče: 'Jelo je Moje da izvršim volju Onog koji Me je poslao, i da svršim Njegov posao.'“ (4:31-34)

Dok je žena Samarićanka bila u gradu, Isusovi učenici su Ga nagonili da jede hranu koju su kupili. Ali Isus im kaže da On ima jelo. „Ja imam jelo da jedem za koje vi ne znate.“

Na prvi pogled se čini da Isus odbija hranu koju su učenici teško pronašli, ali ne u ovom slučaju. Isus je koristio ovo podesno vreme kada su svi bili gladni, da ih poduči o „duhovnoj hrani“ na način, koji će se urezati u njihova srca. Ali pošto nisu razumeli učiteljeve namere, oni su Njegove Reči protumačili svako na svoj način. Onda su pitali jedni druge: „Niko Mu nije ništa doneo za jelo, zar ne?“

Učenici, čije duhovne oči još nisu bile otovorene, govorili su o hrani za telo, dok je Isus govorio o duhovnoj hrani koja donosi večni život. Isus govori da je duhovna hrana delo Božje volje i ispunjava Njegova dela. Onda, šta je Božja volja i Božje delo?

U 1. Poslanici Solunjanima 5:16-18 kaže se: „*Radujte se svagda; molite se Bogu bez prestanka; na svačemu zahvaljujte; jer je ovo volja Božija u Hristu Isusu od vas.*" A u 1. Poslanici Solunjanima 4:3, kaže se: „*Jer je ovo volja Božija, svetost vaša...*" Tako da biti radostan, moliti se i davati uvek zahvalanost i posvetiti naša srca je volja Božja. Šta više, činiti u skladu sa Božjim Rečima, na primer, voleti jedan drugoga, biti u miru i oprostiti jedan drugome, takođe je volja Božja.

A šta je Božje delo? To su molitve, evangelizacija, posvećenost i služenje da se ispuni Božje kraljevstvo. Ipak, ako radimo Božja dela, ali radimo sa zlobom u našim srcima i nastavimo da grešimo, mi ne činimo u skladu sa Božjom voljom, te je naš posao uzaludan. Bog traži čisto, dobro, istinsko srce. Kada obavljamo Božja dela, moramo ih činiti u skladu sa Božjom voljom. Samo tada se naša srca mogu ispuniti radošću i Svetim Duhom; a kao rezultat toga, primićemo odgovore za želje naših srca.

Koji žanje i koji sabira

„Ne kažete li vi: 'Još četiri meseca pa će žetva prispeti?' Eto, velim vam: podignite oči svoje i vidite njive kako su već žute za žetvu. Koji žnje prima platu, i sabira rod za život večni, da se raduju zajedno i koji seje i koji žnje." (4:35-36)

Nakon što je Njegovim učenicima govorio o duhovnoj

hrani, On nastavlja, ilustrujući primer o „žetvi“, govoreći o sejanju i žetvi. U zavisnosti od semena, neki usevi se žanju brže, neki značajno kasnije. Šta mislite, zašto je Isus kazao: „Još četiri meseca pa će žetva prispeti?“

U većini slučajeva, reči i brojevi zabeleženi u Bibliji, imaju duboko duhovno značenje, a mi treba da se potrudimo da ih razumemo ispunjenošću Svetim Duhom. U 1. Posalnici Petrovoj 3:8 kaže se: „*...da je jedan dan pred Gospodom kao hiljadu godina, i hiljadu godina kao jedan dan;*“ a u Danilu 9:27 takođe se govori da se jedan dan računa kao godinu dana, a da se sedam godina računa kao jedna nedelja. Tako da „četiri meseca“ u ovom slučaju označavaju četiri hiljade godina.

Od vremena postanka čoveka, Adam je zgrešio i bio mu je zabranjen ulaz u Edenski Vrt, a kroz vreme kada je Avram postao otac vere, do vremena kad je Isus došao na zemlju, prošlo je otprilike četiri hiljade godina. Od vremena kad je Bog započeo kultivaciju čoveka da bi zadobio istinsku decu, do vremena kad je došao Isus Spasitelj, prošlo je četiri hiljade godina.

Nakon što je Isus došao, počeo je proces žetve kultivisanih duša. Zbog toga što je Isus izbavio čovečanstvo iz njihovih grehova, oni koji Ga prihvate, oprostiće im se gresi i biće spašeni kroz veru. Tako da, „Još četiri meseca pa će žetva prispeti?“ označava da se četiri hiljade godina nakon kultivacije čoveka, put spasenja otvorio kroz našeg Spasitelja Isusa Hrista.

Ko su onda „sejači“, a ko su „oni koji žanju?“ Jedan od sejača je Bog, koji je poslao Njegovog Sina Isusa na ovaj svet. Drugi je Isus, koji je postao zrno pšenice time što je umro na krstu i otvorio put spasenja. A mi, Božja deca, smo oni koji žanjemo onakve duše koje su sazrele u izboru semena. Drugim rečima, kao oni koji sabiraju, mi možemo povesti mnogo duša na put spasenja

„Koji žnje prima platu" znači da je onaj koji žanje već primio spasenje kroz veru. Poslanica Efežanima 2:8 govori: „*Jer ste blagodaću spaseni kroz veru; i to nije od vas, dar je Božji,* " A u Poslanici Rimljanima 3:24 je zapisano: „*...opravdaće se za badava blagodaću Njegovom, otkupom Isusa Hrista.* "

Spasenje je besplatan dar od Boga. Iako bi trebalo da se suočimo sa večnom smrću zbog naših grehova, kroz veru u Isusa Hrista, mi smo primili „platu", ili divnu milost spasenja. Zbog toga naporno radimo da proširimo jevanđelje; da bi i drugi ljudi mogli primiti večni život zajedno sa nama. Ovo je „sabiranje roda za večni život."

Kada mi—iz zahvalnosti za milost spasenja koja nam je data—predano širimo jevanđelje i ubiramo žito, Bog se na Nebesima raduje (Jevanđelje po Luki 15:7). Mi, širioci jevanđelja, takođe se radujemo sa Njim. U 3. Jovanovoj Poslanici 1:3, Jovan govori o ovoj radosti: „*Obradovah se vrlo kad dođoše braća i posvedočiše tvoju istinu, kako ti u istini živiš.* "

> „Jer je u tom istinita beseda da je: 'Drugi koji seje a drugi koji žnje.' Ja vas poslah da žnjete gde se vi ne trudiste; drugi se trudiše, a vi u posao njihov uđoste." (4:37-38)

Mnogi ljudi ubiraju ono što je Isus posejao; ipak ovo nije

plod našeg rada ili žrtvovanja. Ovo je rezultat Isusove smrti na krstu. Dakle, mnogi Isusovi učenici i drugi ljudi su bili mučenici dok su širili jevanđelje. Čak i u Starom Zavetu, postojali su proroci koji su—iz njihove ljubavi prema Bogu—pokušali da povedu ljude putem istine, ali su bili proganjani. Ovi ljudi su sejači.

Apostol Pavle je rekao: „*Ja posadih, Apolo zali, a Bog dade te uzraste*" (1. Korinćanima Posalnica 3:6). Svako može da zaliva i da žanje, ali proroci, Isus i Isusovi učenici su bili oni koji su sejali. Ali to ne znači da danas više nema onih koji seju. Bog i dalje seje kroz određene sluge koje priznaje. Ipak, mnogi ljudi danas zalivaju i žanju ono što je već posejano.

Mnogi od Samarjana verovaše Ga

„I iz grada onog mnogi od Samarjana verovaše Ga za besedu žene koja svedočaše: 'Kaza mi sve što sam učinila.' Kad dođoše, dakle, Samarjani k Njemu, moljahu Ga da bi ostao kod njih; i onde osta dva dana. I mnogo ih više verova za Njegovu besedu; a ženi govorahu: 'Sad ne verujemo više za tvoju besedu, jer sami čusmo i poznasmo da je Ovaj zaista spas svetu, Hristos.'" (4:39-42)

Dok je Isus podučavao svoje učenike o duhovnom svetu, žena Samarićanka je otišla u grad i tonom punim uzbuđenja rekla svima da je upoznala Mesiju. Nakon što su čuli ženino svedočenje, mnogi Samarićani su počeli da veruju u Isusa.

Neki ljudi pretpostavljaju, da pošto je Samarićanka imala petoricu muževa, njen život nije bio mnogo uzoran. I takođe govore da je razlog iz kog je otišla na izvor u podne, bio da bi izbegla kontakt sa drugim ljudima. Da je ova pretpostavka tačna, ona bi bila ismejana od strane ljudi u gradu i oni je verovatno ne bi slušali. Kad je viknula: „Hodite da vidite!" oni verovatno ne bi marili za njene reči. Važna činjenica ovde je da su ljudi iz grada verovali onome što je žena rekla.

Iz ovoga možemo videti da je žena bila priznata od strane ljudi i da su joj oni verovali. Zbog toga je njena evangelizacija bila efektnija i ljudi su verovali u ono što je ona rekla. Kao rezultat njenog svedočenja, mnogo ljudi je došlo da prihvati Isusa kao njihovog Spasitelja. Nakon što su primili Božju milost, oni su terali Isusa da ostane sa njima malo duže da bi mogli da slušaju Njegove Reči. Videvši njihova dobra i iskrena srca, Isus je ostao da bi podelio jevanđelje sa njima.

Onda su ljudi rekli ženi: „Sad ne verujemo više za tvoju besedu, jer sami čusmo i poznasmo da je Ovaj zaista spas svetu, Hristos." Prvo su poverovali u ono što je žena rekla, ali nakon što su upoznali Isusa i slušali Njegovu Reč, oni su mogli istinski da poveruju iz središta njihovih srca da je On zaista bio Mesija koji je došao da ih spasi.

Drugi znak u Kani

Kakav je to neverovatan blagoslov što su mnogi ljudi u Siharu došli da veruju u Isusa preko jedne žene Samarićanke! Zbog njihove iskrene želje za istinom, Isus je ostao sa njima i propovedao je jevanđelje dva dana, pre nego što se zaputio u Galileju.

Zašto prorok na svojoj postojbini nema časti

„A posle dva dana iziđe odande, i otide u Galileju: Jer sam Isus svedočaše da prorok na svojoj postojbini nema časti. A kad dođe u Galileju, primiše Ga Galilejci koji behu videli sve što učini u Jerusalimu na praznik; jer i oni idoše na praznik." (4:43-45)

Iz Samarije, Isus je otišao odmah u Galileju bez zaustavljanja u Nazaret, Njegov rodni grad. Ovo je zato što su ljudi iz Njegovog grada odbili Isusa. Jednom, kada im je Isus propovedao, oni su se osetili osuđenima u njihovim srcima i pokušali su da Ga proteraju iz njihovog grada. I ne samo to, poveli su Ga na vrh brda da Ga bace sa litica (Jevanđelje po Luki 4:16-30).

Ljudi su odbili Isusa, jer nisu mogli da razumeju, kako bi neko ko je sa njima odrastao i ko je bio sin običnog stolara, mogao da bude njihov Mesija ili prorok (Jevanđelje po Mateju 13:53-58). Oni nisu videli njihovim duhovnim očima sve znakove koje je On izvodio; jednostavno su gledali u Njega njihovim fizičkim očima.

Ipak, Isus je bio dobrodošao svuda drugde. Posebno su Ga sa dobrodošlicom dočekivali ljudi koji su živeli na obali jezera Galileje. Nakon što su videli sve znakove i čuda koja je Isus izveo u Jerusalimu za vreme pashe, Galilejci su znali da On nije bio običan čovek.

Carev čovek koji je došao da poseti Isusa

„Dođe pak Isus opet u Kanu galilejsku, gde pretvori vodu u vino. I beše neki carev čovek čiji sin bolovaše u Kapernaumu. Ovaj čuvši da Isus dođe iz Judeje u Galileju, dođe k Njemu i moljaše Ga da siđe i da mu isceli sina; jer beše na samrti." (4:46-47)

Pri dolasku u Galileju, Isus odlazi u Kanu, gradu unutar

Galileje. Ovo je mesto na kom je Isus učinio Njegov prvi znak, pretvarajući vodu u vino (Jevanđelje po Jovanu, poglavlje 2). Zvaničnik cara Heroda je čuo da je Isus došao u Kanu i putovao je čak iz Kapernauma da Ga poseti. Njegov sin je bio bolestan i na samrti.

Kapernaum je udaljen od Kane otprilike 32km; nije lako prevaliti takav put napred i nazad. Pošto je bio carev zvaničnik, on je mogao da odvede svog sina na lečenje kod najboljih lekara tog vremena. I u to vreme, Isus je bio optužen da je „opsednut demonima" od strane viskokih sveštenika, književnika i drugih vođa.

Ipak, ovaj čovek je čuo o znacima i čudima koje je Isus izvodio, kao što je pretvaranje vode u vino i isceljenje bolesnih. Tako je on došao kod Isusa sa čistim i srcem koje veruje. On je iskreno verovao da će Isus isceliti njegovog sina, te je prekljinjao Isusa da dođe i da ga isceli.

> „I reče mu Isus: 'Ako ne vidite znaka i čudesa, ne verujete.' Reče Mu carev čovek: 'Gospode, siđi dok nije umrlo dete moje.'" (4:48-49)

Carev zvaničnik je u hitnoj situaciji jer njegov sin može umreti svakog trenutka. Ali umesto da odmah pođe sa njim, Isus kaže: „Ako ne vidite znaka i čudesa, ne verujete." Čovek koji je pun brige i straha za svog sina, verovatno ne može ni da shvati ove reči. „Gospode, siđi dok nije umrlo dete moje."

Često se dešava da ljudi oko nas otvore svoja srca i prihvate Gospoda bez da vide bilo kakve znakove ili čuda. Ali, bez da iskuse znakove i čuda, lako im je da imaju veru koja se bazira na njihovom znanju, što je vera bazirana na telesnom. Suprotno tome, ljudi koji iskuse Božje znakove i čuda, razumeju da kada Bog interveniše, sve se može dogoditi, i tako oni dobijaju istinsku veru, ili duhovnu veru. Stoga ovi ljudi lakše žive u skladu sa Božjom Rečju.

Naravno, neki ljudi i dalje sumnjaju čak iako se znaci i čuda dešavaju pred njihovim sopstvenim očima, ali ljudi sa dobrim srcima rastu u veri kada svedoče Božjim znacima i čudima. Iz ovog razloga je Isus izvodio znakove i čuda gde god je On išao.

Carev zvaničnik je imao dobro srce—zbog toga je verovao svim vestima koje je čuo o Isusovim znacima; ipak, on nije imao istinsku veru. Ovo vidimo po tome što traži od Isusa da dođe pre nego mu sin umre.

Da je istinski verovao u Svemoćnog Boga koji može da oživi mrtve, on ne bi brinuo čak i da mu sin umre. Ovo je ograničenje vere, zasnovano na znanju. Čak i kada čuje za svemoćnu moć Boga, osoba koja svoju veru bazira na telesnu veru, dolazi do određene tačke kada ne može pokazati više vere. Tek kada probije ovu tačku, može iskusiti čudo, u skladu sa svojom verom. To je istinska vera koja čoveku dozvoljava da vidi Božju slavu. Zbog toga je Isus rekao: *„Ako možeš verovati? Sve je moguće onome koji veruje,"* (Jevanđelje po Marku 8:13), a *„Idi, i kako si verovao neka ti bude"* (Jevanđelje po Mateju 8:13).

Isus odmah isceljuje sa Njegovim rečima

„Reče mu Isus: 'Idi, sin je tvoj zdrav.' I verova čovek
reči koju mu reče Isus, i pođe. I odmah kad on silažaše,
gle, sretoše ga sluge njegove i javiše mu govoreći sin
je tvoj zdrav. Tada pitaše za sahat u koji mu lakše bi. I
kazaše mu: 'Juče u sedmom sahatu pusti ga groznica.'"
(4:50-52)

Isus ne okrivljuje carevog zvaničnika zbog njegove vere
zasnovane na znanju. Umesto toga, videvši njegovu iskrenost
u tome što je putovao čak od Kapernauma, On odgovara na
njegov zahtev.

„Idi, sin je tvoj zdrav." On nije video sopstvenim očima
da mu sin ozdravljuje, ali verujući Isusovoj Reči, vraća se u
Kaprenaum. Dok je još bio na putu do kuće, ugledao je poznata
lica u daljini. Njegove sluge, koje su trebale da neguju njegovog
sina, trčale su ka njemu.

Oni su žurili da mu saopšte da je njegov sin dobro.
Zvaničnik je poverovao Isusovoj Reči, ali koliko li je bio srećan
da čuje iz prve ruke da mu je sin dobro! Smirujući svoje srce,
upitao je o stanju svoga sina, i takođe je pitao u kom satu je
njegovom sinu bilo bolje. Saznao je da je njegovom sinu, koji
je bio na samrti usled groznice, bilo bolje istog trenutka kada je
Isus izgovorio: „Idi, sin je tvoj zdrav."

„Tada razume otac da beše onaj sahat u koji mu reče
Isus: 'Sin je tvoj zdrav; i verova on i sva kuća njegova.'
Ovo opet drugo čudo učini Isus kad dođe iz Judeje u

Galileju." (4:53-54)

Da je carev zvaničnik posumnjao, čak i nakon što je čuo Isusove Reči, njegov sin verovatno ne bi bio isceljen. Zbog toga što je na kraju pokazao veru kroz svoja dela, on je iskusio čudesno iscelenje svoga sina, kao i blagoslov za celu porodicu, time što je došao da veruje u Isusa. Nakon znaka pretvaranja vode u vino, iscelenje sina carevog zvaničnika, bio je drugi znak koji je Isus učinio u Kani.

Isto tako, vera pretvara nemoguće u moguće. Isus je rekao: *„Zato vam kažem, sve što ištete u svojoj molitvi verujte da ćete primiti, i biće vam"* (Jevanđelje po Marku 11:24). Ovo Sveto Pismo im ne govori: „Verujte da ćete primiti," u budućem vremenu. Ono govori: „Verujte da ste primili", u prošlom vremenu. To znači da se vi morate moliti verujući da ste već primili odgovor.

Biblija govori: *„Ali neka ište s verom, ne sumnjajući ništa; jer koji se sumnja on je kao morski valovi, koje vetrovi podižu i razmeću. Jer takav čovek neka ne misli da će primiti šta od Boga"* (Jakovljeva Poslanica 1:6-7). Kada se mi molimo sa potpunom verom u Svemogućeg Boga bez i malo sumnje, tada se čudesni znakovi događaju.

Poglavlje 5

Znak na Vitezdanskom bazenu

1. Čovek koji je isceljen posle 38 godina bolesti
(5:1-15)

2. Jevreji koji su progonili Isusa
(5:16-30)

3. Isusovo svedošenje za Jevreje
(5:31-47)

Čovek koji je isceljen posle 38 godina bolesti

Nakon što je izveo Njegov drugi znak u Galileji, Isus je otišao u Jerusalim. Postojalo je nekoliko praznika koje su svaki od odraslih muškaraca Jevreja morali da održavaju svetim; pasha, praznik nedelje i praznik senica. Tako da, prateći Božju volju, Isus je otišao u Jerusalim da učestvuje u ovim praznicima.

Ljudi koji su se okupili oko Vitezdanskog bazena

„A potom beše praznik jevrejski, i iziđe Isus u Jerusalim. U Jerusalimu, pak, kod ovčijih vrata ima banja, koja se zove jevrejski Vitezda, i oko nje pet pokrivenih tremova. U kojima ležaše mnoštvo bolesnika, slepih, hromih, suvih, koji čekahu da se

zaljuja voda; jer anđeo Gospodnji silažaše u određeno
vreme u banju i mućaše vodu; i koji najpre ulažaše
pošto se zamuti voda, ozdravljaše, makar kakva bolest
da je na njemu." (5:1-4)

Hram Jerusalima je imao nekoliko kapija. Jedna od kapija,
koja je bila smeštena na severoistočnoj strani hrama, nazvana
je „ovčija vrata." Izgrađena u doba Nehemije, oko 445 godine
pre Hrista. (Nehemija 3:1), nazvana je „ovčija vrata" zato što je
van kapija bila stočna pijaca, a ovce koje su bile potrebne kao
žrtve bogosluženja su se unosile kroz ovu kapiju. Odmah do
ovčijih vrata je bazen kojeg su Jevreji nazvali „Vitezda." Ovaj
bazen je napravljen kao vrsta rezervoara koji sakuplja kišnicu
i služio je da snadbeva vodom ceo hram. Interesantna stvar o
ovom bazenu je ta da je obično, jasna izvorska voda nailazila sa
dna bazena i pomerala vodu unutar bazena. Ljudi su verovali da
je uzrok tome anđeo koji silazi i meša vodu. A prva osoba koja
bi ušla u bazen odmah nakon što se dogodi ovako nešto bila bi
isceljena od bilo koje bolesti da je imao. Zbog toga je ovaj bazen
uvek bio prepun bolesnicima. Slepi, hromi i paralizovani-ljudi
sa svim vrstama bolesti- koji su stajali kraj bazena, čekali su da se
voda promeša.

Drevni Biblijski rukopisi nemaju reči: „čekahu da se zaljuja
voda; jer anđeo Gospodnji silažaše u određeno vreme u banju
i mućaše vodu; i koji najpre ulažaše pošto se zamuti voda,
ozdravljaše, makar kakva bolest da je na njemu." Međutim, ovaj
stih se pojavio u kasnijim rukopisima, što je nagoveštaj da je
ovo bilo samo popularno verovanje među ljudima u to vreme.
Kao i Božja Reč, Biblija nema ni najmanju grešku; međutim,

: : Ovčija vrata smeštena na severnoj strani zidina Jerusalima

: : Bazen Vitezda smešten blizu ovčijih vrata

s vremena na vreme, postoje reči koje su zapisane u njoj da bi pomogle čitaocu da bolje razume i iskusi okolnosti tog vremena.

Isus, koji je iscelio bolesne na dan Sabata

„A onde beše jedan čovek koji trideset i osam godina beše bolestan. Kad vide Isus ovog gde leži, i razume da je već odavno bolestan, reče mu: 'Hoćeš li da budeš zdrav?' Odgovori Mu bolesni: 'Da, Gospode; ali nemam čoveka da me spusti u banju kad se zamuti voda; a dok ja dođem drugi siđe pre mene.' Reče mu Isus: 'Ustani, uzmi odar svoj i hodi.' I odmah ozdravi čovek, i uzevši odar svoj hođaše. A taj dan beše dan Sabata." (5:5-9)

Nastrešnica Vitezde je uvek bila prepuna invalidima. Da bi bili prvi koji će ući u bazen nakon što je voda promešana, ljudi su pokušavali da se približe bazenu što je više moguće. Među njima je bio čovek koji je bio bolestan 38 godina. Postoji stara korejanska izreka: „Duga bolest nema vernog deteta," što znači da čak i najvernija osoba ne može da istraje u svojoj vernosti i svojoj savesti ako bolest roditelja traje nepodnošljivo dugo. Time što je bolestan bio 38 godina, ovaj čovek je verovatno bio napušten od strane njegove porodice i bez ijedne osobe da mu pruži pomoć. Međutim, u sredini velikog bola i patnje, on nije odustajao od nade. Sa nadom da će se jednog dana osećati dobro, on je stajao pored bazena. Videvši srce čoveka koji je strpljivo čekao bez gubljenja nade, Isus je posegao prema čoveku sa ljubavlju.

„Hoćeš li da budeš zdrav?“

Pošto je bio lišen takvih blagih reči već duže vreme, on odgovara, objašnjavajući njegovu nesrećnu situaciju. Čak i kada je voda bila promešana, neko drugi koji je mnogo sposobniji od njega, bi ušao u bazen pre njega. On je tražio od Isusa da mu pomogne da uđe u bazen, ali sledeće što je Isus rekao je čoveka iznenadilo.

„Ustani, uzmi odar svoj i hodi.“

Za nekoga ko je živeo kao hendikep dugo vreme, ovo bi zvučalo bizarno. On bi čak i pomislio da mu se Isus podsmeva. Ali, pre nego što je bio i svestan, on je bio na nogama! Nekako, snaga je u njegovom telu bila obnovljena. Isus je izgovorio samo nekoliko reči i bolest koja je mučila čoveka 38 godina na prečac ga napustila! Isus nije lečio bilo koga. On je isceljivao ljude nakon što je video njihovu veru i dela. Isus je iscelio ovog čoveka zato što, uprkos njegovoj dugoj patnji, njegovo srce je bilo dobro. Bilo je to istrajn i puno nade.

Jevreji koji nisu razumeli pravo značenje Sabata

„Tada govorahu Jevreji onome što ozdravi: ʼDanas je subota i ne valja ti odra nositi.ʼ A on im odgovori: ʼKoji me isceli on mi reče: „Uzmi odar svoj i hodi.ʼ A oni ga zapitaše: ʼKo je taj čovek koji ti reče: „Uzmi odar svoj i hodi?“ʼ A isceljeni ne znaše ko je; jer se Isus ukloni, jer ljudstva mnogo beše na mestu.“ (5:10-13)

Čovek koji je bio invalid 38 godina nije imao više razloga da ostane kraj bazena. Kako je uzeo njegov odar da bi krenuo, Jevreji su ga prekorili. Ovo je zato što dan kada je bio isceljen bio je dan Sabata a tradicija vođa striktno zabranjuje pomeranje predmeta na taj dan. Izraelci su iskusili nevolje svaki put kada se nisu povinovali Božjim zapovestima ili Njegovim zakonima. Kada je kralj koji se plašio Boga bio na prestolu, Izrael je imao mir. Ali kada je kralj koji se nije plašio Boga i bogoslužio idolima bio na prestolu, Izrael su osvajale druge nacije i njegov narod je bio zarobljen. Tako da kako bi se povinovali na mnogo strožiji način Božjim zapovestima, Izraelci su prilagodili zapovesti da bi uključili još više određenih detalja. Ovo se pominje u Bibliji kao „tradicija starešina.“

Tako da na primer, kako bi se pridržali zapovesti „Održavaj dan Sabata svetim,“ Jevreji su dodali nekoliko odeljka na ovu zapovest, slušajući detaljne stvari od kojih treba da se suzdrže. Oni su u zapovest dodali nekoliko stvari kao što su: ne treba sejati seme ili orati njivu, niti umesiti testo i peći ga, ne bi trebalo prati veš, niti napisati dve reči ili ih obrisati, ne treba čistiti, niti pomerati predmet sa jednog mesta na drugo, i tako dalje.

Međutim, Bog nikada nije rekao: „Ne uzimaj odor svoj i hodaj na dan Sabata.“ Bog je zapovedio Njegovom narodu da održavaju dan Sabata svetim da bi ih blagoslovio i da bi oni održavali taj dan svetim, a ne shvatajući pravo značenje Njegovih zapovesti, Izraelci su napravili ova preterana pravila i na taj način ih načinili teškim za njih same. Kada su oni čuli da je invalid sa 38 godina isceljen, ono bi trebali da budu srećni zbog njega, ali umesto toga, Jevreji su osudili ovaj događaj.

„Danas je subota i ne valja ti odra nositi.“
Jevreji koji su bili uznemireni, nastavili su sa njihovim slučajem.
„Ko je taj čovek koji ti reče: „Uzmi odar svoj i hodi?“
Srećom Isus, znajući unapred da će Jevreji osetljivo da reaguju na isceljenje bolesnog na dan Sabata, sklonio se kada su Jevreji počeli sa njihovim ispitivanjem. Isus se nije sklonio zato što je bio slab i bezmoćan. Čak i kada je On bio nepravedno optužen, On je samo činio sa pravednošću. Bez obzira u kojoj se situaciji On nalazio, On nikada nije učinio nešto što bi omelo ispunjavanje Božje volje.

„Eto si zdrav, više ne greši, da ti ne bude gore.“

„A potom ga nađe Isus u crkvi i reče mu: 'Eto si zdrav, više ne greši, da ti ne bude gore.' A čovek otide i kaza Jevrejima da je ono Isus koji ga isceli.“ (5:14-15)

Kada je Isus ponovo u hramu sreo čoveka koji je bio invalid 38 godina, On ga je upozorio: „Više ne greši, da ti ne bude gore.“
Isus je učio čoveka da, jeste, Bog ga je iscelio. Međutim, ako ne živi u skladu sa Božjom Rečju i zgreši ponovo, on će biti pogođen sa još težom bolešću. Tako da ovde, mi možemo videti da bolest potiče od greha. Ovo je isto ne samo sa bolesnim, već takođe i sa svim drugim problemima. Kada mi volimo i plašimo

se Boga i živimo u skladu sa Njegovom voljom, bolest i nesreće ne mogu da nam se približe i mi primimo blagoslov napretka u svim oblastima naših života.

Ali ako ne živimo u skladu sa rečju, mi ćemo početi da patimo od svih vrsta bolesti i problema. Najčešće, ljudi misle da se neko razboljeva zbog loše sreće ili zato što je nasledno. Međutim, uzrok naslednih bolesti se mnogo puta odnosi na greh zbog ne pridržavanja Božje Reči. Ako na primer, mi neredovno jedemo obroke, ili ako smo se prejeli, najpre naš probavni sistem a zatim i svi ostali organi u našem telu postaće slabi. Ovo je zbog našeg neuspeha da dobro čuvamo naša tela koja nam je Bog dao. Tako da, ovo je isto i biti nepokoran Božjoj Reči.

U Izlazku 15:26, kaže se: *„Ako dobro uzaslušaš glas GOSPODA Boga svog, i učiniš što je pravo u očima Njegovim, i ako prigneš uho k zapovestima Njegovim i sačuvaš sve uredbe Njegove, nijednu bolest koju sam pustio na Misir neću pustiti na tebe; jer sam ja GOSPOD, lekar tvoj. "* Kada se mi pridržavamo Božjih zakona i živimo prihvatljive živote pred Bogom, On će isceliti bilo koju bolest koju možda imamo i učiniće nas potpunim.

Čovek nije znao ko je taj koji ga je iscelio. Ali nakon što je opet sreo Isusa u hramu i naučio da je On taj koji ga je iscelio, on je bio presrećan. Kada su ga pitali, on je sa radošću rekao Jevrejima da je Isus taj koji ga je iscelio, ali on nije znao njihove namere. On nije znao da će njegove reči na bilo koji način ugroziti Isusa.

Nakon što je iscelio nekoga, bilo je prilika kada je Isus rekao da ide i kaže o tome njegovim rođacima, a postojale su prilike kada je On govorio da nikome ne govori o tome (Jevanđelje po Mateju 8:4; Jevanđelje po Luki 8:56). Ako druga osoba koja ima dobro srce čuje o isceljenju i neko je ko će dati slavu Bogu i imati veru u Njega, onda Isus govori isceljenoj osobi da kaže njemu ili njoj. Međutim, ako osoba koja čuje o tome je osoba koja će proganjati drugu osobu ili će mu načiniti štetu zbog toga što se dogodilo, onda će Isus njemu reći da ne govori nikome. Zbog toga je važno da budemo mudri kada delimo informacije sa nekim-najpre moramo proučiti njihovo srce.

Jevreji koji su progonili Isusa

Isus je proganjan od strane Jevreja zato što je izvodio čuda na dan Sabata. Ne razumejući jasno zakone, oni su optužili Isusa koji je izvodio dobra dela. Međutim, Isus govori u Jevanđelju po Marku 2:27-28: „*Subota je načinjena čoveka radi, a nije čovek subote radi. Dakle je Gospodar Sin Čovečiji i od subote.*"

Budući da je Gospodar Sabata, Isus je iscelio ljude koji su patili od bolesti i pokazao im je ljubav koja je nadmašila čak i zakone. Ovako, Bog je naklonjen ljubavlju i saosećanju više nego zakonima.

„I zato gonjahu Jevreji Isusa, i gledahu da Ga ubiju, jer činjaše to na Sabat. A Isus im odgovaraše: 'Otac Moj dosle čini, i Ja činim.' I zato još više gledahu Jevreji da Ga ubiju što ne samo kvaraše subotu nego i Ocem svojim nazivaše Boga i građaše se jednak Bogu." (5:16-18)

Dobra osoba ne sudi i ne osuđuje druge. Umesto toga, on pokušava da razume bolje druge stavljajući sebe na taj položaj. Međutim, Jevreji su pokušavali da odaberu svađu sa Isusom i Njega osude zato što je činio dobra dela. Na ovo, Isus je rekao: „Otac Moj dosle čini, i Ja činim," i On naglašava činjenicu da On ne čini po Njegovoj volji. Kada su oni ovo čuli, Jevreji su postali besni i težili su još više da ubiju Isusa. Za njih, izgledalo je da Isus nije samo prekršio Sabat, već nazivajući Boga Njegovim Ocem, On je izjednačavao Sebe jednakim Bogu.

Međutim, u osnovi, Isus i Bog su jedno. On je bio sa Bogom od početka i On je video kako je univerzum stvoren i održavan. Zato što je On video sve od početka do kraja i znao je sve od početka, On je uvek činio u skladu sa Božjom voljom i nikada nije činio ništa što bi bilo protiv Božje volje ili plana. Jevreji, koji su bili duhovno slepi, nisu mogli da razumeju ovu činjenicu. Na vrh toga, Isus je činio stvari koje oni samo nisu mogli da urade i dobijao je slavu od naroda, tako da su oni postali ljuti i besni.

Isus pokušava da pomogne Jevrejima da razumeju

„A Isus odgovarajući reče im: 'Zaista, zaista vam kažem, Sin ne može ništa činiti Sam od Sebe nego šta vidi da Otac čini; jer šta On čini ono i Sin čini onako. Jer Otac Sina ljubi, i sve Mu pokazuje što Sam čini; i pokazaće Mu veća dela od ovih da se vi čudite.'" (5:19-20)

Hajde da kažemo da otac koji poseduje veliku kompaniju želiu da prenese njegov posao na njegovog sina. On će učiti sina o svemu što mu je potrebno o vođenju poslovanja i takođe i najveće tajne kompanije. Slično tome, Bog je naučio Njegovog Sina, Isusa, koji je bio sa Njim od početka (od stvaranja do kultivacije čoveka), Njegvo proviđenje i sve tajne stvaranja. Isus je došao na ovu zemlju da bi nama pokazao čemu ga je Otac Bog naučio i šta je Njemu pokazao. Isceljivanje bolesnih, vraćanje mrtvih u žive i umirivanje vetrova i voda, On je izvodio neverovatna čuda (Jevanđelje po Luki 8:24).

A ljudima koji su svi bili zapanjeni sa onim što je On radio, On je prorokovao da će videti čak i veće stvari kojima će biti još više zapanjeni. Sa ovim On je mislo na događaj gde će On preuzeti grehove svih ljudi dok umire na krstu i gde će vaskrsnuti trećeg dana. Povrh toga, kada se Isus uzdiže na Nebesa nakon vaskrsenja biće toliko čudesan događaj i događaj koji niko ranije nije video. Isusov povratak na ovu zemlju na kraju vremena će takođe biti inspirativan i divan događaj.

Odnos između Oca i Sina

„Jer kao što Otac podiže mrtve i oživljuje, tako i Sin koje hoće oživljuje. Jer Otac ne sudi nikome, nego sav sud dade Sinu, da svi poštuju Sina kao što Oca poštuju. Ko ne poštuje Sina ne poštuje Oca koji Ga je poslao."

(5:21-23)

Bog, koji ima vrhovnu vlast nad životom i smrti osobe, takođe je dao tu vlast Njegovom Sinu, Isusu. Tako da, kada Isus govori: „Sin koje hoće oživljuje,“ On naznačuje da Isus može da da život kome god On poželi.

Tako da, šta znači kada Sveto Pismo kaže da je Bog dao sve osude Sinu? Kao što Poslanica Rimljanima 3:10 govori: *„Ni jednog nema pravednog,“* nakon pada Adama, celo čovečanstvo mora da ide na put smrti. Ali Bog ljubavi je pripremio put spasenja za nas; a taj put je Isus Hrist. Tako da svako ko veruje u Njega i živi u skladu sa Njegovom Rečju ide na Nebesa a oni koji to ne čine idu u Pakao. Zbog toga Sveto Pismo kaže: „On [Bog] sav sud dade Sinu.“ Ovo znači da je Božja volja, Isusova volja.

Kao što je zapisano u Poslanici Rimljanima 5:1: *„Opravdavši se, dakle, verom, imamo mir s Bogom kroz Gospoda svog Isusa Hrista,“* Isus je most vere koji spaja naš odnos sa Bogom. Kada mi verujemo i povinujemo se Isusovoj Reči, onda smo mi verovali i povinovali se Božjoj Reči. Zbog toga je poznavanje i poštovanje Isusa Hrista, u stvari, poznavanje i poštovanje Boga.

Kada čuju glas Božjeg Sina

„Zaista, zaista vam kažem, ko Moju reč sluša i veruje Onome koji je Mene poslao, ima život večni, i ne dolazi

na sud, nego je prešao iz smrti u život. Zaista, zaista vam kažem, ide čas i već je nastao, kad će mrtvi čuti glas Sina Božijeg, i čuvši oživeti. Jer kao što Otac ima život u Sebi, tako dade i Sinu da ima život u Sebi; i dade Mu vlast da i sud čini, jer je Sin Čovečiji." (5:24-27)

Ko god da sluša reči Isusa i veruje u Boga koji je Njega poslao neće doći u osudu; već će proći iz smrti u život. Reč „veruje" u Svetom Pismu ne znači samo da je opravdana dok je izgovorena sa nečijim usnama „Ja verujem." To označava verovanje koje potiče od „duhovne vere" koja je opravdana nečijim delima koja su u skladu sa Božjom Rečju.

„Mrtvi" se ne odnosi na fizički mrtve ljude, već na ljude koji su duhovno mrtvi. Kada je Bog stvorio ljude, On ih je stvorio da budu živa bića sa duhom, dušom i telom. Ali kada se prvi čovek Adam, nije povinovao Bogu, greh je ušao u čoveka i njegov duh je umro.

Tako da svi Adamovi potomci su rođeni sa prvim grehom i njihovi duhovi su mrtvi; međutim, kada čuju jevanđelje i prihvate Isusa Hrista kao njihovog Spasitelja i prime Svetog Duha, njihovi duhovi su oživljeni. I kada čine u skladu sa Božjom Rečju i pretvore se sve više i više u osobu od istine, ili u osobu od duha, to je ono što Sveto Pismo naziva, da je čuo glas Božjeg Sina. I Gospod govori da čas dolazi kada će ljudi čuti glas Božjeg Sina.

On takođe govori: „Jer kao što Otac ima život u Sebi, tako dade i Sinu da ima život u Sebi." Život se ovde odnosi na večni, duhovni život koji ne iščezava. A Isus, koji je jedan sa Bogom, takođe ima život u Njemu (Jevanđelje po Jovanu 14:6), tako da ako mi verujemo u Njega i Njega prihvatimo, mi takođe stičemo večni život.

I Zato što je Isus Sin Čoveka, Bog je Njemu dao vlast da izvršava presude; a ove osude su načinjene u skladu sa životom osobe. Što znači, osoba koja veruje u Isusa Hrista ima život i prema tome odlazi na Nebesa; a osoba koja ne veruje u Isusa Hrista nema ovaj život i ide u Pakao. Tako da, zašto je Bog dao Njegovom Sinu da izvrši presudu?

Baš kao što i mi moramo da stavimo predmet na vagu da bi izmerili njegovu težinu, nama je takođe potreban standard sa kojim možemo da sudimo da li osoba ima život ili ne. Isus Hrist je skala života i standard presuda. Ovo je zato što je Isus sam život i sama istina. I zbog toga je Bog dao Njegovom Sinu vlast da izvrši osude.

Vaskrsenje života i vaskrsenje suda

„Ne divite se ovome, jer ide čas u koji će svi koji su u grobovima čuti glas Sina Božijeg, i izići će koji su činili dobro u vaskrsenje života, a koji su činili zlo u vaskrsenje suda. Ja ne mogu ništa činiti Sam od Sebe. Kako čujem onako sudim, i sud je Moj pravedan; jer ne tražim volje Svoje nego volju Oca koji Me je poslao.“ (Jevanđelje po Jovanu 5:28-30)

Kada im je rečeno da život i osuda zavise od Božjeg Sina, neki ljudi su bili u neverici. Oni su pitali: „Šta se dogodilo sa ljudima koji su živeli i umrli pre nego što je rođen Isus?" Zbog toga je Isus rekao: „Ne divite se ovome" i onda nam je On govorio o osudi savesti.

Prošlo je tek stotinu i nekoliko godina od kako je hrišćanstvo stiglo u Koreju. Onda, šta će se dogoditi sa tim ljudima koji su živeli pre stotinu godina ili sa ljudima iz vremena Starog Zaveta? Ako su svi ovi ljudi poslati u Pakao samo zato što nisu znali Isusa Hrista, kako onda možemo da kažemo da je Bog ljubav?

Bog, koji je sama ljubav, priprmio je put spasenja za one ljude sa dobrim srcima. Za one ljude koji su činili dobra dela za vreme njihovog života, oni će iskusiti vaskrsenje života, a oni koji su činili zla dela će iskusiti vaskrsenje osude (Poslanica Rimljanima 2:14-16). Tako da „osuda savesti" je put spasenja koji je Bog pripremio za one koji su živeli u vremenima Starog Zaveta pre nego što je Isus došao i one koji su živeli u vremenima Novog Zaveta a nikada nisu imali priliku da čuju jevanđelje.

Iako nikada nisu čuli jevanđelje, oni su ljudi koji su u čudu i imaju strahopoštovanje prema nebesima i daju sve od sebe da pokušaju da vode dobar i pravedan život i prema tome žive u skladu sa Božjom voljom do određene mere (Knjiga Propovednika 3:11; Poslanica Rimljanima 1:20). Postoje neki ljudi koji žrtvuju svoje živote zbog njihove zemlje, ili njihove roditelje ili čak i za njihove prijatelje. Ovo je požrtvovana ljubav.

Ako ova vrsta ljudi čuje jevanđelje, zar neće prihvatiti Gospoda, primiti spasenje i ući na Nebesa? Tako da kroz osudu savesti, Bog dozvoljava ovim ljudima da prime spasenje (Pogledajte u knjizi, Pakao).

Na ovaj način Bog pravde daje svima poštenu osudu. Kada je Isus govorio o osudi, ljudi koji su slušali iznenada su bili obuzeti strahom i oni su se pitali: „Kako će izgledati ova osuda?“ Znajući pitanja u njihovim mislima, Isus je odgovorio: „Ja ne mogu ništa činiti Sam od Sebe. Kako čujem onako sudim, i sud je Moj pravedan; jer ne tražim volje Svoje nego volju Oca koji Me je poslao.“

Isusovo svedošenje za Jevreje

Proroci Starog Zaveta i Jovan Krstitelj su već raširili reč o Isusu. Oni su prorokovali da će Isus biti rođen iz porodice Jesejove i da će nacije Njemu pribegavati, da će biti On rođen u Vitlejemu i da su Njegova putovanja napred još odavna, od večnih vremenai (Isaija 11:10, Mihej 5:2). Ovi proroci nisu samovoljno govorili. Bog im je rekao ova proročanstva o Isusu Hristu.

Pored ovih proročanstva, znakovi i čuda koje je Isus izvodio govore sami za sebe: da je Isus došao od Boga. Ali Jevreji Njega ipak nisu prepoznali i počeli su da Njega proganjaju, tako da je On pokazao dokaz da je On Božji Sin. On je učinio ovo samo iz ljubavi prema njima, kako bi oni mogli da prime spasenje.

„Ima drugi koji svedoči za Mene"

„Ako Ja svedočim za Sebe, svedočanstvo Moje nije istinito. Ima drugi koji svedoči za Mene; i znam da je istinito svedočanstvo što svedoči za Mene. Vi poslaste k Jovanu, i posvedoči vam za istinu. A Ja ne primam svedočanstva od čoveka, nego ovo govorim da se vi spasete." (5:31-34)

Zamislite samo kako bi sramotno i smešno izgledalo da se neko o sebi hvali a da to niko ne primeti? Tako da čak iako imamo dovoljno poverenja da se hvalimo samim sobom, mi najpre moramo da budemo prepoznati od strane ljudi u našoj okolini. Isus je imao svako pravo da se hvali Sobom ali On je samo čekao da Bog pokaže drugima ko je On bio. Umesto da svedoči sa Sebe, Isus je koristio znakove koje je Bog manifestovao kroz Njega da bi im se obratio.

Onda šta mislite zašto je Isus rekao da On ne prima svedočenja od čoveka? Ovo je bilo zato što u to vreme nije postojao niko ko je mogao da da potpuno i tačno svedočenje o Isusu. Čak ni Jovan Krstitelj nije mogao da da savršeno svedočenje o Isusu. Zbog toga je Jovan dok je bio zarobljen poslao njegove učenike da pitaju Isusa: „*Jesi li ti Onaj što će doći, ili drugog da čekamo?*" (Jevanđelje po Mateju 11:3).

Na ovo, Isus je odgovorio sledećim stihovima 4-5: „*Idite i kažite Jovanu šta čujete i vidite; slepi progledaju i hromi hode, gubavi čiste se i gluvi čuju, mrtvi ustaju i siromašnima propoveda se jevanđelje.*" On je ovo rekao zato što samo spoznajom, ova činjenica će im dati do znanja: „Da, ovo je definitivno Jedan koga je Bog poslao."

Duhovne stvari raspoznaju se samo u duhovnim stvarima (1. Korinćanima Poslanica 2:13); ali u to vreme, ljudi nisu znali da je Isus Bog. Zbog toga, njima je bilo jako teško da tačno svedoče o Isusu. Kako bi poveo koliko je moguće što više ljudi ka spasenju, Isus je govorio mnogo o dokazima i delima Božjim. Ali, Jevreji koji su bili prepuni ljubomore pogrešno su razumeli i mislili su da se Isus hvali o Sebi a znajući ovo veoma dobro, Isus je rekao da svedočenje koje On dobija nije od čoveka.

Čuda i znakovi: Božja dela

„On beše videlo koje goraše i svetljaše, a vi se hteste malo vremena radovati njegovom svetljenju. Ali Ja imam svedočanstvo veće od Jovanova; jer poslovi koje Mi dade Otac da ih svršim, ovi poslovi koje Ja radim svedoče za Mene da Me Otac posla." (5:35-36)

Lampa se gasi kada ostane bez ulja. Isus upoređuje Jovana sa lampom zato što je njegov život bio kratak. Jovan je rođen 6 meseci pre Isusa, ali za vreme Isusovog javnog službovanja- dok je Jovan bio u ranim tridesetim godinama-njegov život se završio od Heroda Antipe.

Ali za vreme njegovog kratkog života, Jovan je prekorio grešnike i kršioce zakona svedočeći istinu, baš kao što i lampa daje svetlost u tami (Jevanđelje po Jovanu 5:33). Kao lampa koja priprema put za Gospoda, on je ukazao ljudima na grehove i vodio ih je ka pokajanju i ka pravednosti.

Baš kao što je ranije spomenuto, nakon proroka Malahije, Izrael je bio u dohovnoj tami 400 godina, a Jovan je u stvari bio prvi prorok koji je ponovo objavio Božju Reč. Tako da je njegova popularnost bila ogromna. Pošto je Jovan postao kao lampa, ljudi su uživali u gledanju ove svetlosti, ali Jovanov vapaj za pravedost bio je prolazan; jer on je objavljivao o nekome ko će doći posle njega, ko je bio Isus.

Tako da dokaz koji će biti mnogo tačniji od Jovanovog svedočenja, biće prava dela Boga koja je Sam Isus izvodio. Kroz brojne znakove i čuda, Isus je ljudima pokazao dokaz da je Bog sa Njim.

Sveta pisma svedoče o Isusu

„I Otac koji Me posla sam svedoči za Mene. Ni glas Njegov kad čuste ni lice Njegovo videste. I reč Njegovu nemate u sebi da stoji; jer vi ne verujete Onome koga On posla. Pregledajte pisma, jer vi mislite da imate u njima život večni; i ona svedoče za Mene; i nećete da dođete k Meni da imate život. Ja ne primam slave od ljudi; nego vas poznajem da ljubavi Božije nemate u sebi. Ja dođoh u ime Oca Svog i ne primate Me; ako drugi dođe u ime svoje, njega ćete primiti." (5:37-43)

Bog je svedočio o Isusa kroz mnoge znakove i čuda, ali Fariseji, Sadukeji i učitelji zakona nisu verovali u Njega. Za ovo, Isus govori da oni imaju: „ni glas Njegov kad čuste ni lice Njegovo videste." On dodaje da je ovo zato što oni nemaju

Njegovu Reč koja prebiva u njima. Ovi ljudi se diče da imaju znanje o Božjoj Reči nego bilo ko drugi. Zašto bi Isus rekao ovim ljudima: „I reč Njegovu nemate u sebi da stoji?"

Kada primi Božju Reč, u zavisnosti da li osoba prima sa dobrim srcem ili sa zlim srcem, spoljašni izgled je drugačiji. Ovi ljudi su veoma dobro znali da će im Bog poslati Mesiju, kao što je prorokovano u Starom Zavetu. Međutim, umesto da prime ove reči sa razumevanjem Božjeg srca, oni su je primili u skladi sa njihovim sopstvenim mislima i načinima koji ide njima u korist; tako da kada je zapravo pravi Mesija stao pred njima, oni nisu mogli da ga prepoznaju i Njega nisu prihvatili. Zbog njihovog ponosa da poznaju Zakon i zbog njihove sebičnosti da zadrže njihov položaj u društvu, oni su u stvari proganjali Isusa. Zbog toga je Isus rekao da Božja Reč nije u njima.

Mnogi ljudi misli da ako su pročitali Božju Reč u Bibliji i slušali propovedi da oni mogu da prime spasenje; međutim to nije istina. Samo kada razumemo Božju Reč i činimo u skladu sa time, naše spasenje može biti potpuno (Jevanđelje po Mateju 7:21). Čak i kada sa sigurnošću znamo gde je naše odredište, ako se ne pomeramo ka njemu, mi nikada ne možemo da dođemo do njega. Slično tome, ako znamo da želimo da idemo na Nebesa, jednostavna spoznaja Božje volje nas neće tamo odvesti, Mi moramo da razumemo Njegovu volju i činimo po njoj.

Pošto su ovi učitelji zakona bili oslepljeni njihovom zlobom i nisu mogli da prepoznaju Isusa, Isus im je čvrsto odgovorio: „Ja ne primam slave od ljudi; nego vas poznajem da ljubavi Božije nemate u sebi." Isus ne pokušava da primi slavu od ljudi sa ove zemlje. Slava ove zemlje je uzaludna; a na kraju ide ka tome da iščezne.

Bog nam ne daje spasenje da bi dobio slavu. On nam nudi spasenje jednostavno zato što nas On voli. Bog želi da podeli Njegovu ljubav sa nama koji smo, nakon dobijanja spasenja, postali Njegova iskrena deca. Kada osoba dobije spasenje i promeni se u istinbu, on ili ona počeće da daju slavu Bogu, koju Bog prima sa mnogo radosti.

Ljudi koji ne prihvate Isusa nemaju ni ljubav prema Bogu. Pošto oni žive u sredini njihove sopstvene sebičnosti i oslepljeni su sa njom, čak iako je Isus došao u ime Boga, oni Njega ne prepoznaju.

Da ste verovali Mojsiju tako biste verovali i Meni

„Kako vi možete verovati kad primate slavu jedan od drugog, a slave koja je od jedinog Boga ne tražite? Ne mislite da ću vas tužiti Ocu; ima koji vas tuži, Mojsije, u koga se vi uzdate. Jer da ste verovali Mojsiju tako biste verovali i Meni; jer on pisa za Mene. A kad njegovim pismima ne verujete kako ćete verovati Mojim rečima?“ (5:44-47)

U zavisnosti od količine zla koju imamo u našim srcima, toliko ćemo se i truditi da ispunimo sebične želje i iz tog razloga, mi ne možemo da volimo Boga. U to vreme, Jevreji su se trudili da steknu slavu, moć i slično; i nisu težili za slavom koja dolazi od Boga. Tako da je Isus ukazao na to šta je u njihovim srcima sa optužbom da Njega proganjaju i da žele Njegov pad.

Tako da, šta znači ono što je Isus rekao: „Koji vas tuži, Mojsije je?" Za vreme ovih vremena, ljudi su revnosno čitali i verovali u zakone, zato što su ljudi dobijali spasenje zasnovane na njihovim delima, sa Mojsijevim Zakonom koji je bio osnova. U sudnici, advokat branioc brani optuženog dok tužitelj progoni i optužuje njegova pogrešna dela. Kada stojimo pred Bogom, Mojsijev Zakon stoji kao tužitelj koji uzima pravna dela protiv nas.

U budućnosti, nakon Gospodovog povratka, kada Milenijumsko kraljevstvo dođe do kraja, postojaće Sud Velikog Belog Prestola. Za vreme ovog suđenja, Bog će biti sudija a Isus će biti advokat. Oko Boga i Isusa, dvadeset i četiri starešine će prisustvovati suđenju kao porota i svakoj osobi će se suditi po tome koliko je on ili ona živeo u istini, zasnovanoj po Mojsijevom Zakonu. Pojedinac neće dobiti spasenje samo zato što je verovao u Isusa Hrista. Njegovom životu će se suditi u svetlosti Zakona.

Mojsijev Zakon je zapisan za Isusa Hrista. Prema tome, Isus pita učitelje zakona kako oni mogu da veruju u Njegove reči ako nisu verovali Mojsijevim pisanjima. Ako osoba veruje u pravo značenje Zakona, koje nam je Bog dao, onda će on takođe verovati i u Isusa Hrista, koji ispunjava Zakon. A ako neko zaista veruje iz sredine njegovog srca, onda će kao Isus Hrist činiti u svetlosti i u pravednosti i ići će ka putu spasenja.

Poglavlje 6

Hleb života

1. Znak dve ribe i pet hlebova ječmenih
(6:1-15)

2. Isus koji je hodao po vodi i narod koji je Njega pratio
(6:16-40)

3. Jedenje mesa Sina čovečijeg i ispijanje Njegove krvi za večni život
(6:41-59)

4. Učenici koji odoše od Isusa
(6:60-71)

Znak dve ribe i pet hlebova ječmenih

Galilejsko more je tehnički jezero, ali u Bibliji se opisuje kao „more," jer je jezero veoma veliko i čini se da veliki deo vode liči na more ili okean. U Starom Zavetu, naziva se jezero Hinerota, jer je u obliku harfe; a u Novom Zavetu naziva se jezero Genesaret, a ponekad i more Tiverijade. Tokom Njegovog javnog službovanja, Isus je putovao po okolini blizu obala Galilejskog mora, da bi ljudima govorio o Božjem kraljevstvu, i takođe je činio mnoge znake i čuda gde god je išao.

„Potom otide Isus preko mora galilejskog kod Tiverijade. I za Njim iđaše mnoštvo naroda, jer viđahu čudesa Njegova koja činjaše na bolesnicima. A Isus iziđe na goru, i onde seđaše sa učenicima Svojim. A beše blizu pasha, praznik jevrejski." (6:1-4)

: : Oblast okolo Galilejskog mora

Isusovih dvanaest učenika su takođe otišli u parovima da šire jevanđelje, pokazujući Božju moć kroz znakove i čuda. Prirodno, glasine o Isusu su se brzo širile. Da bi se na kratko odmorili, Isus i Njegovi učenici su se ukrcali na brod i otplovili ka gradu Vitsaida, gradu koji se nalazio na drugom kraju Tiverijadskog mora. Videvši ih da odlaze na brodu, mnogo ljudi iz različitih gradova je izašlo da ih vidi. Ljudi su u stvari odlazili ispred njih i čekali ih. Videvši gomilu ljudi koji su im se divili nakon što su videli znak, Isus je osetio samilost, jer su oni bili kao ovce bez pastira. Tako je On iscelio bolesne i prosvećivao ih mnogobrojnim učenjima (Pogledajte Jevanđelje po Mateju 14:13-14; Jevanđelje po Marku 6:30-34; Jevanđelje po Luki 9:10-11).

Bilo je to nekoliko dana pred pashu. Ljudi su slušali Božju Reč, bez pojma o vremenu koje je prolazilo. Pošto je bivalo kasno, učenici koji su bili sa Isusom počeli su da brinu, jer su se nalazili na velikom, praznom polju, na kome nije bilo hrane.

Isus testira Filipa

„Podignuvši, dakle, Isus oči, i videvši da mnoštvo naroda ide k Njemu, reče Filipu: 'Gde ćemo kupiti hleba da ovi jedu?' A ovo govoraše kušajući ga, jer sam znaše šta će činiti. Odgovori Mu Filip: 'Dvesta groša hleba nije dosta da svakom od njih po malo dopadne.'" (6:5-7)

Bilo je kasno, a ljudi ceo dan nisu ništa jeli. Znajući da će biti gladni, Isus upita Filipa: „Gde ćemo kupiti hleba da ovi jedu?"

Isus je znao šta će On uraditi, ali je čekao Filipov odgovor. On ga je kušao. Naravno, Isus nije pokušavao da ga stavi na svoje mesto; On je jednostavno dao Filipu priliku da posmatra sam za sebe i da stekne veću veru.

Iskušenja se mogu uširoko podeliti u dve grupe. Prva su iskušenja koja nam dolaze od neprijatelja đavola, kada ne verujemo u skladu sa Božjom Rečju (Jakovljeva Poslanica 1:13-15). Druga su iskušenja koja nam Bog šalje da bi nas blagoslovio; kao u slučaju sa Avramom, kada je Bog tražio da žrtvuje Isaka, njegovog jedinog sina. Ako mi, sa verom, pobedimo iskušenje i budemo priznati od strane Boga, mi možemo primiti i duhovne i fizičke blagoslove kao Avram, koji je postao koren blagoslova. Suprotno tome, kada smo u iskušenju zbog naših sopstvenih grešaka, ako se pokajemo i povinujemo se Božjoj Reči, iskušenje će se završtiti, ali za to nećemo primiti nikakav poseban blagoslov.

Tokom svih mojih godina službovanja, iskusio sam mnoga iskušenja i nevolje. Jedno od njih bilo je kada su moje tri ćerke bile žrtve trovanja ugljen-monoksidom iz gasa za grejanje; a drugo je kada sam izgubio mnogo krvi i bio na ivici smrti. Pored ovih događaja, iskušenja koja sam iskusio su bila vrlo teška, da sa gledišta čoveka od tela, tuga i teškoće ovih iskušenja, bile su nepodnošljive. Onda, postojala su vremena, kada je iskušenje bilo toliko veliko, da bi bilo lakše da sam položio svoj život, nego da nastavim da prolazim iskušenje.

Ipak, ja sam uspeo da prođem kroz svako iskušenje sa verom.

Bog nije dozvolio ova iskušenja u mom životu zbog nekih pogrešnih dela. Kroz ove procese iskušenja, Bog je dodavao sve više i više Njegove moći u moj život.

Nakon Isusovog iznenadnog pitanja, Filip je počeo da računa. Procenjujući koliko hrane bi bilo potrebno po osobi i brojeći koliko ljudi ima, Filip je odgovorio sa samopouzdanjem:

„Dvesta groša hleba nije dosta da svakom od njih po malo dopadne."

Groš je bio monetarna valuta Rimskog Carstva. Jedan groš je vredeo kao jedna dnevnica, tako da je dvesta groša bilo jednako plati za dvesta dana. Recimo da je dnevna plata oko pedeset dolara. Onda bi suma koja je njima bila potrebna, iznosila deset hiljada dolara. Filipova računica deluje razumno. Ipak, da je posedovao istinsku veru, on ne bi koristio svoj ljudski razum. On bi odgovorio: „Mislim da ćeš Ti biti u stanju da rešiš ovo."

Filip još uvek nije shvatao neograničenu Isusovu moć, pomoću koje ništa nije nemoguće. Mnogo puta se ljudi trude da reše svoje probleme pomoću znanja i mudrosti; ipak, čovekovo shvatanje ima ograničenje, tako da sa jedne ili druge tačke gledišta, ljudi dostignu svoje granice. Ali, ako imamo duhovnu veru, onda ništa nije nemoguće (Jevanđelje po Marku 9:23). Zašto? Zato što sa Bogom, sve je moguće.

Učenici kojima je nedostajala duhovna vera

„Reče Mu jedan od učenika Njegovih, Andrija, brat

Simona Petra: 'Ovde ima jedno momče koje ima pet hlebova ječmenih i dve ribe; ali šta je to na toliki svet?' A Isus reče: 'Posadite ljude.' A beše trave mnogo na onome mestu. Posadi se dakle ljudi na broj oko pet hiljada." (6:8-10)

Dok su Isus i Filip razgovarali, Andrej je hodao kroz gomilu da vidi da li neko od njih ima hranu. Proverio je kod mnogih ljudi, ali jedinu hranu koju je našao, bio je ručak mladog dečaka, koji se sastojao od dve ribe i pet ječmenih hlebova. Kad je rekao Isusu šta je pronašao, on je znao da je ta količina hrane suviše mala. Svi su mogli da vide, da je količina hrane koju su imali, bila nedovoljna.

Učenici su videli brojne znakove i čuda dok su Ga pratili na Njegovom službovanju, ali još uvek nisu imali potpunu veru u Njega. Mnogo ljudi se izjašnjava da veruje u svemoćnog Boga, ali kada se suoče sa teškoćama, oni ne uspevaju da pokažu svoju veru i bore se. Njegovi učenici, uključujući i Andreja, pokazivali su veru zasnovanu na znanju. Oni nisu imali duhovnu veru— veru u kojoj neko veruje iz središta njegovog srca i dela u skladu sa tim.

Oko Isusa su sedeli ljudi u grupama od po stotinu i pedeset (Jevanđelje po Marku 6:40). Pošto je polje bilo prekrivneo travom, ljudima je bilo lako da sede u grupama. Bilo je toliko mnogo ljudi, da su izgledali kao talasi vode na široko otvorenom polju. Tu je bilo pet hiljada ljudi, ne računajući žene i decu (Jevanđelje po Mateju 14:21). Tako da je tu bilo deset hiljada ljudi i više. Sve ove ljude je trebalo nahraniti, a oni su imali samo pet ječmenih hlebova i dve ribe.

Ali za svemoćnog Boga, broj ljudi nije problem. Da je bilo 10.000 ili 100.000 ljudi, to ne bi bio problem, jer On svakako ni iz čega može napraviti nešto. Isto je i u slučaju bolesti. Ozbiljnost bolesti ne određuje koliko je lako ili teško primiti isceljenje od te bolesti. To u stvari zavisi od vere svakog od nas. Bogu su sve bolesti iste.

Isus izvodi znak dve ribe i pet hlebova ječmenih

„A Isus uzevši one hlebove, i davši hvalu, dade učenicima, a učenici onima koji behu posađeni; tako i od riba koliko hteše. I kad se nasitiše, reče učenicima Svojim: 'Skupite komade što pretekoše da ništa ne propadne.' I skupiše, i napuniše dvanaest kotarica komada od pet hlebova ječmenih što preteče iza onih što su jeli." (6:11-13)

Uzevši ribu i hlebove od učenika, Isus se zahvalio i počeo je da deli ljudima hranu. Pošto su Ga celog dana pratili, mora da su bili prilično gladni! Ukupna količina hrane koja je bila potrebna da zadovolji njihovu glad, bila je neverovatno velika. Ali šta se dogodilo? Svako je dobio onoliko hrane koliko je želeo, a hrana se nije potrošila. Preko 10.000 ljudi je jelo dok nisu bili siti, a ipak su ostali ostaci hrane. Isus je rekao Njegovim učenicima da sakupe sve ostatke hrane. Na njihovo iznenađenje, bilo je dvanaest kotarica punih ostataka hrane.

Postoji razlog zašto je Isus rekao učenicima da sakupe ostatke. Ostaci hrane su bili dokaz znaka koji im je Bog pokazao. Ljudi imaju tendenciju da zaboravljaju ono što se desilo u prošlosti. Iako su bili svedoci Božjeg dela, nakon nekog vremena, ljudi to lako zaborave. Da se ovaj dan završio samo jelom do osećaja sitosti, ovaj događaj bi bio divna uspomena kratko vreme, a onda pre ili kasnije, bio bi zaboravljen. Ali svi ostaci ribe i hleba bili su konkretan dokaz činjenice da je Bog poslao znak.

Koji značaj imaju dvanaest kotarica? U Bibliji, svaki broj ima značenje. Broj „12" je broj svetlosti i označava savršenstvo (Jevanđelje po Jovanu 11:9). Ako pažljivo pogledate, tu su dvanaest plemena Izraela, dvanaest Isusovih učenika i dvanaest bisernih kapija Novog Jerusalima. Bog koristi borj „12" kao znak obećanog blagoslova. Kada u Svetom Pismu piše da je bilo dvanaest kotarica sa ostacima hrane, to znači da ljudi koji čine potpuno u svetlosti, što je istina, Bog će im odgovoriti blagoslovima koji se prelivaju.

Ljudi koji su želeli da Isusa načine kraljem

„A ljudi videvši čudo koje učini Isus govorahu: 'Ovo je zaista Onaj prorok koji treba da dođe na svet.' A kad razume Isus da hoće da dođu da Ga uhvate i da Ga učine carem, otide opet u goru Sam." (6:14-15)

Znak je nešto što se dešava po Božjoj moći koja je izvan mogućnosti shvatanja od strane čoveka. Ljudi koji su videli neverovatan znak pred svojim očima, počeli su uzbuđeno da razgovaraju među sobom. Ljudi su u pomami vikali: „Ne samo

: : Crkva množenja hleba i riba u Tabghi

da se neizlečive bolesti leče, već mi možemo jesti koliko želimo, kad god želimo!“ Oni su priznali: „Ovo je zaista Onaj prorok koji treba da dođe na svet“, a razgovor o neverovatnoj stvari koja se upravo desila, počeo je da cveta svuda.

Ljudi su dugo čekali Mesiju o kome su govorili Proroci iz Starog Zaveta (Knjiga Ponovljenog Zakona 18:15). Povrh toga, Izraelci su bili tlačeni od strane Rimljana. Videvši Isusa, ljudi su shvatili da je On imao mudrost, prenosio je moćne poruke i činio znakove. U svim oblastima, nije bilo osobe koja bi se mogla porediti sa Njim. Oni su mislili, ako Isus postane kralj,

On će ih sigurno osloboditi Rima. Nakon što su prisustvovali znaku, umesto da dobiju istinsku veru, ljudi su počeli da traže sopstvenu slavu.

Isus je znao da ovi ljudi žele da Ga načine kraljem na silu. Zbog toga je on rekao Njegovim učenicima da uzmu brod i da odu na drugu stranu i nakon što je masu ljudi poslao daleko, On je otišao na goru da se moli (Jevanđelje po Mateju 14:22-23). Isus nije učinio znak dve ribe i pet hlebova ječmenih da bi postao kralj. On je to učinio da bi ljudima dao dokaz koji potvrđuje Reč koju On propoveda; da bi poverovali u Njega Samog, Božjeg Sina i u Boga koji je Ga je poslao (Jevanđelje po Jovanu 4:48; Jevanđelje po Marku 16:20).

Isus koji je hodao po vodi i narod koji je Njega pratio

Galilejsko more je okruženo viskoim, strmim planinama, kao što su Golanska visoravan i gora Hermon. Takođe je na oko 20 metara ispod nivoa Sredozemnog mora. Usled ovih geografskih karakteristika, vreme je tamo vrlo nepredvidivo. Jaki udari vetra se često javljaju i nepredvidivi su.

„A kad bi uveče siđoše učenici Njegovi na more, i uđoše u lađu, i pođoše preko mora u Kapernaum. I već se beše smrklo, a Isus ne beše došao k njima. A more se podizaše od velikog vetra. Vozivši, pak, oko dvadeset i pet ili trideset potrkališta ugledaše Isusa gde ide po moru i beše došao blizu do lađe, i uplašiše se. A On im reče: 'Ja sam; ne bojte se.' Onda Ga s radošću uzeše u lađu; i odmah lađa bi na zemlji u koju iđahu.“ (6:16-21)

Kako se spuštalo veče, učenici su se ukrcali na brod da bi putovali u Kapernaum. Kao i obično, vetrovi su bili vrlo jaki. Kako je vreme prolazilo, vetrovi su jačali a more je postalo olujno, a lađa koja je nosila učenike se tresla na talasima, kao opali list u vetrovitom jesenjem danu. Bio je mrkli mrak i učenici nisu mogli ništa da vide. Kad je Isus bio sa njima, oni su bili dobrodošli gde god da su išli i svi su uvek bili dobro. Ali sada, oni su bili sami bez Isusa, i žestoki vetrovi i talasi su ih šibali sa leva i desna. Prirodno, uhvatio ih je strah.

Kada su učenici konačno bili u stanju da spuste vesla u vodui da veslaju 4 kilometra, videli su figuru koja je ličila na osobu koja se nalazila iznad mračne vode. Videvši učenike koji se bore sa turbulencijama, Isus je hodao po vodi da bi došao do njih (Jevanđelje po Mateju 14:25). Za trenutak, učenici su pomislili da je On duh, i vrisnuli su od straha. Čovek koji hoda po vodi je bio neverovatan prizor! Da bi smirio prestrašene učenike koji nisu mogli da prepoznaju svog učitelja, Isus je rekao: „Ja sam; ne bojte se."

Ako pogledate u Jevanđelje po Mateju 14:28, Petar govori Isusu: „*Gospode! Ako si Ti, reci mi da dođem k Tebi po vodi.*" Na ovo, Isus je odgovorio: „Dođi!" Petar je istupio sa lađe i hodao po vodi. Ali, uskoro je video pobesnelu vodu, uplašio se i počeo da tone u vodu. Petar je vikao: „Gospode spasi me!" Istog trenutka, Isus ga je izvukao iz vode i stupio na lađu zajedno sa njim. Razlog zbog kog učenici nisu mogli da prepoznaju Isusa i zbog kog su bili ispunjeni strahom, je zato što su oni ugradili njihove telesne misli u situaciju u kojoj su bili. Osoba koja živi u istini stiče hrabrost pred Bogom, tako da u nju ne može ući strah (1 Jevanđelje po Jovanu 3:21-22, 4:18). Ovo je zato što

Bog uvek štiti i pridržava osobu koja se povinuje Njegovim zapovestima.

Zbog toga što su oni videli Isusa u središtu teškoća, učenici su bili još više oduševljeni nego ikada pre. Koliko bi veličanstveno bilo da se nerešivi problem iznenada reši Božjom moći? Kad je Isus stupio na lađu, vetar je stao. Onda su se oni sa lađe Njemu poklonili i priznali: *„Ti si zasigurno Božji Sin!"* (Jevanđelje po Mateju 14:33). I pre nego su i primetili, njihova lađa je stigla na obale Kapernauma.

Ljudi koji su došli u Kapernaum da se sretnu sa Isusom

„Sutradan, pak, narod koji stajaše preko mora kad vide da lađe druge ne beše onde osim one jedne što u nju uđoše učenici Njegovi, i da ne uđe Isus s učenicima Svojim u lađu nego sami učenici Njegovi otidoše. A druge lađe iz Tiverijade dođoše blizu onog mesta gde jedoše hleb kad Gospod dade hvalu. Kad vide narod da Isusa ne beše onde ni učenika Njegovih, uđoše i oni u lađe, i dođoše u Kapernaum da traže Isusa. I našavši Ga preko mora rekoše Mu: 'Ravi! Kad si došao ovamo?'" (6:22-25)

Ljudi koji su iskusili čudo dve ribe i pet ječmenih hlebova, nisu mogli da zaborave snažan utisak od prethodnog dana, i došli su na isto mesto sutradan. Bili su sigurni da su prethodne noći samo učenici otišli za Kapernaum u jednoj od dve lađe koje su bile na obali. Tako su pomislili: „Pošto Isus nije otišao sa njima, možda Ga još možemo ovde sresti.“ Ipak, više nikog nije bilo tamo.

Pošto je jedna od dve lađe još uvek bila tamo, ljudi su bili veoma radoznali gde je Isus. Jedna lađa koja je ostala je siguran dokaz da je Isus hodao po vodi da bi prešao na drugu stranu. Ipak, ljudi koji nisu znali šta se dogodilo prethodne noći, bili su zbunjeni i pitali su se: „Šta se dogodilo?“

Srećom, u isto vreme pristigle su druge lađe iz Tiverijade. Tako su ljudi ušli u ove lađe i krenuli put Kapernauma u nadi da će pronaći Isusa. Kada su stigli, Isus je bio tamo. Jedna lađa je još uvek bila na obali sa druge strane, a oni su bili radoznali kako je Isus prešao more bez lađe. Kada su Ga pronašli, pitali su: „Ravi! Kad si došao ovamo?“

Isus je znao zašto su Ga tako željno tražili. Neki su Ga pratili jer su bili zaintrigirani Njegovim izuzetnim učenjima, a neki jer su bili zadivljeni znakovima koje je izvodio. Ipak, najistaknutiji razlog zbog kog su ga tražili, bili su fizički razlozi. Oni su tražili Isusa ili da bi bili isceljeni od bolesti, ili da bi napunili svoje trbuhe hranom. Ljudi nisu pratili Isusa zato što su mogli da dobiju duhovno razumevanje, već su Ga više pratili zbog njihove lične ili fizičke dobiti. Da su Ga tražili zbog duhovnih razloga, Isus bi bio radosniji, ali istina je bila da su njihova srca težila telesnim stvarima.

Šta ćemo činiti da radimo dela Božija?

„Isus im odgovori i reče: 'Zaista, zaista vam kažem,

ne tražite Me što čudesa videste, nego što jedoste hleba
i nasitiste se. Starajte se ne za jelo koje prolazi, nego
za jelo koje ostaje za večni život, koje će vam dati Sin
Čovečiji, jer ovog potvrdi Otac Bog.' A oni Mu rekoše:
'Šta ćemo činiti da radimo dela Božija?' Odgovori Isus
i reče im: 'Ovo je delo Božije da verujete onog koga On
posla.'" (6:26-29)

Isus odgovori ljudima koji su prošli more ka Kapernaumu:
„Ne tražite Me što čudesa videste, nego što jedoste hleba i
nasitiste se. Starajte se ne za jelo koje prolazi, nego za jelo koje
ostaje za večni život, koje će vam dati Sin Čovečiji, jer ovog
potvrdi Otac Bog."

Ovde, „jelo koje prolazi," odnosi se na hranu za telo koja se
jede i vari. Ponekad su ljudi toliko fokusirani na telesnu hranu
i na stvari koje ispunjavaju kratak fizički život ovde na zemlji,
da završe idući ka večnoj smrti. Kakvu nerazumnu stvar čine!
Ovo naravno ne znači da ne treba da radimo da bismo zaradili
za telesnu hranu—to jednostavno znači da treba da postavimo
veće prioritete za sticanje duhovne hrane. Isus im je obećao da
će im dati duhovnu hranu.

Duhovna hrana je Božja Reč, koja je istina. Kao što ljudi
unose hranu da bi održavali fizički život, tako mi moramo
uneti i Božju Reč, ili istinu, da bismo održavali duhovni život.
Isus je onaj koji daje ovu duhovnu hranu. On je taj na koga
je Bog Otac „stavio Svoj pečat." Staviti pečat znači verovati i
garantovati za kvalitet nekoga ili nečega; tako pečat simbolizuje
„pouzdanost." Prema tome, ovo Sveto Pismo znači da je Bog
Isusu poverio misiju spasenja čovečanstva. Isus je došao na ovaj

svet i snosio nevolje i patio na krstu zbog naših grehova.

Pošto je Isus rekao ljudima da ne rade za hranu koja prolazi, oni su postali uznemireni. Jedini razlog zbog kog su pitali: „Šta ćemo činiti da radimo dela Božija?" nije bio taj što su imali veru u Isusa, već zato štosu bili zaprepašćeni znacima koje je On izvodio. Poznavajući njihova srca, Isus je odgovorio: „Ovo je delo Božije da verujete onog koga On posla."

Danas se mnogi Hrišćani izjašnjavaju da veruju u Boga. Ipak, postoji razlika između istinskog verovanja i samo pohađanja crkve. Osoba koja iskreno poznaje i veruje u Gospoda, čini u pokornosti prema Božjoj Reči sa radošću i zahvalnošću. Oni takođe doživljavaju Boga u svakodnevnom životu. Ipak, oni koji se samo kreću napred i nazad do crkve bez ove radosti, pokornosti i zahvalnosti, ne razlikuju se mnogo od nevernika. Ako priznaju da su Hrišćani, a i dalje padaju u očaj, žale se i postaju ozljeđeni kada se suoče sa iskušenjem ili teškoćama, onda se oni samo pozivaju na ime Gospoda svojim usnama, i ne žive istinski u istini.

Vera nije samo posećivanje crkve po navici, radi molitve. Vera je ljubav prema Bogu i delovanje u skladu sa Njegovom Rečju. Ovo je „činjenje Božjih dela." Za one koji pitaju kako da čine Božja dela, Isus ih prosvećuje dajući im duhovni odgovor. On im govori da veruju u Isusa Hrista, u onog koga On posla i da postanu sveta Božja deca.

„A oni Mu rekoše: 'Kakav dakle Ti pokazuješ znak da vidimo i da verujemo? Šta radiš Ti?' Očevi naši jedoše manu u pustinji, kao što je napisano: 'Hleb s neba dade im da jedu.' Tada im reče Isus: 'Zaista, zaista vam kažem, Mojsije ne dade vama hleb s neba, nego vam Otac Moj daje hleb istiniti s neba. Jer je hleb Božiji onaj koji silazi s neba i daje život svetu.'" (6:30-33)

Iako im je Isus preneo duhovnu poruku, ljudi su i dalje želeli da vide znak svojim očima. Oni su se pitali da li je Isus možda u stanju da učini da hleb dođe sa neba, ili možda On može izvesti nešto još neverovatnije. Oni nisu verovali da je Isus Božji Sin, već da je On neko ko ima izuzetne moći, koje prosečna osoba nema. Oni su mislili da je On još jedan prorok kao Mojsije, koji je učinio da mana padne sa neba za vreme Izlaska Izraelaca.

Isus govori u Jevanđelju po Mateju 12:39: „*Opaka i preljubnička generacija traži čudesni znak!*" Neko koga zanima da brine samo o sebi, ne veruje čak i kada mu se govore duhovne poruke i nastavlja da traži znake. Sa druge strane, osoba sa dobrim srcem je dirnuta jednostavno Rečju istine i prima Isusa Hrista kada neko sa njom podeli jevanđelje. Ovo je razlika između osobe od tela i osobe od duha.

Znajući šta je ljudima bilo na umu, Isus ih podučava da Mojsije nije učinio da mana siđe pomoću njegovih moći; već da je bila data od Boga. Da bi im pokazao da postoji duhovni svet—iako ga ne možemo videti sopstvenim očima—On ističe činjenicu da je mana došla sa nebesa i da oni moraju da veruju svojim srcima. A pošto oni nisu mogli da shvate stvari koje su duhovne prirode, On ih poredi sa hlebom. On govori da je hleb koji dolazi sa nebesa život i da on dolazi da podari večni život.

Ja sam hleb života

„Tada Mu rekoše: 'Gospode! Daj nam svagda taj
hleb.' A Isus im reče: 'Ja sam hleb života; koji Meni
dolazi neće ogladneti, i koji Mene veruje neće nikad
ožedneti. Nego vam kazah da Me i videste i ne verujete.
Sve što Meni daje Otac k Meni će doći; i koji dolazi k
Meni neću ga isterati napolje."' (6:34-37)

Iako je Isus koristio hleb da bi predstavio večni život, ljudski
umovi su još uvek mislili na hleb koji su iskreno jeli prethodnog
dana. Ne razumevajući duhovno značenje Isusovih Reči, oni
su zahtevali da im Isus da hleb koji bi mogli da jedu, kao što
je Mojsije dao manu njihovim precima. Na ovo, Isus daje
neočekivani odgovor. „Ja sam hleb života; koji Meni dolazi
neće ogladneti, i koji Mene veruje neće nikad ožedneti."

Isus je govorio da je On hleb života. Kada Sveto pismo
govori da se dođe Isusu, koji je hleb života, to znači da se dođe
u istini (Jevanđelje po Jovanu 14:6). Samo onda kada tražimo
da živimo u istini, mi možemo otići pred Gospoda i staviti
sve u Njegove ruke. Oni koji dođu pred Gospoda i stave sve
u Njegove ruke dok se mole i žive u istini, Bog će zaštititi i
blagosiljati njihove porodice, njihova radna mesta ili sve stvari,
duhovne ili materijalne. Takođe, kada prime moć odozgo,
oni će moći da čine stvari izvan njihovih ograničenja, i što je
najvažnije, pošto imaju večni život, njihov duh neće nikad
ogladneti ili oždneti.

Iako steknemo slavu, moć i bogatstva sveta, kad se naš život privede kraju, sve ove stvari izblede kao isparenje (Jakovljeva Poslanica 4:14). Kao što je zapisano u Knjizi Propovednika 1:8: „*Sve je mučno, da čovek ne može iskazati. Oko se ne može nagledati, niti se uho može naslušati,*" iako čovek stekne mnoge dobre stvari, on će uvek želeti više. Tako osoba koja radi da bi stekla stvari tela, a ne pouzda se u Božju volju, steći će onoliko koliko radi, ne znajući nikada šta je čeka u toku života. I ponekada može iskusiti neočekivane opasnosti i zamke. Povrh svega toga, istinsko zadovoljstvo nigde neće naći.

Iako je Isus podučavao načinu na kojem nikada više neće biti žedni i gladni, ljudi su opet tražili šta bi mogli da pojedu iako su to imali na sve strane. Ljudi kao što su ovi, koji jure za telesnim stvarima, imaju zlo u njihovim srcima. Iz ovog istog razloga, čak i kada im je Isus pokazao neverovatne znake i čuda, oni su sumnjali i nisu verovali u Njega. Oni su slušali jednim uvom, a na drugo je izlazilo. Suprotno tome, ljudi sa dobrim srcima su videli znake i čuda koje je Isus izvodio i oni su priznali: „*Kad On ne bi bio od Boga ne bi mogao ništa činiti,*" i oni su Ga priznali kao Božjeg Sina (Jevanđelje po Jovanu 9:33). Zbog toga je Isus rekao: „Sve što Meni daje Otac k Meni će doći; i koji dolazi k Meni neću ga isterati napolje." Ljudi sa dobrotom u njihovim srcima su spremnni da prime spasenje iz središta njihovih srca. Tako, kada čuju o Božjim delima, oni dolaze pred Isusa i žele da znaju još. Iako neko možda sada ne poznaje Boga, ako ima dobro srce, on će jednog dana doći pred Isusa i prihavtiti Ga kao Spasitelja.

Gospod nikad ne bi odbacio nekog ko ima dobro srce. Čak iako je grešio i udaljio se od Boga, ako se pokaje i okrene se na drugu stranu, Bog če mu oprostiti i neće ni pamtiti njegov greh

(Poslanica Jevrejima 8:12). To je Božja ljubav.

Pre nego sam upoznao živog Boga, ja sam takođe mislio: „Bog ne postoji. Kada umrem, to je to.“ Ipak, duboko u svom srcu ja nisam u potpunosti poricao život posle smrti i plašio sam se misleći: „Šta ako postoji pakao? Šta će se desiti ako umrem i odem u pakao?“ Zbog toga sam se trudio da živim u dobroti. I kada je Bog izlečio sve moje bolesti, odmah sam prihvatio Gospoda.

Ja činim volju Onoga koji me posla

„Jer siđoh s neba ne da činim volju Svoju, nego volju Oca koji Me posla. A ovo je volja Oca koji Me posla da od onog što Mi dade ništa ne izgubim, nego da ga vaskrsnem u poslednji dan. A ovo je volja Onog koji Me posla da svaki koji vidi Sina i veruje Ga ima život večni; i Ja ću ga vaskrsnuti u poslednji dan.“ (6:38-40)

Kao Božji Sin, Isus je došao na ovaj svet u telu. On se nikad nije razmetao tokom Njegovog službovanja, već je svu slavu davao jedino Bogu. Da bi sprečio zablude kod ljudi koji su Ga videli njihovim fizičkim očima, Isus je propovedao jedino o Bogu i činio samo ono što je bilo Božja volja.

Kad Isus govori: „A ovo je volja Oca koji Me posla da od onog što Mi dade ništa ne izgubim,“ On misli na to da On u svom srcu nije imao nimalo zla ili dela koja bi mogla da dovedu do toga da se neko okrene od Boga, već je u Njegovoj ljubavi prema grešnicima, On dao Svoj život da bi platio kaznu njihovih grehova. I ne samo da je On pokazao ljubav prema svim ljudima, već je On svaku dušu koju je upoznao pažljivo negovao, da bi je sprečio da zaluta i davao im svaku priliku da se pokaju. Tako da, kada Isus kaže da On „ništa nije izgubio," On misli na to da nije nikoga izgubio, jer svako ko Ga prihvati i odbaci grešnost i zlo iz svog srca i dođe u istini, postaje Božje dete.

Razlog zbog kog je Isus došao na ovaj svet, bio je da bi ljudi mogli da prime večni život i da bi poslednjeg dana mogli opet da žive. Kako bi to neko mogao opet da živi? Kada farmer poseje seme, seme umire, ali iz njega nastaje novi podmladak. A zimi, drveća izgledaju golo i mrtvo, ali kada dođe proleće, novi pupoljci počinju da klijaju i drvo ponovo oživi. Kao što se crv transformiše u larvu, a gusenica se transformiše u leptira, poseldnjeg dana, kada se Gospod vrati, svi ljudi koji veruju u Njega će se transformisati u vaskrsnuta tela.

Kao što je zapisano u 1. Posalnici Korinćanima 15:52, *„Jer će zatrubiti i mrtvi će ustati neraspadljivi, i mi ćemo se pretvoriti,"* kada se Gospd vrati, tela vernika koji su već umrli će vaskrsnuti i transformisati se u neuništiva, vaskrsnuta tela, i ponovo će se ujediniti sa njihovim dušama koje su bile na Nebesima. I istog trenutka, vernici koji su još uvek živi će se takođe transformisati u blistava vaskrsnuta tela i podići će se. To se zove „Vaznesenje."

I u ovim duhovnim telima, vernici će učestvovati u Sedmogodišnjem svadbenom veselju u vazduhu i onda će se vratiti na zemlju i vladati sa Gospodom hiljadu godina. Nakon tog vremena, biće Suđenje Velikog Belog Prestola, posle čega će za svakog vernika biti određeno večno stanište na Nebesima, u zavisnosti od nagrada koje su požnjeli.

Jedenje mesa Sina čovečijeg i ispijanje Njegove krvi za večni život

Nakon pada južne Judeje i uništenja Hrama, Jevrejima je bila potrebna nova zajednica i novo mesto da bi nastavili svoje živote u veri. Ovo je istorijska pozadina u kojoj je rođena jevrejska sinagoga. Sinagoga je bila mesto na kome su se održavali svi susreti i bila je izvorni centar za različite stavri, kao što su obrazovanje dece i donošenje zakona. U sinagogi u Kapernaumu je Isus podučavao da je On hleb života koji je sišao sa neba.

Jevreji viču protiv Isusa

„Tada vikahu Jevreji na Njega što reče: 'Ja sam hleb koji siđe s neba.' I govorahu: Nije li ovo Isus, sin

Josifov, kome mi znamo oca i mater? Kako dakle on govori: 'Ja siđoh s neba?' Onda Isus odgovori i reče im: Ne vičite među sobom. Niko ne može doći k Meni ako ga ne dovuče Otac koji Me posla; i Ja ću ga vaskrsnuti u poslednji dan. 'U prorocima stoji napisano: „I biće svi naučeni od Boga." Svaki koji čuje od Oca i nauči, doći će k Meni. Ne da je ko video Oca osim Onog koji je od Boga; On vide Oca.'" (6:41-46)

Jevreji su počeli da viču među sobom. Oni su bili sigurni da su Isusa rodili Marija i Josif. Takođe su Ga videli da živi sa njima. Ali pošto je Isus sada tvrdio da je sišao sa nebesa, oni nisu razumeli. Ipak, ovi ljudi su vikali, jer su gledali u Isusa samo njihovim fizičkim očima. Iako je On pokazao da je Bog bio sa Njim kroz čudesne znakove i čuda, oni su bili zaslepljeni njihovim telesnim mislima i nisu verovali.

Nežnim tonom, Isus im je rekao: „Ne vičite među sobom. Niko ne može doći k Meni ako ga ne dovuče Otac koji Me posla." Ovo se i danas odnosi na nas. Da Bog ne nadgleda naše umove i srca i ne vodi nas našim stopama, niko ne bi mogao da dođe do Isusa. Slušati Reč i razumeti je, moguće je jedino milošću Božjom.

Izjava: „Svaki koji čuje od Oca i nauči," ne znači da je neko upoznao Boga i učio od Njega licem u lice. To znači da kada neko sluša Reč ili je čita, Bog daje toj osobi prosvećenje ili razumevanje koje joj je potrebno. Drugim rečima, neko ko bogosluži Bogu u duhu i istini sa verom, poslušaće Reči sluga Gospodnjih i primiće ih kao da reči dolaze od Boga Samog, i biće vođen ka razumevanju. Postoje posebni slučajevi kada se ljudi zaista sretnu sa Bogom licem u lice, ili čuju direktno Njegov glas, kao Mojsije ili Ilija; ali u većini slučajeva, ljudi se sreću sa Njim dok proučavaju ili pokušavaju da razumeju Njegovu Reč, ili kroz vizije i slično. Iako Boga ne možemo videti našim sopstvenim očima, mi Ga i dalje možemo upoznati i iskusiti Ga dok proučavamo Bibliju kako nas Sveti Duh pokreće.

Recimo na primer, da smo saznali da je volja Božja da volimo čak i naše neprijatelje, i mi pokušamo da oprostimo i volimo nekog koga nismo uopšte ni voleli. Mi možemo odbaciti greh koji se naziva „mržnja" i imati duhovnu ljubav pomoću snage Svetoga Duha u onoj meri u kojoj smo pokušali. Kada ovo učinimo, mi ćemo uroditi plodovima ljubavi, plodovima Svetog Duha i plodovima isitne—to znači „doći" Isusu i Bogu.

Nakon što su čuli da svako ko je učio od Oca može doći k Isusu, Jevreji možda ne bi razumeli i pitali bi: „Ko je video Boga? I kada su oni učili od Njega?" Zbog toga je Isus dodao da to zapravo ne znači da je neko fizički „video" Oca.

Hleb koji ću ja dati telo je Moje

„Zaista, zaista vam kažem, koji veruje Mene ima život večni. Ja sam hleb života. Očevi vaši jedoše manu u pustinji, i pomreše. Ovo je hleb koji silazi s neba: da koji od Njega jede ne umre. Ja sam hleb živi koji siđe s neba; koji jede od ovog hleba živeće vavek; i hleb koji ću Ja dati telo je Moje, koje ću dati za život sveta."

(6:47-51)

Ako ne platite cenu nečega, to ne možete dobiti. Isto tako, iako poznajete Reč života, ako ne verujete u to i ne ponašate se u skaldu sa tim, ne možete dobiti večni život (Jakovljeva Poslanica 2:22). Neko ko ne poznaje Boga će mrzeti, biće ozlojeđen i živeće svoj život prema svojim željama. Suprotno tome, neko ko poseduje veru će, u skladu sa Božjom Reči, odbaciti zavist, ljubomoru i zlo i težiće da živi život pun radosti i zahvalnosti. Ovo je zato što on zna i veruje da može imati večni život, dokle god živi u skladu sa Rečju.

Izraelci koji su došli iz Egipta pojeli su manu koju je poslao Bog, ali izuzev Isusa Navin i Haleva, svi su umrli u pustinji. Ovo je zato što, uprkos činjenici što su videli mnogoborjne znake i čuda, kad god bi se suočili sa teškoćama, oni su i dalje bili ozlojeđeni i žalili su se, umesto da pokažu svoju veru. Iako su pojeli manu koju je Bog posalo sa neba, zato što nisu činili u veri, oni nisu mogli da steknu istinski život.

Ali Isus govori da je On hleb života i da ko jede od Njegovog tela neće umreti, već će živeti večno. Kako onda mi možemo jesti telo nekoga ko je živeo pre dve hiljade godina? Ovo Sveto Pismo ne znači da mi stvarno treba da jedemo Isusovo telo.

Kao što jedemo hranu da bismo održavali naša fizička tela, mi moramo jesti i hleb koji nam daje naš Gospod, ili Njegovo „telo“, da bismo živeli večno. A „telo“ Gospoda je simbol Božje Reči. Osoba koja se povinuje Božjoj Reči i živi u skladu sa njom, ne kraju će vaskrsnuti i živeti večno; i zbog toga je Isus nazvao Sebe „hlebom života.“

Jer je telo Moje pravo jelo i krv Moja pravo piće

„A Jevreji se prepirahu među sobom govoreći: 'Kako može ovaj dati nama telo Svoje da jedemo?' A Isus im reče: 'Zaista, zaista vam kažem, ako ne jedete telo Sina Čovečijeg i ne pijete krv Njegovu, nećete imati život u sebi. Koji jede Moje telo i pije Moju krv ima život večni, i Ja ću ga vaskrsnuti u poslednji dan. Jer je telo Moje pravo jelo i krv Moja pravo piće.'" (6:52-55)

Kada je Isus nazvao Njegovo telo hlebom života, Jevreji su Ga ismejali. Oni su galamili pitajući kako mogu da jedu Isusovo telo. Da su oni imali i trunku dobrote u njihovim srcima, koja bi ih primorala da pokušaju da razumeju značenje Isusovih reči, oni bi verovatno bili prosvećeni duhovnim značenjem Njegovih reči. Ipak, oni su počeli da se prepiru i osudili su Isusa zbog toga što se Njegove reči nisu poklapale sa njihovim mislima i mišljenjima. Zbog toga, nastala je rasprava.

Uprkos tome, Isus je nastavio da poučava Njegovu duhovnu poruku. On je rekao da oni moraju da jedu telo Sina Čovečijeg i piju Njegovu krv da bi imali život u sebi. Šta onda predstavljaju telo i krv Sina Čovečijeg?

Pošto je Isus sebe nazivao „Sinom," telo Sina Čovečijeg je Isusovo telo. Ali ako pogledate u Jevanđelje po Jovanu 1:1, kaže se: „*U početku beše Reč, i Reč beše u Boga, i Bog beše Reč.*" A u stihu 14 kaže se: „*I reč postade telo i useli se u nas puno blagodati i istine; i videsmo slavu Njegovu, slavu, kao Jedinorodnoga od Oca.*"

Ovo znači da je Isus došao na ovaj svet u telu, kao Božja Reč. Zato je telo Sina Čovečijeg Božja Reč, koja je sama po sebi istina; a jesti telo Sina Čovečijeg znači uneti Božju Reč kao duhovnu hranu. Isus nam je pokazao iz prve ruke, kako da ovo učinimo, tako što je delao u isitni—tačno u skladu sa Božjom Reči—i čineći ovo usred nas, On nam je dao Njegovo telo.

Kada unosimo hranu, mi je moramo sprati na dole nekom vrstom tečnosti. Isto tako, mi moramo da unesemo i telo Sina Čovečijeg pomoću pića istine, što je krv Sina Čovečijeg. Pijući „krv Sina Čovečijeg," znači uneti Božje Reči kao duhovnu hranu, i činiti u skladu sa njima sa verom. Na primer, ako smo naučili o zapovesti „Molitva," mi treba da se moliimo, prosvetimo sebe i trudimo se da činimo u istini.

Vera nije samo poslušnost Božjoj Reči i prosvećivanje kroz nju. To je delanje po njoj i trajanje u njoj. Iz Jevanđelja po Jakovu 2:26, mi znamo da ako poznajemo Reč ali ne činimo u skladu sa njom, onda imamo veru smrtnika. Mrtva vera ne može nam dati život. Zbog toga, život stečen tako što se jede telo i pije krv Isusa Hrista živi večno. Isus je uporedio Njegovo telo i krv sa pravom hranom i pićem. On je učinio ovo zato što kao što je nama potreban svekodnevni hleb da bi izdržali život, nama je potrebno da jedemo Njegovo telo i pijemo Njegovu krv kako bi živeli večno.

Ali mi ne možemo živeti u skladu sa Božjom Rečju samo pomoću ljudske snage. Prvo, mi sami moramo imati volju i učiniti napor da pokušamo da živimo u skladu sa Njegovom Rečju. Onda, moramo primiti Božju milost i moć kroz revnosnu molitvu, ina kraju, moramo primiti pomoć Svetog

Duha. Ako bismo mogli da odbacimo naše grehe samo pomoću naše snage, onda ne bi postojao razlog za razapinjanje Isusa na krstu i Bog ne bi imao razloga da pošalje Svetog Duha. Zbog toga što mi sami ne možemo rešiti problem grešnosti, Isus je morao da umre na krstu da bi platio kaznu za naše grehove i Bog je morao da pošalje Svetog Duha da nam pomogne da živimou skladu sa Njegovom Rečju.

Koji jede Moje telo i pije Moju krv

„'Koji jede Moje telo i pije Moju krv stoji u Meni i Ja u njemu. Kao što Me posla živi Otac, i Ja živim Oca radi; i koji jede Mene i on će živeti Mene radi. Ovo je hleb koji siđe s neba: ne kao što vaši očevi jedoše manu, i pomreše; koji jede hleb ovaj živeće vavek.' Ovo reče u zbornici kad učaše u Kapernaumu." (6:56-59)

Ljudi misle da kada veruju u Isusa, oni su prirodno u Isusu, i Isus u njima. Ali Biblija ne govori tako. Ona govori da osoba mora da jede telo Sina Čovečijeg i da pije Njegovu krv. Isus nije samostalno došao na ovaj svet. On je bio poslat od Boga na ovaj svet. Ali Jevreji su imali problem čak isa pukom činjenicom da ga je Bog tu poslao. Zbog toga što je bilo jasno da je Isusa poslao Bog, kao dokaz, On je rekao: „I koji jede Mene i on će živeti Mene radi."

U to vreme, ni učenici nisu mogli da razumeju ono što je Isus govorio; ipak, nakon što je Isus umro nakrstu i bio vaskrsnut, oni su razumeli. Onda, zašto je Isus govorio stvari na takav duhovni način, da niko nije mogao jasno da razume? To je bilo zbog ljudi koji će doći u budućnosti. Kao što je zapisano u Jevanđelju po Jovanu 14:26: „*A utešitelj, Duh Sveti, kog će Otac poslati u ime Moje, On će vas naučiti svemu i napomenuće vam sve što vam rekoh,*" Isus je rekao ove stvari kako bi ljudi u budućnosti koji prime Svetog Duha mogli da pročitaju i shvate ove reči i steknu snagu od njih.

Učenici koji odoše od Isusa

Uopšteno, ljudi imaju sklonost da veruju tek kada vide nešto iz prve ruke sopstvenim očima. Kada neko govori o duhovnom svetu koji se ne može videti fizičkim očima, oni se ne trude da poveruju. Isus je znao da je i među Njegovim učenicima postojao neko ko je, kao i Jevreji, mumlao za sebe, jer nije mogao da razume Njegove duhovne Reči. Ali Isus nastavlja da im govori duhovne reči, jer će Ga na kraju ipak videti kako umire na krstu, vaskrsava, i penje se na nebesa.

Duh je ono što oživljava; telo ne pomaže ništa

„Tada mnogi od učenika Njegovih koji slušahu rekoše: 'Ovo je tvrda beseda, ko je može slušati?' A Isus znajući u sebi da učenici Njegovi viču na to, reče im: 'Zar vas ovo sablažnjava? A kad vidite Sina Čovečijeg da odlazi gore gde je pre bio? Duh je ono što oživljava; telo ne pomaže ništa; reči koje vam Ja rekoh duh su i život su.'" (6:60-63)

Kad je Isus podučavao na mestu sastanaka u Kapernaumu, među Isusovim učenicima je bilo nekoliko njih koji su razgovarali među sobom, govoreći da je Njegovo učenje teško za razumevanje. Učenja koja je bilo teško shvatiti i razumeti bila su to, da je Isus „hleb koji je sišao sa nebesa" i da je osoba morala da „jede Njegovo telo" da bi živela. Ako oni Isusovi učenici nisu mogli da razumeju, toliko o razumevanju od strane drugih ljudi!

Isus je poznavao srca učenika vrlo dobro. On je bio tužan jer nije mogao da ih poduči o dubljim dimenzijama duhovnog sveta. On je jedino govorio o istini, ali to je postalo kamen spoticanja. Ljudi koji imaju mnogo kamenja spoticanja u njihovim srcima, imaju ih zato što unutar sebe imaju različite oblike zla. Znajući da učenici mumlaju za sebe, Isus ih je pitao: „Zar vas ovo sablažnjava?" On je želeo da im da ispravan odgovor. Onda On pita, šta bi uradili da Ga vide kako umire, vaskršnjava i penje se na nebesa.

Duh je od Boga i „duh" je nepromenljiv, dobar i istinit. Duh nam daje život i konačno nas vodi ka večnom životu. Na primer, povinujući se, moleći se, voleći, opraštati itd., su znaci biti u duhu. Suprotno tome, biti u telu nije po istini i konačno vodi ka smrti. Nerado se moliti, mrzeti, osuđivati itd., i imati zlo u srcu, što je suprotno ljubavi i opraštanju, je život u veri, koja je zasnovana na telu.

Biti u telu dovodi do nesporazuma i nastanka svađe. Dvoje ljudi mogu uneti iste reči korigovanja ili ispravki, ali duhovna osoba će se povinovati, promeniti svoje načine i pokajati se, dok će osoba od tela osetiti bes, ili će gajiti druga neprijatna osećanja u svom srcu. Sa ovakvom vrstom vere koja se bazira na telu, osoba ne može primiti večni život. Ako unesemo Božju Reč jedino našim umom, samo kao znanje i ako sudimo i osuđujemo, onda i mi vodimo život u veri koja se bazira na telu.

To nam ne daje život ; zato mi moramo ovo brzo promeniti u veru koja je zasnovna na Duhu. Mi moramo da unesemo Božju Reč ne kao znanje i mišljenje, već u naša srca i u Svetom Duhu. Mi moramo široko da otvorimo naša srca i sa snažnim „Amin!" mi moramo da je unesemo kao duhovnu hranu. Čak iako smo đakoni ili starešine crkve, ako vodimo veran život u telu, kada teškoće dođu na naš put, mi nećemo moći da ih prevaziđemo istinskom verom.

Na drugoj strani, kada smo u Duhu, mi možemo sve. Stvari koje se čine nemogućim ljudskom umu, moguće su u Duhu sa verom. Kao što je Gospod rekao, sve može biti učinjeno u skladu sa našom verom. Zbog ove ogromne razlike, biti u Duhu i u telu, Isus je naglasio činjenicu da treba da odbacimo telesno, koje ništa ne donosi, i da težimo da budemo u Duhu. Tako, sve čemu je Isus podučavao učenike do sada, bio je duh i život, te je On duboko želeo da ih Njegova učenja ožive i da ih vode ka večnom životu.

Učenici odlaze, nesposobni da razumeju duhovne poruke

„Ali imaju neki među vama koji ne veruju, jer znaše Isus od početka koji su što ne veruju, i ko će Ga izdati. I reče: 'Zato vam rekoh da niko ne može doći k Meni ako mu ne bude dano od Oca Mog.' Od tada mnogi od učenika Njegovih otidoše natrag, i više ne iđahu s Njim." (6:64-66)

Prirodno je da Jevreji nisu mogli da razumeju Isusove duhovne poruke. Ali čak i Njegovi učenici, koji su sa Njim proveli dugo vremena, nisu mogli da razumeju, niti da poveruju u Njegove poruke. Oni su ih razumeli nakon Isusovog vaskrsnuća, ali tada, oni jednostavno nisu mogli da razumeju. Isus je već znao da među njima, Juda Iskariotski neće verovati čak ni do samog kraja. Zato je On govorio o jednom koji će ga izdati; i na žalost, upravo to je Juda učinio. Prodao je svog učitelja i otišao putem smrti.

Ljudi koji su Ga pratili nadajući se novim znacima kao što je bio znak dve ribe i pet hlebova ječmenih, takođe nisu razumeli duhovne poruke i oni su na kraju napustili Isusa. Zbog toga je Isus rekao da Mu niko ne može doći osim ako Bog to ne odobri. Ovo važi i danas. Povremeno, ima ljudi koji ne mogu živeti u istini, te na kraju napuštaju crkvu. Zbog toga što Božja Reč isporučena preko oltara postaje oštri mač, koji probada dušu i duh, razdavaja zglobove i seče kroz kost i srž, postoje ljudi koji nisu u stanju da to izdrže, te odlaze. Ipak, da zaista znaju da je u Božjoj Reči večni život i spasenje, oni ne bi odlazili.

Kome ćemo ići? Ti imaš reči večnog života.

„A Isus reče dvanaestorici: 'Da nećete i vi otići?' Tada Mu odgovori Simon Petar: 'Gospode, kome ćemo ići? Ti imaš reči večnog života. I mi verovasmo i poznasmo da si Ti Hristos, Sin Boga Živoga.' Isus im odgovori: 'Ne izabrah li Ja vas dvanaestoricu, i jedan je od vas đavo?' A govoraše za Judu Simonova Iskariota, jer Ga on htede izdati, i beše jedan od dvanaestorice." (6:67-71)

Nakon što je Isus izveo znakove i čuda, mnogi ljudi su želeli da postanu Njegovi učenici i pratili su Ga. Ali zbog toga što nisu mogli da razumeju Njegove duhovne poruke, počeli su da odlaze jedan po jedan. Isus se razlikovao od Mesije kakvog su oni zamišljali. Šta mislite, kako se Isus osećao kad je gledao ove ljude?

Zato je Isus upitao dvanaestoricu učenika: „Da nećete i vi otići?" Simon Petar, koji inače voli da bude uključen, dao je iznenađujuće priznanje rekavši: „Gospode, kome ćemo ići? Ti imaš reči večnog života. I mi verovasmo i poznasmo da si Ti Hristos, Sin Boga Živoga."

Kao stariji brat, Simon Petar je uvek bio u prvom planu. Kad god bi Isus i Njegovi učenici negde išli, Simon Petar je vodio sve ostale. Ali čak i Simon Petar, koji je priznao da je Isus Sin Boga Živoga i da Ga nikad neće napustiti, u noći kada je Isus uhapšen, odrekao Ga se tri puta. Simon Petar nije imao u svom srcu da to učini, ali zato što je to bilo pre nego je primio Svetog Duha, a njegovo telo je bilo slabo, on je tako odreagovao pre nego je to i znao.

Isus je takođe znao, da je među dvanaestoricom učenika koje je odabrao, bio jedan koji će Ga prodati za novac. Ovde moramo biti pažljivi. Samo zato što je osoba provela vreme sa Isusom, slušala Njegove Reči i videla čuda koje je On izveo, to ne znači da ona ima spasenje.

Kada je Juda Iskariotski postao Isusov učenik, on verovatno nikad nije pomišljao da će izdati svog učitelja za novac. On nije sproveo u delo Reči istine koje je naučio od Isusa; umesto toga on je počeo da greši malo po malo kradući novac iz blagajne. Pošto se predavao iskušenjima Sotone i grešio, Isus je rekao: „Jedan od vas je đavo.“ Zbog toga ne bi trebalo da stanemo samo u poznavanju Božje Reči; mi moramo da unesemo telo Sina Čovečijeg, pijemo Njegovu krv, živimo u istini i tako idemo ka večnom životu.

Poglavlje 7

Učenje na praznik Građenje senica

1. Isus u tajnosti ide u Jerusalim
(7:1-13)

2. Isus se otkriva u Hramu
(7:14-31)

3. Jevreji pokušavaju da uhvate Isusa
(7:32-53)

Isus u tajnosti ide u Jerusalim

Zasnivano na Njegovm službovanju u Galileji, Isus je služio uglavnom u severnim delovima Izraela, kao što je Kapernaum i Vitsaida. Ove oblasti su imale snažno prisustvo nejevrejskih nacija; tako da ljudi iz ovih delova nisu niti odbacivali niti su progonili Isusa. Međutim, ljudi u južnim delovima oblasti Judeje, obično oko Jerusalima, progonili su Isusa do te mere da su Njega želeli da ubiju.

Dok se praznik senica približavao

„I potom hođaše Isus po Galileji; jer po Judeji ne htede da hodi, jer gledahu Jevreji da Ga ubiju. Beše pak blizu praznik jevrejski, građenje senica." (Jevanđelje po

Jovanu 7:1-2)

Jevreji su imali veliku nacionalnu gordost i bili su ubeđeni
da su se pokoravali svakoj Božjoj zapovesti. Ali zato što je Isus
prekorio i ukazao na greške fariseja i Sadukeja, koji su bili u
to vreme političke i religiozne vođe, Jevreji nisu imali veoma
dobrea osećanja prema Isusu. I zato što je Isus Sebe nazivao
Sinom Božjim, oni su mislili da je Isus bio bogohulan. Isus
je pokušavao da prosvetli te ljude sa pravom Rečju Božjom.
Međutim, s vremena na vreme, On ih je mudro izbegavao.

Naravno izbegavati nekoga svakako bez prikladnog razloga
nije Božja volja. Na primer, u slučaju apostola Pavla-on je znao
da ako ode u Jerusalim da će ga Jevreji zarobiti. Ali, on je otišao
zato što je to bila volja Božja. Kako bi se pridržavao Božje Reči,
Danilo i njegovi prijatelji se nisu kompromitovali sa njihovim
okruženjem, čak iako je to značilo da će biti bačeni u lavlji kavez
ili vatrenu peć. Na isti način, ako mi znamo da je nešto Božja
volja, mi treba da iznesem Njegovu volju bez imalo straha od
smrti. A onda postoje i vremena u sredini iznošenja Božje volje,
kada je potrebno da mudro izbegnemo nešto ili nekoga.

Kada je Saul hteo da ubije Davida, da bi spasio sebe, David
je jednom morao da se ponaša kao lud čovek ispred Ahisa, cara
Gatskog. Ovo je bilo zato što nije mogao da reskira da izgubi
njegov život pre nego što Bog odredi vreme. Isus je takođe činio
mudro, i izbegavao je određene sukobe s vremena na vreme da
bi izneo Božju volju u određeno vreme.

Odprilike u ovo vreme, jevrejski praznik senica se
približavao. Praznik senica je takođe poznat kao „Sukot" i to je
proslava završetka žetve kada jevrejski narod postavlja šatore i

daje zahvalnost Bogu u sećanje na izlazak njihovih predaka iz Egipta. Za vreme ove proslave, ljudi daju zahvalnost i prisećaju se kako je Bog spasio Izraelce od teškog ropstva u Egiptu. Oni se takođe prisećaju kako ih je Bog uvek vodio i štitio ih u pustinji. Izraelci održavaju ovaj praznik i prinose bikove ili ovnove kao žrtve paljenice svakodnevno narednih sedam dana. Ovo je tradicija koja će se nastavljati sa generacijama.

Isusova braća Njemu naređuju

„Tada Mu rekoše braća Njegova: 'Iziđi odavde i idi u Judeju, da i učenici Tvoji vide dela koja činiš. Jer niko ne čini šta tajno, a sam traži da je poznat. Ako to činiš javi Sebe svetu.' Jer ni braća Njegova ne verovahu Ga." (7:3-5)

Da bi proslavili praznik senica, ljudi su obično išli u Jerusalimski hram. kako se približavao praznik senica, a nije izgledalo da je Isus planirao da napusti Jerusalim, Njegova braća su postala potištena. Oni su želeli da Isus ide u Jerusalim i da izvodi čudesne znakove, a zatim da ode u Judeju da prikupi podršku naroda. „Iziđi odavde i idi u Judeju, da i učenici Tvoji vide dela koja činiš."

Isusova braća su zapovedala Isusu da stekne neku vrstu publiciteta, pošto je Njegovo službovanje bilo za dobrobit mnogih ljudi. Oni su ga posavetovali: „Jer niko ne čini šta tajno, a sam traži da je poznat." Ovo možda zvuči kao mudri savet i možda čak i izgleda kao dobar savet. Međutim, zapisano je: *„Čovek sprema srce, ali je od GOSPODA šta će jezik govoriti"* (Poslovice 16:1), ma koliko je čovekova misao i ideja dobra, ako se ne slaže sa Božjom voljom, onda to nema ništa u vezi sa Bogom.

Dobar primer nekoga ko je ovo dobro iskusio je kralj Saul, prvi kralj Izraela. Bog je rekao Saulu da uništi sve što je pripadalo Amalićanima, ali Saul nije poslušao. On je uhvatio neprijatelja kralja i vratio po njegovom izboru stoku i ovce. Saul je razmišljao da bi bilo bolje da prinese Bogu stoku i ovce dobrog kvaliteta, i uradio je kako je hteo. Njegov spoljašnji razlog donošenja životinja je bio da prinese žrtve Bogu; ali u njegovom srcu, on je imao želju da pokaže njegovo veliko delo ljudima i da pridobije njihove pohvale. Tako da na kraju, zato što se u nekoliko navrata Saul nije pokorioNjemu i odbio je da promeni njegove puteve, Bog je odlučio da se od njega odrekne.

Slično tome, pošto su njihove sopstvene misli bile ispred Božje volje, Isusova braća su rasla u nestrpljivosti sa Isusom zato što je On uvek čekao da Bog odredi vreme. Ovo je na kraju bilo zbog nedostatka vere u Isusa. Da su Isusova braća imala makar osnovni nivo poverenja u Isusa i da su znali da je Isusova jedina volja bila ispunjavanje Božje volje u svemu što je On činio, oni ne bi govorili na takav način. Umesto da komentarišu o onome što su videli pred njihovim očima, oni bi verovatno pokušali da shvate duhovno značenje u svemu što je Isus uradio.

Kada verujete Isusu dovoljno da se povinujete šta god vam On govori a da Njega ne ispitujete, tada vi počinjete da vidite sa razumevanjem. Ovo znači da je zasigurno Marija svakako naučila njenu decu o Isusu. Međutim, oni nisu verovali u Njega.

Oni su počeli da veruju samo nakon što je Isus vaskrso i uzdigao se na Nebesa.

Isus odgovara, znajući Njegovo vreme

„Tada im reče Isus: 'Vreme Moje još nije došlo, a vreme je vaše svagda gotovo. Ne može svet mrzeti na vas, a na Mene mrzi, jer Ja svedočim za nj da su dela njegova zla. Vi iziđite na praznik ovaj; Ja još neću izići na praznik ovaj, jer se Moje vreme još nije navršilo.' Rekavši im ovo, osta u Galileji." (7:6-9)

Kada su Njemu Njegova braća zapovedila da Sebe načini što više poznatim javnosti, Isus im je odgovorio: „Vreme Moje još nije došlo." Na prvi pogled, Njegov odgovor izgleda veoma besciljan. Međutim, postoji razlog zbog kojega im je Isus odgovorio na ovaj način. Kao što je zapisano u Knjizi Propovednika 3:1: „*Svemu ima vreme. I svakom poslu pod nebom ima vreme,* " postojalo je određeno vreme kada je Isus morao sebe da otkrije i bude uhvaćen, kako bi ispunio Božju volju.Da su Njegova braća imala veru, Isus bi verovatno sve ovo objasnio detaljnije, ali pošto nisu imali veru, On se suzdržao od detaljnog objašnjavanja.

Iako je Isus činio samo dobra dela da bi spasio one ljude koji su išli putem večne smrti, svet je Njega mrzeo. Zbog toga što je Isus širio Reči prosvetljenja i Reči dobrote u svetu pod vlašću neprijatelja đavola, koji ima kontrolu nad tamom, On nije bio dobrodošao.

Štaviše, pošto je Isus isticao zla i podučavao načine dobrote, zli ljudi su osećali da su im srca probodena. Ne samo da je zlo u njima bilo izloženo u sred bela dana; već oni nisu mogli da pokažu Božju slavu kao što je Isus to učinio. Nije ni čudo što su bili ljubomorni na Isusa i mrzeli Ga. A Isus je znao da još uvek nije bilo vreme za Njega da se pokaže pred ljudima kao što su ovi. Zbog toga je On rekao Njegovoj braći da odu do hrama pre Njega, dok je On Sam ostao u Galileji.

Isus u tajnosti ide u Jerusalim

„A kad iziđoše braća Njegova na praznik, tada i Sam iziđe, ne javno nego kao tajno. A Jevreji Ga tražahu na praznik i govorahu: 'Gde je On?' I behu za Nj mnoge raspre u narodu; jedni govorahu da je dobar, a drugi: 'Nije, nego vara narod.' Ali niko ne govoraše javno za Nj od straha jevrejskog." (7:10-13)

Nakon što su njegova braća otišla u hram, Isus je tajno otišao u Jerusalim. On je znao tačno kada da ide, a kada da stane, i sa svakim Njegovim korakom, On je išao tamo gde Ga je Bog vodio da ide. Dok su se ljudi okupljali za praznik, Jevreji su počeli da traže Isusa. Oni su znali da će On biti tamo. Mnogo se govorilo o Njemu. Neki ljudi su govorili da je On dobar čovek, a neki da je On varao ljude.

Zbog toga što je Isus činio stvari koje su za ljudsko biće nemoguće, bilo je nekih ljudi koji su bili vrlo radoznali o Njemu. Ipak bilo je i drugih, koji su pokušavali sve da budu

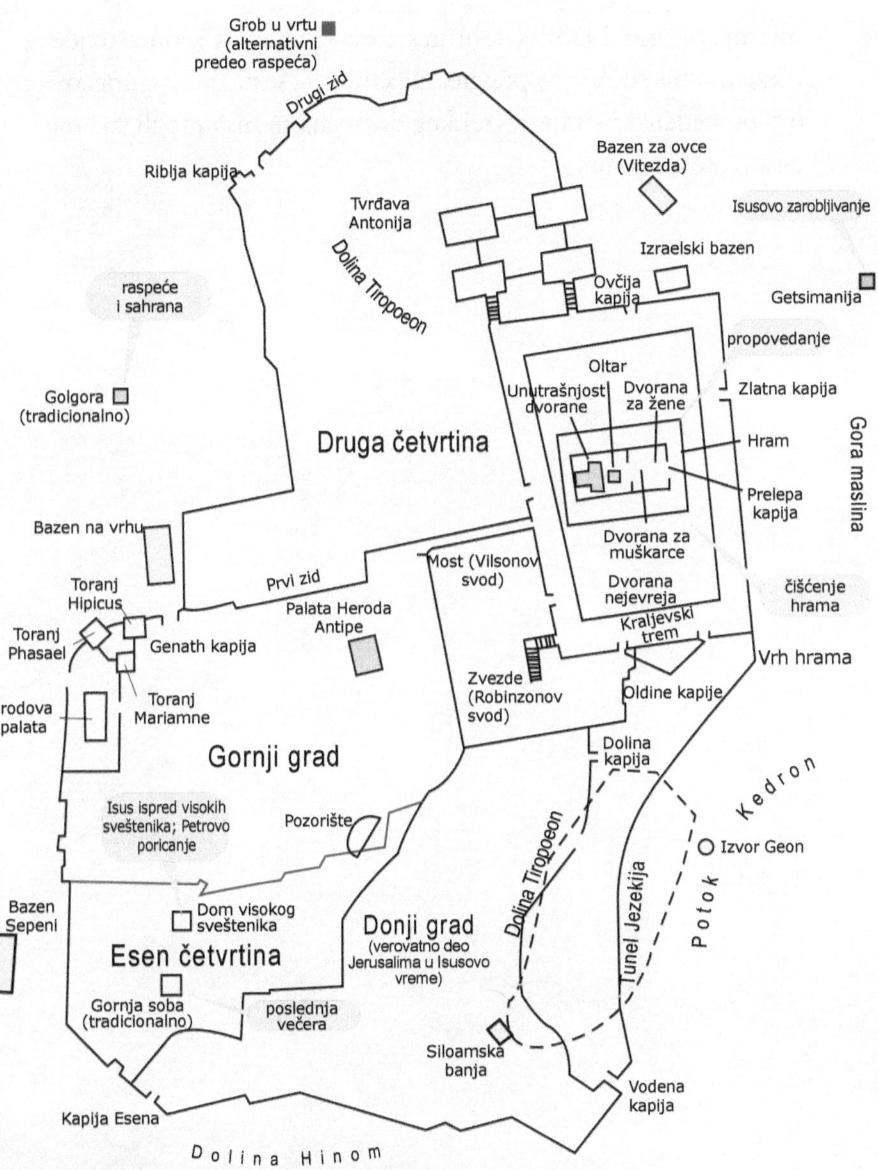

Grob u vrtu (alternativni predeo raspeća)
Drugi zid
Riblja kapija
Tvrđava Antonija
Dolina Tiropoeon
Bazen za ovce (Vitezda)
Isusovo zarobljivanje
Izraelski bazen
Ovčija kapija
Getsimanija
propovedanje
raspeće i sahrana
Oltar
Unutrašnjost dvorane
Dvorana za žene
Zlatna kapija
Golgora (tradicionalno)
Druga četvrtina
Hram
Prelepa kapija
Gora maslina
Bazen na vrhu
Dvorana za muškarce
Toranj Hipicus
Most (Vilsonov svod)
Prvi zid
Dvorana nejevreja
čišćenje hrama
Toranj Phasael
Palata Heroda Antipe
Genath kapija
Kraljevski trem
Vrh hrama
Irodova palata
Toranj Mariamne
Zvezde (Robinzonov svod)
Oldine kapije
Gornji grad
Dolina kapija
Kedron
Isus ispred visokih sveštenika; Petrovo poricanje
Pozorište
Dolina Tiropoeon
Izvor Geon
Bazen Sepeni
Dom visokog sveštenika
Donji grad (verovatno deo Jerusalima u Isusovo vreme)
Tunel Jezekija
Potok
Esen četvrtina
Gornja soba (tradicionalno)
poslednja večera
Siloamska banja
Vodena kapija
Kapija Esena
Dolina Hinom
: : Jerusalim u vremenima Novog Zaveta

smetnja Njemu. Ljudi sa dobrim srcima su znali da je ono što je Isus činio bilo dobro i ispravno. Ipak, plašeći se da bi Isus mogao biti povređen od strane jevrejskog društva, oni nisu mogli javno da govore o Njemu.

Isus se otkriva u Hramu

Primereno svakoj situaciji, Isus je podučavao jevanđelje na mnogo različitih načina. Ponekad je On podučavao u planinama, ponekad na otvorenim poljima, a ponekad je stajao u čamcu koji je plutao na vodi i govorio ljudima koji su stajali na obali. Povremeno je posećivao ljude u njihovim domovima, a povremeno je širio Božju Reč u hramu. Ponekad je otkrivao učenja samo nekolicini Njegovih odabranih učenika u tajnosti.

Moja nauka nije Moja, nego Onog koji Me je poslao

„Ali odmah u polovini praznika iziđe Isus u crkvu i učaše. I divljahu se Jevreji govoreći: 'Kako ovaj zna knjige, a nije se učio?' Tada im odgovori Isus i reče:

'Moja nauka nije Moja, nego Onog koji Me je poslao.
Ko hoće Njegovu volju tvoriti, razumeće je li ova nauka
od Boga ili Ja Sam od Sebe govorim. Koji govori sam
od sebe, slavu svoju traži; a ko traži slavu Onog koji
ga je poslao, On je istinit i u Njemu nema nepravde.'"
(7:14-18)

Kada su bili otprilike na polovini sedam dana praznika
građenja senica, Isus je otišao gore u hram i tamo podučavao
ljude. Zbog toga što je Isus podučavao Bibliju i Božju Reč sa
takvom lakoćom, Jevreji su bili zadivljeni. Oni su bili zadivljeni
Isusovim učenjem, jer je Isus govorio Božje Reči sa većom moći
od rabina, koji su bili stručanjci za Zakon. Iako se On nikada
nije obrazovao o Zakonu, Isus je slobodno koristio reči iz Biblije
da bi precizno objasnio Božju volju. Nije ni čudo da su ljudi bili
zapanjeni!

Stajavši pred ljudima koji su bili zapanjeni Njegovim
učenjima, Isus je dao svu slavu Bogu. Iako je On bio Božji
Sin, imajući poniznost sluge, On je priznao da su sva Njegova
učenja došla od Boga. On je takođe izjavio da kada ljudi veruju
u učenja i delaju u skladu sa njima, oni će znati da li su Njegova
učenja došla od Boga ili ne. Time, On nije ostavio mesta za
raspravu.

Iako su reči izgovorene kroz usta čoveka, ako Bog ima
kontrolu nad njegovim poslovima, onda se dešavaju neverovatne
stvari kao rezultat tih reči. Čak i danas, ako primimo reči Božjeg
sluge sa kojim Bog zaista boravi, i ako verujemo tim rečima i
povinujemo im se kao da su zaista Božje Reči, onda mi možemo
iskusiti neverovatne stvari. U skladu sa Poslanicom Jevrejima

4:12 mi znamo da je Božja Reč živa i aktivna. Prema tome, svako ko veruje i povinuje se Njegovoj Reči, iskusiće Njegovu moć. Zbog toga što Bog stoji iza reči Njegovih vernih slugu, kroz njihove molitve izlečene su bolesti, porodice stiču mir, nevernici primaju jevanđelje, i mnogi drugi blagoslovi kao što su ovi dolaze od Oca.

Ljudi koji traže sopstvenu slavu, učiniće sve što mogu da se razmeću njihovim dobrim delima i da prime pohvale. Zaslepljeni sopstvenim interesom, oni gaze po drugim ljudima i osuđuju ih i delaju u nepravdi. Zbog toga njihovi konačni rezultati nisu mnogo dobri. Na primer Hitler, ozloglašeni ratni zločinac iz Drugog Svetskog Rata, učinio je da mu njegovi ljudi salutiraju: „Heil Hitler!" što znači: „Živeo Hitler!" Konačno, Hitler i Nemačka bili su zajedno u ruševinama.

Suprotno tome, osoba koja je poslata od Boga ikoja teži ka Božjoj slavi će doneti milost mnogim ljudima i spasiće mnogo duša. Apostol Pavle je posvetio ceo njegov život Božjoj slavi. Dok je izvodio velika čuda, on je davao slavu Bogu i kao apostol bezbožnika, on je poveo brojne duše ka Hristu. On je posvetio celo jegovo srce i volju za cilj Hrista. Zbog toga on je mogao smelo da kaže: *„Ugledajte se na mene"* (1. Korinćanima Poslanica 11:1). On ovo nije govorio da bi se razmetao samim sobom; već je on govorio ljudima da imitiraju Hristov život, kao što je on to činio.

Isus je takođe samo nastojao da slavi Boga. On nikada nije pokušao da uzdiže samog Sebe, ili da stekne nešto za Sebe. Zato je On, kada je izveo čudo sa dve ribe i pet hlebova ječmenih, gledao prema Nebesima dok ih je blagosiljao (Jevanđelje po Marku 6:41). Kada je Lazara vraćao u život, On se prvo pomolio salveći Boga. On je postao alat da bi svetu pokazao živog Boga i Njegovu volju. A Bog je primio slavu čuvajući svaku reč koja je izašla iz Isusovih usta.

Zašto tražite da Me ubijete?

„Ne dade li Mojsije vama zakon i niko od vas ne živi po zakonu? Zašto tražite da Me ubijete? Odgovori narod i reče: 'Je li đavo u Tebi! Ko traži da Te ubije?' Odgovori Isus i reče im: 'Jedno delo učinih i svi se divite tome.'" (7:19-21)

U Zakonima koje je Mojsije primio na gori Sinajskoj tokom Izlaska, tu su zapovesti među kojima su: „Poštuj oca svojega i majku, ne ubij, ne čini preljubu i ne svedoči lažno." Suštinsko značenje ovih zakona je da se razume, da se oprosti i da se vole svi ljudi sa milošću i saosećanjem.

Međutim, Jevreji u to vreme su bili zauzeti korišćenjem zakona kako su se ophodili prema ljudima da bi ih osudili, čak i do te mere da su kritikovali Isusa zbog Njegovih pogrešnih dela, Kada je Isus iscelio čoveka koji je bio invalid 38 godina, oni su pokušali da Njega ubiju zato što je to On činio na dan Sabata. Ako se čudesan znak dogodi i Bog je slavljen, oni bi trebali da se raduju. Ali umesto toga, onisu pokušali da ubiju Isusa tvrdeći da je prekršio Sabat.

Videvši njihova zla srca, Isus im je rekao: „I niko od vas ne živi po Zakonu. Zašto tražite da Me ubijete?" On ih je učio tome da, iako im je Bog dao Zakone da čine dobra dela, oni su ih koristili da pokušaju da ubiju nekoga. Osoba koja ispravno sprovodi Zakon, nikada ne bi uradila tako nešto.

Jevreji nisu mogli da razumeju duhovno značenje Isusovih reči, i oni su Njega optuživali da je bio opsednut demonima. Jevreji su smatrali da je Isus bio zbunjen zbog činjenice da je On bio progonjen i da je bio žrtva. Iako oni nisu javno pokušavali da Njega ubiju, u stvarnosti oni su imali veliku želju da Njega ubiju (Jevanđelje po Jovanu 5:18). Ovaj razgovor je jasno pokazao zlobu unutar njihovih srca. Neznajući šta je Isus govorio dok je govorio, oni su ga samo optuživali da je zaposednut demonima, u skladu sa njihovim osudom.

Jevreji nisu mogli da shvate zašto je Isus isceljivao bolesne na dan Sabata, tako da su Njega osuđivali i Njega smatrali za nekakvog stranca. Tako da podsećajući ih na to kako su dozvoljavali obrezivanje na dan Sabata, Isus im je dao veoma važnu lekciju.

Ako se čovek na Sabat obrezuje

„Dade vam Mojsije da se obrezujete (ne kao da je od Mojsija nego od otaca); i u subotu obrezujete čoveka. Ako se čovek u subotu obrezuje da se ne pokvari zakon Mojsijev, srdite li se na Mene što svega čoveka iscelih u subotu? Ne gledajte ko je ko kad sudite, nego pravedan sud sudite." (7:22-24)

Obrezivanje je ritual kod Izraelaca u kome se uklanja

prepucijum penisa kod muške bebe, 8 dana nakon rođenja. Ova praksa je počela od vremena Avraamovog, oca vere (Postanak 17:10-14). Nakon što je napravio Njegov savez blagoslova sa Avraamom, Bog je rekao Avraamu da obreže čitavu njegovu porodicu, kao znak da je primio savez. Ako neko ne bi bio obrezan, on bi bio odsečen od Božjih ljudi i ne bi mogao da primi obećani blagoslov.

Čak i Mojsije, koji je primio na sebe ogroman zadatak Izlaska, bio je blizu usmrćenja od strane Boga, jer nije obrezao sebe. Zbog toga što je bio vođa zadužen za tako važan zadatak, kao što je vodstvo Izraelaca iz Egipta, Mojsije je morao da bude savršeniji i potpuniji nego bilo ko drugi. Bog je strogo upozorio Mojsija na važnost obrezivanja. Jevreji su smatrali Mojsijevo iskustvo vrlo važnom lekcijom i imali su na umu važnost obrezivanja. Zbog toga je u jevrejskom društvu za vreme Isusa, čak nakon 2000 godina od Avraamovog saveza, čin obrezivanja bio dozvoljen bez oklevanja, čak i na dan Sabata.

Tako je Isus rekao onim Jevrejima koji su mu sudili i osuđivali Njegova dela: „Ako se čovek u subotu obrezuje da se ne pokvari zakon Mojsijev, srdite li se na Mene što svega čoveka iscelih u subotu?“ Isus nije ovo rekao zato što On nije mogao da razume osetljivost Jevreja na Njegovo isceljenje bolesnih na Sabat, ili zato što je bio frustriran. Koristeći obrezivanje kao ilustraciju, On je samo želeo da ih poduči onome što je ispravno. Govoreći im da ljubav i samilost moraju biti ispred Zakona, On ih je naučio: „Ne gledajte ko je ko kad sudite, nego pravedan sud sudite.“

U 1. Samuelovoj Poslanici 16:7, kada je Samuilo pokušao da miropomazi Jesejevog prvorođenog sina Elijava, Bog mu govori: *„GOSPOD ne gleda na šta čovek gleda. Čovek gleda šta je na očima, a Gospod gleda na srce. "* Isus, koji vrlo dobro poznaje Božje srce, takođe gleda u središte srca čoveka, a ne u njegov spoljašnji izgled (Jevanđelje po Jakovu 2:1-4). Zato je On pokušavao da poduči Jevreje, koji su sudili i osuđivali Zakonima, da sude istinom i pravdom.

Ljudi koji sude po izgledu

„Tada govorahu neki od Jerusalimljana: 'Nije li to Onaj kog traže da ubiju?' I gle, kako govori slobodno i ništa Mu ne vele. Da ne doznaše naši knezovi da je On zaista Hristos? Ali ovog znamo otkuda je; a Hristos kad dođe, niko neće znati otkuda je." (7:25-27)

Kada je Isus upitao gomilu: „Zašto tražite da Me ubijete?" Jevreji su shvatili da su njihovi unutrašnji motivi razotkriveni, te su počeli da optužuju Isusa da je zaposednut đavolom i ponašali su se prema Njemu kao da On govori u delirijumu. Onda se pojavila treća strana i posvedočila o ovoj istini. Došli su neki ljudi i rekli da su vođe pokušavale da ubiju Isusa. I tako je istinitost Isusovih Reči bila potvrđena od treće strane.

Zbog toga što je Bog Bog pravde, kada mi hodamo putem pravednosti, On se brine o tome da istina uvek preovlađuje (Psalmi 37:6; Amos 5:24). Zato se zreo Hrišćanin neće raspravljati i svađati, čak iako je lažno optužen ili se prema njemu ponaša nepošteno. Ovo je zato, jer kada dođe vreme, sve stvari će se otkriti.

Ipak, treća strana koja je potvrdila Isusove Reči, nije se razlikovala od ljudi koji su pokušali da uhvate Isusa. Oni su se raspitivali zašto optuženi još uvek nije blagovremeno priveden. Kao što ceo svet izgleda plavo kada ga neko gleda kroz plave naočare za sunce, tako su i ovi ljudi gledali u Isusa sa negativnim osećanjima i mislima, te su jedino mogli da vide razloge da Ga osude.

Isto tako, kada vi slušate Božju Reč sa dobrotom i istinskim srcem, vi ćete postati nadahnuti i pokrenuti da se pokajete i promenite. Ipak, kada pomešate vaša osećanja i misli, govoreći stvari kao: „To je verovatno bilo ovako ili onako," onda ćete vi konačno počiniti smrtni greh suđenja i osuđivanja.

Gomila ljudi je takođe pitala: „Da ne doznaše naši knezovi da je On zaista Hristos?" A onda su dodali: „Ali ovog znamo otkuda je." Oni su time mislili da oni znaju da je Isus rođen kao Josifiv sin, što znači da On nije Bog i da On nije Božji Sin. U skladu sa njihovom logikom i rezonovanjem, niko ne bi trebalo da zna odakle dolazi Mesija.

Ali da li je istina da niko nije znao odakle je došao Mesija? U Bibliji nije zapisan tačan datum i vreme Hristovog ili Mesijinog rođenja. U to vreme nije bilo lako ni učiteljima Zakona ni Sadukejima da predvide vreme Mesijinog rođenja, jer su oni imali samo nekoliko stihova koji su se odnosili na Njegovo rođenje (Danilo 9:25; Malahije 3:1). Zato su postojala različita mišljenja među njima o Mesijinom rođenju. Oni su čak mislili da će Mesija imati nadljudsku i okultnu ličnost i da će se On pojaviti iznenada. Ipak, iako je možda bilo teško znati tačno vreme Mesijinog rođenja, postoji mnogo pororčanstava koja nam govore o Mesiji.

Mihej 5:2 govori: *„A ti, Vitlejeme Efrato, ako i jesi najmanji među hiljadama Judinim, iz tebe će mi izaći koji će biti Gospodar u Izrailju. Kome su izlasci od početka, od večnih vremena. "*

Činjenica da će Mesija biti rođen u Vitlejemu, bila je poznata čak i među Jevrejima koji su živeli u Isusovo vreme. Ako pogledate Jevanđelje po Mateju 2:1-6, tu se kaže da nakon što se čulo od tri mudraca da je kralj rođen, kralj Herod je hteo da Ga ubije, jer se plašio da će izgubiti svoj položaj kralja. Zato je okupio sve visoke sveštenike i pisare i upitao ih: „Gde bi trebalo da se rodi Hrist?" Onda koristeći proročanstvo iz knjige Miheja, oni su odgovorili da će On biti rođen u Vitlejemu, u zemlji Judeje.

Knjiga Ponovljenog Zakona 18:18 govori o tome kako će Isus biti smatran prorokom, a Isaija 9:1 proriče da će Isusovo javno služenje početi u Galileji. Ima mnogo drugih proročanstava u Bibliji, kao što je u Isaiji 53, gde se mogu naći proročanstva o Isusu. Ipak, i bez proročanstava mi možemo dešifrovati istinskog Mesiju kroz moćna Božja dela koje je On izveo i kroz Reči koje su izašle iz Njegovih usta.

Takođe, usamljeni i pobožni Sajmon, Ana (žena koja je ceo svoj život provela moleći se u hramu i čekajući Mesiju), dobri pastiri koji su negovali ovce i tri mudraca, svi su prepoznali Mesiju (Jevanđelje po Luki 2; Jevanđelje po Mateju 2:1-11). Vođeni Svetim Duhom ili obavešteni od strane anđela, ovi ljudi su otišli bebi Isusu i povinovali se Njemu, dajući slavu Bogu. Zato, ljudi koji su priznali da niko ne bi trebalo da zna odakle dolazi Mesija, u stvari su priznali da oni nisu Božji ljudi. Mesija je bio pred njihovim očima, a oni još uvek nisu mogli da Ga prepoznaju.

Sam od Sebe ne dođoh

„Tada Isus povika u crkvi učeći i reče: 'I Mene poznajete i znate otkuda Sam; i Sam od Sebe ne dođoh, nego ima stiniti koji Me posla, kog vi ne znate. Ja Ga znam, jer sam od Njega i On me posla.' Tada gledahu da Ga uhvate; i niko ne metnu na Nj ruke, jer još ne beše došao čas Njegov. A od naroda mnogi Ga verovaše, i govorahu: 'Kad dođe Hristos eda li će više čudesa činiti nego Ovaj što čini?'“ (7:28-31)

Jevreji su poznavali Isusovo mesto rođenja i Njegovu porodičnu situaciju, ali to je bio samo fizički aspekt Isusa. Tako je Isus prvo priznao njihove reči, a onda im je On rekao da je došao od Boga.

On im je najpre rekao: „I Mene poznajete i znate otkuda Sam.“ Ovde reč „znate“ ima dva značenja. Osoba koja razume Isusove Reči u duhu i veruje da je On zaista pravi Hrist, zna da je On došao na ovaj svet kao Božji Sin i Spasitelj. Sa druge strane, osoba koja razume Njegove Reči bukvalno i telesno, zna da je Isus sin Josifa stolara. Tako, kada su Jevreji rekli da „znaju“ Isusa, oni su mislili na bukvalno značenje.

Isus je rekao da On nije došao Sam od Sebe i da postoji On koji Ga je posalo. Onda je On dodao da je Onaj koji Ga je posalo istinski. Kada Isus kaže da On nije došao Sam od Sebe, to znači da je On došao od Boga Oca. Pod Božjim proviđenjem, Isus, koji je sa Bogom bio od početka, došao je na ovaj svet da spasi čovečanstvo, čija je smrt usled grešnosti bila neizbežna.

Isus je takođe rekao: „Ima istiniti koji Me posla.“ Istina znači duh, život, i ono što je večno—što nikad ne propada i ne menja se. A moć istinskog Boga, koji je istina, bila je sa Njim do sada, zato se toliko mnogo znakova i čuda dogodilo kroz Isusa.

Isus je rekao da On poznaje Onog koga oni nisu znali. Mnogo ljudi je u interakciji sa predsednikom preko različitih vrsta medija i oni tvrde: „Ja poznajem predsednika.“ Ipak, ovo ne znači da ih predsednik sve poznaje. Predsednik mora takođe da tvrdi da poznaje nekog, da bi taj mogao da kaže da zaista poznaje predsednika. Isto važi i za poznavanje Boga. Ako neko tvrdi da poznaje Boga, on mora imati odnos sa Bogom. Imati odnos sa Bogom znači živeti u svetlosti, ili živeti u skaldu sa Božjom Reči (1 Jevanđelje po Jovanu 1:7). Ali Jevreji nisu imali ovakav odnos sa Bogom. Oni čak nikada nisu videli sliku Boga. Dalje, oni su bili ljudi telesnog, te su oni videli sve njihovim fizičkim očima. Zato je Isus rekao da oni ne poznaju Boga. Onda je On objasnio da On poznaje Boga, jer je On od Boga i da je On došao na ovaj svet u skaldu sa Božjom voljom.

Onda su ljudi u hramu koji su slušali ovo, počeli da pokazuju pomešane reakcije. Neki ljudi su govorili da Isus bogohuli na Boga i pokušali su da Ga uhvate. Srećom, još nije bilo došlo Njegovo vreme, te oni Njemu nisu mogli ništa da učine. Suprotno tome, bilo je mnogo onih koji su videli Isusa u pozitivnom svetlu. On nije samo jednostavno rekao: „Ja sam istina, zato verujte u Mene.“ On je vodio ljude da veruju, izvodeći znake i čuda da dokaže da je Bog bio sa Njim.

Počevši sa čovekom koji je bio bolestan 38 godina, Isus je ljudima isceljivao sve vrste bolesti. On je isceljivao slepe i gluve i ponovo ih činio potpunim. On je pretvorio vodu u vino, nahranio preko pet hiljada ljudi sa dve ribe i pet hlebova ječmenih i hodao je po vodi. Mnogo ljudi je ili čulo o ovim čudesnim znacima ili su bili svedoci iz prve ruke. Zato su oni pitali: „Kad dođe Hristos eda li će više čudesa činiti nego Ovaj što čini?" Iako oni nisu bili svedoci onome što se tačno dogodilo, ljudi sa dobrim srcima su videli stvari koje je Isus učinio i potvrdili su to kao istinu.

Jevreji pokušavaju da uhvate Isusa

Nakon što su videli Isusa da izvodi veličanstvene znakove, ljudi su slavili Boga govoreći da se veliki prorok pojavio među njima i da je Bog došao da spasi Njegove ljude (Jevanđelje po Luki 7:16). Ipak, nisu svi mislili na ovaj način. Bilo je i onih Jevreja koji su želeli da uhvate Isusa.

Visoki sveštenici i Fariseji

„Čuše Fariseji od naroda takav govor za Njega, i poslaše Fariseji i glavari sveštenički sluge da Ga uhvate. Tada reče Isus: 'Još sam malo vremena s vama, pa idem k Onome koji Me posla. Tražićete Me i nećete Me naći; i gde sam Ja vi ne možete doći.' A Jevreji rekoše među sobom: Kuda će ovaj ići da ga mi ne nađemo? Neće li ići među rastrkane Grke, i Grke učiti? Šta znači ova reč što reče: 'Tražićete Me i nećete Me naći; i gde sam Ja vi ne možete doći?'" (7:32-36)

Visoki sveštenici i Fariseji su primetili veliko interesovanje ljudi za Isusa i sva govorkanja o Njemu. Kao vođa sveštenstva, jednom godišnje, Visoki sveštenik je bio zadužen da ulazi u Svetinju nad svetinjama koja je bila odvojena kao sveta i prinosi žrtve za ljude. A kao verski vođa, on ima prava da vežba političku moć. Kao sveštenici i ono što su bili, oni više nisu mogli da samo posmatraju Isusa kako objavljuje da je On poslat od Boga. Tako konačno, oni su kovali zaveru sa Farisejima da uhvate Isusa i poslali su svoje čuvare za Njim.

U ovoj groznoj situaciji, Isus je hrabro rekao ljudima da će se On vratiti Bogu Ocu. On je objasnio da On neće više biti ovde na zemlji i da će u odgovarajuće vreme koje je Bog odredio On poneti krst, vaskrsnuti i sedeti na desnoj strani pored Boga. Ali nerazumevajući duhovno značenje Isusovih Reči, Jevreji su Ga uključujući Fariseje i pisare, ismejavali.

Fariseji su bili jedni od glavnih jevrejskih podeljenika koji su nastali negde između prvog veka pre Hrista i prvog veka posle Hrista. Fariseji su verovali u postojanje anđela, vaskrsenje mrtvih i borili su se za striktno pridržavanje zakona Judaizma sve do poslednje klauzle. Međutim, Isus je ukorio ove ljude govoreći: *„Teško vama književnici i Fariseji, licemeri..."* (Jevanđelje po Mateju 23:13). On je to učinio jer kao i okrečeni grobovi, oni su se činili svetim od spolja, ali oni su bili ispunjeni zlom u njihovim srcima.

Pisari su oni ljudi koji tumače i podučavaju zakone Od vremena od kada su se jevrejski zarobljenici vratili iz Vavilona, oni su započeli energičan pokret da se garantovano drže zakona unutar Judeje. Tako su od tada učitelji koji su mogli da tumače zakone i da podučavaju ljude kako da primenjuju zakone, preuzeli vrlo važan zadatak. Ali zbog toga što su se ovi učitelji hvalisali svojim autoritetom, zasnivajući svoje razloge na tradiciji starijih—koji su došli prenošenjem zakona usmeno sa kolena na koleno—oni nisu mogli da izbegnu konflikt koji su imali sa Isusom, koji je samo tumačio Bibliju u skladu sa Božjom voljom. Povrh svega toga, Isusove moćne Reči su stavile njihovu moć i autoritet na rizik.

Ovi Jevreji nisu mogli da razumeju Isusa i oni su nastavili da prihvataju njihove telesne misli da protumače Isusove Reči. Oni su se pitali: „Kuda će ovaj ići da ga mi ne nađemo? Neće li ići među rastrkane Grke, i Grke učiti?" Isus nikada nije rekao da ide u Grčku i On nikada nije imao nameru da to uradi, ali oni su pravili svakave pretpostavke.

Zašto je ovim ljudima, koji su navodno proučavali i podučavali Božju Reč, bilo toliko teško da razumeju Isusove Reči? Pošto su bili od telesnog, oni su prihvatili njihovu ovozemaljsku mudrost i znanje za sve. Oni su takođe smatrali da su njihovo znanje, misli i iskustva bili bolji od drugih. Zbog toga oni nisu mogli da upozanju Boga koji je duh (Poslanica Rimljanima 8:5-8). Zbog toga što su bili fiksirani na misli telesnog, koje su Bogu neprijateljske, oni nisu prepoznali ko je Isus bio.

Isusovo obećanje za Svetog Duha

„A u poslednji veliki dan praznika stajaše Isus i vikaše govoreći: 'Ko je žedan neka dođe k Meni i pije.' 'Koji Me veruje, kao što pismo reče, iz njegova tela poteći će reke žive vode.' A ovo reče za Duha kog posle primiše oni koji veruju u ime Njegovo; jer Duh Sveti još ne beše na njima, jer Isus još ne beše proslavljen." (7:37-39)

Za čoveka koji hoda u pustinji gde sunce snažno prži, jedan gutljaj hladne vode je vredniji od kese sa zlatom. Ali ovo nije više od samo puke žeđi telesnog. U svim ljudskim bićima postoji drugačija vrsta žeđi: duhovna žeđ. Ovo je tip žeđi o kojoj je Isus govorio.

Takođe, postoje dve vrste duhovne žeđi. Jedna je žeđ koju oseća zla osoba. Zla osoba stalno traži zlo. Ovakvi ljudi nikada nemaju mira tokom života. Izraelski prvi kralj Saul, bio je vrlo skromna osoba pre nego je postao kralj. Ipak, nakon što je postao kralj postao je gord i tvrdoglav i nije se povinovao Bogu. On je uvek bio nervozan i zabrinut da će izgubiti presto zbog Davida, koga je Bog prepoznao kao „onog koji je po Njegovom srcu." Kao rezultat toga, Saul je proveo čitav svoj život pokušavajući da ubije Davida. Sa svojim zlom u srcu, on je sebi naneo teškoće i patio je od gorućeg bola u svom srcu.

Ipak, žeđ koju oseća osoba sa dobrim srcem je totalna suprotnost ovome. Usamljena osoba ima istinsku želju da upozna istinskog prijatelja, sa kojim može izgraditi nepromenljiv odnos i sa kojim može podeliti najdublje misli i osećanja. Roditelji i deca i muževi i žene, svi žele da jedni sa drugima imaju odnos pun poverenja. Svako u svom unutrašnjem biću ima žeđ za ljubavlju, verom, istinom, radošću i saosećanjem.

Nakon proslave praznika građenja senica u Jerusalimu, Isus je rekao ljudima koji su osećali ovakvu vrstu žeđi: „Ko je žedan neka dođe k Meni i pije." Onda Isus kaže, da će reke žive vode teći njihovim unutrašnjim bićima. Ovde, živa voda označava Svetog Duha koga oni koji veruju u Hrista primaju. Za one koji private Isusa i prime Svetog Duha, njihova glad za pravednošću je utoljena, a žeđ njihove duše je ugašena. Zato Sveto pismo kaže: „Iz njegova tela poteći će reke žive vode."

Isus postaje centar diskusije

„A mnogi od naroda čuvši ove reči govorahu: 'Ovo je zaista prorok.' Drugi govorahu: 'Ovo je Hristos' A jedni govorahu: 'Zar će Hristos iz Galileje doći?' Ne kaza li pismo da će Hristos doći od semena Davidovog, i iz sela Vitlejema odakle beše David? Tako raspra postade u narodu Njega radi." (7:40-44)

Svako je imao različito mišljenje o Isusu. Neki su govorili da je „prorok," drugi daje „Hrist," a drugi su i dalje sumnjali: „Zar će Hristos iz Galileje doći?"

Zašto su se mišljenja ljudi toliko razlikovala? Ovo je zato što su neki Isusa gledali sa duhovnog gledišta, a neki su Ga gledali kroz okvir njihovog sopstvenog uma. Ljudi koji su Ga videli duhovnim očima, prihvatili su Isusa kao Hrista, ali oni koji su Ga videli zasnovano na njihovom znanju, nisu mogli da vide ko je zaista bio Isus. Oni su na kraju sumnjali u Njega. Zbog toga, zasnovano na njihovom istorijskom znanju ili pozadini, oni su pitali: „Zar će Hristos iz Galileje doći?"

Kao najsevernija oblast Izraela, Galileja je često bila ranjiva na invaziju drugih stranih naroda. Usled toga, Galileja je imala snažno prisustvo paganskih kultura. Zato u Isaiji 9:1 piše: „Galileja Pagana," a u Jevanđelju po Jovanu 7:52, Fariseji kažu: „*Tražite, i vidite da nijedan prorok ne proističe iz Galileje.*" U skladu sa njihovim okvirom znanja i logike, oni veruju da ne postoji način da bi Hrist, koji će spasiti Izrael, mogao da bude rođen na takvom mestu. Pošto su oni poredili Isusa sa Mesijom koga su oni zamislili, zasnovano na njihovom znanju, oni nisu mogli da shvate istinu.

U to vreme, Izraelci su bili pod supresijom Rimljana te su oni maštali o Mesiji sa političkom i vojnom moći, koji će moći da ih spasi od Rimljana. Isus nije ispunio njihova očekivanja. U njihovim očima, On je bio samo sin siromašnog stolara. Zato Ga oni nisu mogli videti kao mogućeg kralja koji će spasiti ceo Izrael.

Tako, na osnovu Svetog Pisma: „Hrist će doći iz Vitlejema," oni nisu priznali Isusa. Oni su u stvari iskoristili proročanstvo zapisano u Bibliji o Mesiji da bi se odrekli Isusa.

Da, kao što je proročanstvo govorilo, Isus je rođen u Vitlejemu, a onda je odrastao u Nazaretu. Ali proročanstvo Ga je poznavalo samo kao Nazarećanina. Pošto su oni gledali njihovim predisponiranim mislima, oni nisu mogli da vide istinu. Kao rezultat ovih različitih gledišta, pojavila se kontroverza. Među ovim ljudima, bilo je onih koji su pokušali da nađu razlog da uhvate Isusa; ipak, još uvek nije bilo vreme koje je Bog odredio, te niko nije mogao da Ga pipne.

Zašto ga ne dovedoste?

„Dođoše pak sluge ka glavarima svešteničkim i Farisejima; i oni im rekoše: 'Zašto ga ne dovedoste?' A sluge odgovoriše: 'Nikad čovek nije tako govorio kao ovaj čovek.' Tada im odgovoriše Fariseji: 'Zar se i vi prevariste? Verova li ga ko od knezova ili od fariseja? Nego narod ovaj, koji ne zna zakon, proklet je.'" (7:45-49)

Kada su sluge koje su poslate od visokih sveštenika i fariseja čuli Isusove Reči oni su primetili da On nije kao svi drugi, i oni su osetili moć i autoritet u Njegovim Rečima. A pošto je Isus bio savršen u svim Njegovim putevima, iako su im njihovi gospodari naredili da Ga uhvate, sluge su morale da se vrate bez Njega. Sluge koje su se vratile praznih šaka, visoki sveštenici i Fariseji su pitali: „Zašto Ga ne dovedoste?"

Frustriranim gospodarima, sluge su neočekivano odgovorile: „Nikad čovek nije tako govorio kao ovaj čovek." Sa gledišta slugu, uvek je oko Isusa bila gomila ljudi, te nije bilo lako uhvatiti Ga. Oni su mogli ovo da iskoriste, kao i mnogo drugih izgovora za to što nisu mogli da uhvate Isusa, ali oni su ipak hrabro odgovorili njihovim gospodarima. Ovo pokazuje da su ove sluge bile snažno dirnute Isusovim Rečima.

Nakon što su čuli izveštaj slugu, Fariseji su im grubo zapretili povišenim tonom: „Zar se i vi prevariste?" Onda su zapitali, da li je još neko od knezova ili fariseja, koji su navodno bili elita, zaveden. Mi moramo razumeti da su ovi ljudi bili veoma ponosni na svoj status i oni su sebe smatrali različitim od neukih, običnih ljudi. Oni su smatrali da ako je neko od knezova ili fariseja verovao u Isusa, da je to značilo da su zavedeni i da je taj apsurdan, koji ne poznaje Zakone.

Zbog toga se Fariseji nisu uzdržavali od suđenja drugim ljudima koji su pratili Isusa i nazivali su ih „prokletima." Oni su im sudili, koristeći reči iz Ponovljenog Zakona 27:26: „*Proklet da je koji ne bi ostao na rečima ovog zakona, i tvorio ih. A sav narod neka kaže: Amin.*" Upravo oni ljudi koji su se ponosili poznavanjem Zakona su oni koji su izvrtali Božju Reč.

Fariseji su bili istrajni. Ne samo da su oni podelili Zakone na manje delove da bi ih se tačnije pridržavali, već su oni sa namerom upamtili i proučili tumačenja Zakona koji se prenosio usmeno. Tako, kada su videli ljude koj imaju gledišta koja se nešto razlikuju od njihovih, oni su ih osuđivali kao budalste, čak ih i proklinjali.

Ali ko su ljudi koji su zaista prokleti? To su bili ograničeni i nadmeni Fariseji koji su išli putem smrti odbijajući da veruju u Isusa. Nakon što su ubili Isusa, oni su navukli na sebe i na buduće naraštaje prokletstvo plaćanja cene zbog prolivanja Isusove krvi. 70. g.n.e., nakon pada Jerusalima, Jevreji su proterani sa njihove zemlje i rasuli su se po čitavom svetu. A dugi period vremena nakon toga bili su proganjani i tlačeni od strane mnogih drugih naroda.

U Poslanici Rimljanima 12:14, se kaže: „*Blagosiljajte one koji vas gone: blagosiljajte, a ne kunite.*" Osoba sa dobrim srcem koje je ispunjeno istinom, nikada neće drugog povrediti svojim rečima, ili otkriti tuđe mane. Ona neće imati zle misli i neće biti zadovoljna nepravdom. Umesto toga, onaće dozvoliti da samo dobre i lepe reči izađu iz njenih usta. Isus je imao moć i autoritet da sudi svetu; ipak, On nikada nikog nije prokleo nasumice kao što su Fariseji činili.

Nikodim brani Isusa

„Reče im Nikodim što dolazi k Njemu noću, koji beše jedan od njih: 'Eda li zakon naš sudi čoveku dokle ga najpre ne sasluša i dozna šta čini?' Odgovoriše mu i rekoše: 'Nisi li i ti iz Galileje? Razgledaj i vidi da prorok iz Galileje ne dolazi.' I otidoše svaki svojoj kući." (7:50-53)

Kada su Fariseji nastavili da proklinju one koji su verovali u Isusa, Nikodim to više nije mogao da gleda i ukazao je na njihovo nepravedno gledište i predrasude. Nikodim je uitao: „Eda li zakon naš sudi čoveku dokle ga najpre ne sasluša i dozna šta čini?" Koristeći diskreciju, Nikodim je prosvetlio Fariseje, koji su se zasnovano na njihovim izvrnutim gledištima, nemilosrdno raspravljali među sobom za svoje pozicije. Iako je on bio Farisej, Nikodim je bio drugačiji. On je pokušavao da se povinuje Božjim Zakonima sa dobrim srcem.

Ostali Fariseji koji su mislili da je Nikodim bio na njihovj strain, bili su šokirani njegovim rečima i za trenutak su bili iznenađeni. Oni su pokušali da ga opovrgnu, ali pošto je Nikodimov argument bio tako oštar i na mestu, oni nisu mogli da smisle kontra-argument. Jedino što su oni mogli da odgovore bilo je: „Nisi li i ti iz Galileje? Razgledaj i vidi da prorok iz Galileje ne dolazi." Ovo je bio slab odgovor koji je nipodoštavao Isusa, nazvavši Ga Galilejcem.

Teško je poverovati da oni nisu znali da Isus nije rođen u Galileji. Ipak, oni nisu mogli da smisle logičan i ubedljiv kontra-argument na ono što je Nikodim rekao i to je bilo jedino što su mogli da odgovore. I tako su oni odustali od njihove rasprave o Isusu i vratili su se svojim kućama. Zavera onih koji su hteli da uhvate Isusa, propala je. Pred dobrom osobom u istini, bilo kakva neisitina—laži, obmana i slično—sve izlazi na videlo. Mudrost od dobrote je od Boga; te tama ne može ništa učiniti, osim da beži od nje.

Poglavlje 8

Istina će vas osloboditi

Isus oprašta ženi koja je učinila preljubu

Jednog dana Petar je pitao Isusa: *„Gospode! Koliko puta ako mi sagreši brat moj da mu oprostim? Do sedam puta?"* (Jevanđelje po Mateju 18:21). Petar je smatrao da, oprostiti nekome sedam puta, to pokazuje veliko saosećanje. Ali Isusov odgovor otišao je daleko od Petrove mašte. On je rekao: *„Ne velim ti do sedam puta, nego do sedam puta sedamdeset"* (stih 22).

Ovde, Isus ne govori da nekome treba da oprostimo 490 puta. Sedam je savršen, kompletan broj. Tako, oprostiti nekome sedam puta sedamdeset, označava kompletan oproštaj, ili oprostiti neograničeni broj puta. Na isti način, Isus ne samo da je činio dobra dela i dao život ljudima; On je takođe oprostio grešnicima njihovegrehove i time pomogao onima kojima je oprošteno, da osete duboku ljubav Božju.

Sadukeji i Fariseji koji su uhvatili preljubnike

„A Isus otide na goru Maslinsku. A ujutru opet dođe u crkvu, i sav narod iđaše k Njemu; i sedavši učaše ih. A književnici i Fariseji dovedoše k Njemu ženu uhvaćenu u preljubi, i postavivši je na sredu, rekoše Mu: 'Učitelju, ova je žena uhvaćena sad u preljubi. A Mojsije nam u zakonu zapovedi da takve kamenjem ubijamo; a Ti šta veliš?'" (Jevanđelje po Jovanu 8:1-5)

Nakon Njegove poruke na Praznik građenja senica, Isus je otišao na goru Maslinsku. Gora Maslinska, koja se nalazi u istočnom delu Jerusalima, dobila je ime po neobično velikom broju maslinovog drveća koje se tamo nalazilo. Na vrhu planine, mogao se videti čitav grad jednim pogledom. Ovde je Isus držao Njegove besede o jevanđelju o Nebesima, i ovde je takođe On plakao dok je propovedao o događajima koji će se desiti. To je značajno mesto, jer su Isusovi otisci stopala tamo ugrađeni.

Gora Maslinska je takođe značajno mesto u istoriji Izraela. Zaharija 14:1-5 pominje da će Mesija stajati tu, a prorok Jezekilj je takođe rekao da je video u viziji, da će slava GOSPODA biti tamo. U podnožju gore Maslinske je gora u Getsimaniji, gde je Isus često odlazio da se moli. Ovde se Isus tako revnosno molio, da je Njegov znoj postao kao kapljice krvi, u noći pre nego su Ga uhvatili da bi Ga razapeli.

Nakon što se noću molio na gori Maslinskoj, Isus se ujutru vratio u hram. Dok je tamo podučavao ljude, dogodilo se veliko komešanje. Sadukeji i Fariseji su se borili da prođu kroz gomilu i doveli su Isusu jednu ženu. Gurajući je u središte dešavanja,

: : Gora maslina, smeštena u istočnom delu Jerusalima

rekoše nasumice: „Učitelju, ova je žena uhvaćena sad u preljubi.“

Prema Mojsijevom Zakonu, bilo da se radi o muškarcu ili ženi, osoba koja počini preljubu, osuđena je na smrt (Levitski Zakonik 20:10). Sadukeji i Farisejisu pitali da primene ovaj zakon na ženi. Žena se tresla od stida i straha od smrti, jer su njeni gresi bili javno izloženi da svi vide. Ipak, Sadukeji i Fariseji nisu marili za njen život. Oni su se osećali vrlo trijumfalno, jer su pomoću Zakona sada imali izgovor da testiraju Isusa.

Koji je među vama bez greha neka najpre baci kamen

„Ovo, pak, rekoše kušajući Ga da bi Ga imali za šta

okriviti. A Isus saže se dole i pisaše prstom po zemlji. A kad Ga jednako pitahu, ispravi se i reče im: 'Koji je među vama bez greha neka najpre baci kamen na nju.' Pa se opet saže dole i pisaše po zemlji." (8:6-8)

U stvarnosti, Sadukeji i Fariseji su bili u kriznoj fazi, jer je mnogo ljudi počinjalo da prati Isusa. U poređenju sa njihovim učenjima, Isusova učenja su bila neuporedivo moćnija. Povrh svega toga, Isus ih je korio, te su oni kao vođe naroda, bili u neprijatnoj situaciji. Kako su se njihova neprijateljska osećanja prema Isusu gomilala, oni su počeli da vrebaju svaku priliku da Isusa uhvate nespremnog. Nakon što su uhvatili ženu koja je učinila preljubu, oni su iskoristili ovaj događaj kao dobru priliku da testiraju Isusa.

Umesto da se usredsrede na greh žene koja je počinila preljubu, oni su se fokusirali na to da pronađu bilo kakvu grešku u Isusovoj reakciji. Oni su mislili da donekle znaju kakva će Njegova reakcija biti. Oni su znali, da prema Njegovim uobičajenim učenjima, On će im reći da je ne kamenuju. Da je tada Isus rekao: „Volite, oprostite", šta bi se desilo? To bi onda značilo da On govori protivno Mojsijevom Zakonu, što bi njima dalo dobar razlog da Ga optuže. Ići protiv Zakona se smatralo smrtnim grehom, zbog neprijateljske nastrojenosti prema Božjoj Reči. Tako je ovo bila zlatna prilika da se nađu osnove za optužbu protiv Isusa, zasnovane na Zakonu.

Da je Isus odgovorio suprotno njihovim očekivanjima i rekao: „Kamenujte je," to bi im takođe pružilo priliku da Ga optuže prema Zakonu, jer to ne bi bilo u skladu sa Njegovim uobičajenim učenjima o ljubavi i praštanju. Sadukeji i Fariseji su upitali Isusa šta da rade, potpuno znajući da će situacija prouzrokovati neku vrstu dileme, i da Isus neće moći da kaže uradite ovo ili ono. I tako su mislili da su uhvatili Isusa u klopku.

Ovim ljudima koji su insistirali na odgovoru, Isus nije rekao ni reči. Umesto toga, On se povio nadole i počeo prstom da piše nešto po zemlji. Za trenutak, vladala je tišina. Nakon nekog vremena, On se uspravio i gledajući naokolo u publiku On je rekao: „Koji je među vama bez greha neka najpre baci kamen na nju." Onda se ponovo pognuo nadole i opet prstom pisao po zemlji. Šta mislite da se onda dogodilo?

Ljudi koji du dobili grižu savesti

„A kad oni to čuše, i pokarani budući od svoje savesti izlažahu jedan za drugim počevši od starešina do poslednjih; i osta Isus Sam i žena stojeći na sredi." (8:9)

Ljudi koji su se tu okupili, počeše da odlaze jedan po jedan. Sadukeji i Fariseji koji su se pre nekoliko trenutka osećali trijmfalno, i ljudi koji su bili samo radoznali šta se tu dešava, svi tiho odoše, kao da su bili pomalo postiđeni. Šta je to Isus napisao na zemlji, što je kod svih izazvalo grižu savesti? Ono što je On napisao, istaklo je njihove grehe.

Isus je znao i najmanji greh koji su ljudi počinili. Kao da je mogao da vidi zajedničke grehe koje su svi oni počinili, On je počeo da ih zapisuje na zemlji, jedan po jedan. Razlog zbog kog je On zapisivao grehe, umesto ga ih izgvori naglas, bio je taj, što je bila Božja volja da ih ne uključi u Bibliju.

Bog nam zapoveda da ne merimo, sudimo; ili osuđujemo druge, da je Isus istakao grehe svakog od njih i da su svi bili zapisani u Bibliji, šta je moglo da se dogodi? Da li bi ljudi iskorisitli takav odgovor protiv Isusa kao dokaz i optužili Ga za osudu? Zbog toga Isus nije otkrio njihove grehe, ali ih je zato napisao na zemlji, da ne bi ostao nijedan dokaz.

Ljudi koji su upirali prstom u ženine greške i pozivali se na kaznu za njen greh, odjednom su shvatili da su i oni sami grešnici koje bi takođe trebalo kamenovati. Posramljeni, ljudi su se tiho udaljili. Konačno, svi su otišli, osim Isusa i žene.

Isus daje ženi priliku za pokajanje

„A kad se Isus ispravi, reče joj: 'Ženo, gde su oni što te tužahu? Nijedan te ne osudi?' A ona reče: 'Nijedan, Gospode!' A Isus joj reče: 'Ni Ja te ne osuđujem. Idi. I odsele više ne greši.'" (8:10-11)

Kada su se ljudi koji su osuđivali i optuživali preljubnicu posramili i otišli, ostavljajući je samu, Isus je progovorio i prikladno joj rekao: „Ni Ja te ne osuđujem. Idi. I odsele više ne greši." Ženi koja je drhtala od srama i straha, Isusove Reči su verovatno bile kao tračak svetlosti. Kada Isus ovde kaže da je ne osuđuje, to znači da joj On oprašta. Zašto joj je onda Isus oprostio i nije osudio u skladu sa Zakonom? To je zato što je Bog, Bog pravde i ljubavi.

Prema Zakonu, žena je morala umreti da bi platila kaznu za

svoj greh, ali opraštajući joj, Isus joj je davao šansu da se pokaje i da se okrene na drugu stranu. Božja namera da pošalje Njegovog jedinog jedinorodnog Sina, Isusa, na ovaj svet, nije bila da osudi grešnike i da ih usmrti, već da im da šansu da se pokajui da prime večni život (Jevanđelje po Jovanu 3:17, 12:47).

Opraštajući ženi njene grehe, u isto vreme, Isus je istakao važnost istinskog pokajanja, kada jedan napušta život ispunjen zlom i zamenjuje ga dobrotom. Ako nastavimo da grešimo, znajući da je to greh, a kasnije se pokajemo i opet ponovimo postupak, onda to nije istinsko pokajanje. Kakav god greh da smo počinili, veoma je važno da se okrenenmo na drugu stranu i da živimo u skladu sa Božjom Rečju što je pre moguće.

Isusova poruka Jevrejima

Visoki sveštenici i Fariseji su se pitali kako da Isusu nađu manu; zato su Ga često pitali pitanja koja bi Ga mogla naterati da se oklizne i upadne u njihovu zamku. Pitajući šta da rade sa ženom uhvaćenom u preljubi, i da li je ispravno ili pogrešno da Cezaru plaćaju porez, dobri su primeri za to. Oni su takođe zajedno kovali zaveru kako bi mogli da uhvate Isusa (Jevanđelje po Mateju 22:15).

Ali svaki put, Isus ne samo da je davao neočekivane i vrlo mudre odgovore i izbegao njihove zamke, On ih je svaki put prosvećivao istinom. U kakvoj god situaciji da je On bio, kao Božji Sin, koji je Svetlost, Isus je ispunjavao Zakon ljubavlju i delao je jedino u skladu sa Božjom voljom.

Ja sam videlo svetu

„Isus im, pak, opet reče: 'Ja sam videlo svetu; ko ide za Mnom neće hoditi po tami, nego će imati videlo života.' Tada Mu rekoše Fariseji: 'Ti sam za sebe svedočiš; svedočanstvo Tvoje nije istinito.'" (8:12-13)

Svetlost ima moć da otera mrak. Gde je svetlost, tu nema mesta za tamu. Svetlost kontroliše, osvaja i preovladava tamom. U 1. Jovanovoj Poslanici 1:5 je zapisano: *„Bog je Svetlost."* Zbog toga, Isus koji je jedno sa Bogom, je takođe Svetlost. Razlog zbog kog je Isus Sebe nazvao „videlom sveta," bio je taj, jer je svet u središtu tame. Samo Isus ima moć da odbaci tamu, i On Sam je Svetlost. Zašto je onda svet u središtu tame? U 1. Jovanovoj Poslanici 2:15-16 kaže se: *„Ne ljubite svet ni što je na svetu. Ako ko ljubi svet, nema ljubavi Očeve u njemu. Jer sve što je na svetu, telesna želja, i želja očiju, i ponos života, nije od Oca, nego je od ovog sveta."*

„Telesna želja" označava grešnu prirodu koja je u suprotnosti sa Božjom voljom i izaziva čoveka na greh. Na primer, lenjost, preljuba, razvrat, mržnja, ljubomora, zavist, pohlepa, ogovaranje itd., sve su to želje srca koje teraju čoveka da zgreši. Ako se ne otarasimo telesne želje, ona je jednog dana može uznemiriti i izazvati osobu da počini greh u delima. Na primer, ako je neko pohlepan i vidi neki objekat koji zaista želi, on može krenuti nekim putem da to dobije, čak i ako to znači da se zaduži ili da ukrade.

„Želja očiju" je atribut jedne od grešnih priroda, koja izaziva čoveka da želi nešto, nakon što je srce podstaknuto nečime što je video očima ili čuo ušima. Mi povremeno čujemo na vestima o nekome ko je počinio zločin nakon što je gledao nasilan film. Nakon što je video film, želja da se imitira akcija u filmu, ili „želja očiju" ga je uznemirila, izazivajući počinjenje zločina.

„Ponos života" je grešna priroda koja izaziva čoveka da želi da se razmeće samim sobom, dok traži sva zadovoljstva sveta. Najčešće ljudi žele da se razmeću svojim porodičnim imenom, obrazovanjem ili sposobnostima. Ali ovakve vrste želja potiču od vladara tame sveta, neprijatelja đavola. Zbog toga će ljudi koji prate telesne želje i traže zadovoljstva ovog sveta, jednog dana primiti Božji sud i susresti se sa večnom smrću.

Sa druge strane, svetlostje suprotnost tami. To je život u istini i predstavlja Božju Reč. Kao što svetlost osvetljava tamu, iako smo nekad živeli u središtu neisitne, kada nas Božja Reč prosvetli o grehu, pravednosti i osudi, mi možemo ići putem istine, života i pravdenosti. Zbog toga je Isus rekao: „Ko ide za Mnom neće hoditi po tami, nego će imati videlo života." On ovime misli, da će ljudi koji napuste tamu i žive na Svetlosti u skladu sa Božjom Reči, u skladu sa Isusovim učenjima, moći da prime večni život.

Svetlost takođe označava miris Hrista. Što više neko napušta tamu i živi više u Svetlosti utoliko će više moći da vodi druge ljude ka Svetlosti i istini (Jevanđelje po Mateju 5:14-15). Kao što leptiri osećaju miris cveća i okupljaju se oko njih, ljudi koji vole i traže istinu, okupljaće se oko Svetlosti.

Kada je Isus rekao da je On videlo sveta, Fariseji su Ga osudili, govoreći da Njegovo svedočenje nije istinito, jer je On svedočio o Samom Sebi. U to vreme, u Izraelu je svedočenje očevica igralo vrlo važnu ulogu tokom pravnih postupaka. Ako bi svedok bio uhvaćen da lažno svedoči, taj svedok bi morao da dobije kaznu umesto okrivljenog. Eto koliko su istina i odgovornost bile zahtevane od svedoka. Svedok je morao da ima objektivan stav između optuženog i tužioca, tako da je u većini slučajeva, sud priznavao samo svedočenja treće strane. To je rađeno da bi se izvukla samo poštena i verodostojna svedočenja bez ikakve pristrasnosti.

Iz ovog razloga su Fariseji osudili Isusovo svedočenje. Ipak, na početku Isusovog javnog služenja, nije bilo mnogo ljudi koji su poznavali Isusa. Naravno, Jovan Krstitelj je pripremio put za Gospoda, ali ne zadugo, Jovanu je kralj Herod odrubio glavu. Takođe, ovo se desilo pre dolaska Svetog Duha, te nije postojao niko vođen Svetim Duhom da raširi glasine o Isusu. Zbog toga je Isus pokazao da je On Sin Božji, šireći jevanđelje o Nebesima.

Ja ne sudim nikome

„Isus odgovori i reče im: 'Ako Ja svedočim Sam za Sebe istinito je svedočanstvo Moje, jer znam otkuda dođoh i kuda idem; a vi ne znate otkuda dolazim i kuda idem. Vi sudite po telu, Ja ne sudim nikome. I ako sudim Ja, sud je Moj prav; jer nisam Sam, nego Ja i Otac koji Me posla.'" (8:14-16)

Većina ljudi retko čini ono što govori da če učiniti. Tako, kada neko kaže: „Ja sam ovakva vrsta osobe", drugi mu ne veruju, jer pretpostavljaju da je ta osoba slična njima. Da bi testirali verodostojnost druge osobe, ljudi gledaju njegova ili njena postignuća, ili tragove njihovih postupaka iz prošlosti.

Ali Isus je uvek govorio istinu. Nikada nije dodavao ili oduzimao od onoga što je On zaista video. On je rekao ljudima da je On došao od Boga i pokazao im put spasenja. On nije koristio samo Njegove Reči, već je izvodio i znakove i čuda koje ljudski nije bilo moguće izvesti i dokazao je verodostojnost Njegovih Reči. Gde god je išao, pokazali su se dokazi Njegove istinoljubivosti. Kada je opraštao grešnicima, njihove bolesti ili slabosti bile su izlečene, a životi svih koji su ga sreli, zauvek su se promenili. Takođe, Isus je znao odakle je On došao i kuda je On išao. On je znao početak i kraj, poreklo, tok i zaključak svega.

A Fariseji? Oni nisu znali odakle je Isus došao, niti zašto je On došao. Povrh toga, oni su pokušali da razumeju Njegove duhovne poruke njihovom ovozemaljskom logikom i znanjem, tako da jednostavno nisu mogli da razumeju. Zbog toga su oni sami postali sudije i počeli da sude i osuđuju Isusa.

Isus im je rekao tačno u čemu je bio njihov problem. On im je rekao, da su oni sudili na osnovu telesnog. Suditi na osnovu telesnog znači, suditi o nečijem karakteru ili vrednosti na osnovu spoljašnjeg izgleda ili uslova. To znači, doći do zaključka o nečijem karakteru na osnovu njegovog fizičkog izgleda, stvari koje neko poseduje, ili na osnovu onoga što ljudi o njemu govore.

Zbog toga što su jednostavno videli spoljašnje akcije žene

uhvaćene u preljubi, Fariseji su došli do zaključka, da bi je u skladu sa Zakonom trebalo kamenovati. Oni nisu bili zabrinuti o teškoćamakoje je ta žena možda imala, ili u kakvim je okolnostima ili situaciji ona možda bila. Oni su smatrali da su zakoni vredniji od ljudi, a osuđivati je pravednije i vrednije od opraštanja i ljubavi. Isto tako, ljudi telesnog, sve vide zasnovano na njihovoj logici i mišljenju, te zato oni donose pogrešne procene i čine zlo.

Suprotno tome, Isusovo rasuđivanje bilo je istinito. On je Reč koja je postala telo. On je istina sam po sebi. Zbog toga bi On mogao biti, delati ili govoriti ništa drugo do isitnu. Isusovo rasuđivanje je bilo istinsko jer kao što je On rekao: „Jer nisam Sam, nego Ja i Otac koji Me posla." Bog je bio sa Njim. Isus je ovo rekao jer, iako je imao moć da sudi, konačni sudija svega je Bog i samo Bog.

Isus je došao na ovaj svet, ne da bi bio njegov sudija, već da preuzme sve grehe čovečanstva na Sebe i da primi kaznu smrti u ime čovečanstva. Zbog toga što je On morao da nosi krst da bi primio sva proklestva, koja je trebalo da prime grešnici, On nije rekao: „Ja sam jedno sa Bogom, zato je moje rasuđivanje pravedno." Da je On rekao: „Ja sam Bog, zato je moje rasuđivanje ispravno," šta bi se dogodilo? Isus je znao kako bi Jevreji reagovali; zato, da bi sprečio njihovo nerazumevanje ili padanje u iskušenje, On je govorio mudro.

Kad biste znali Mene, znali biste i Oca Mog

„A i u zakonu vašem stoji napisano da je svedočanstvo

dvojice ljudi istinito. Ja sam koji svedočim Sam za
Sebe, i svedoči za Mene Otac koji Me posla.' Tada Mu
govorahu: 'Gde je otac tvoj?' Isus odgovori: 'Ni Mene
znate ni Oca Mog; kad biste znali Mene, znali biste
i Oca Mog.' Ove reči reče Isus kod hazne Božije kad
učaše u crkvi; i niko Ga ne uhvati, jer još ne beše došao
čas Njegov." (8:17-20)

Da bi se sprovelo pravedno suđenje u skladu sa zakonom,
potrebno je dva ili više svedoka (Knjiga Ponovljenog Zakona
17:6, 19:15). Zbog toga je Isus sa znacima i čudima, Sam
svedočio da je On Božji Sin; i pošto je Bog bio Njegov drugi
svedok, On je izjavio da je u skladu sa Zakonom, Njegovo
svedočenje validno.

Kako je Bog bio Isusov svedok? Ako pogledate Jevanđelje po
Mateju, poglavlje 3, tu postoji scena u kojoj Isus izlazi iz vode,
nakon što je kršten. U to vreme, glas sa nebesa je rekao: *„Ovo
je Sin Moj ljubazni koji je po Mojoj volji"* (stih 17). I tokom
Isusovog javnog služenja, Bog je manifestovao mnoga čuda, koja
je samo On mogao da učini, da bi dokazao da je Isus Njegov Sin
i da je sve što je On rekao bila istina.

Ali ne razumejući Isusove Reči, Fariseji su pitali: „Gde
je otac tvoj?" Kada je Isus odgovorio: „Otac koji Me posla,"
Fariseji su pomislili da On govori o Njegovom fizičkom ocu.
Oni nisu poznavali duhovno značenje Isusovih reči, i nisu mogli
da razumeju zašto je Isus nazivao Boga Njegovim „Ocem."

U to vreme, visoki sveštenik i Fariseji su hteli da uhapse
Isusa, čak i u najmanjoj prilici koja bi im se pružila. Ali, iako
je Isus podučavao ljude i pojavljivao se na javnim mestima kao

hram, još uvek se niko nije usuđivao da Ga uhapsi. Ovo je zato, što još uvek nije bilo vreme da On podnosi patnje na krstu. Zbog toga što su sve stvari pod Božjim autoritetom, dok Bog ne dozvoli, niko ne može uhapsiti Isusa.

Proročanstvo o Isusovoj smrti na krstu, Njegovo vaskrsenje i Uzdizanje

„A Isus im opet reče: 'Ja idem, i tražićete Me; i pomrećete u svom grehu; kud Ja idem vi ne možete doći.' Tada rekoše Jevreji: Da se neće Sam ubiti, što govori: 'Kud ja idem vi ne možete doći?'" (8:21-22)

Nakon što je svedočio da je On Sin Božji, Isus je onda rekao nešto sa većom duhovnom dubinom. On im je rekao o Njegovoj smrti na krstu, o Njegovom vaskrsnuću i Njegovom uzdizanju. „Ja idem, i tražićete Me; i pomrećete u svom grehu."

„Vi" se ovde odnosi na Jevreje koji su bili protiv Njega. Oni su iskreno tražili Mesiju, ali iako je Mesija stajao pred njima, oni Ga nisu ni prepoznali! Radije su Ga ismevali, iako je On bio Mesija, misleći da je On sin siromašnog stolara i prijatelj slabih i grešnika.

Zbog toga je Isus rekao: „Ja idem, i tražićete Me; i pomrećete u svom grehu," On je bio vrlo tužan zbog njih (Jevreja), jer su oni išli putem smrti. Kada je Isus rekao da će oni umreti zbog njihovih grehova On im je davao na znanje, da oni ne samo da su bili duhovne neznalice; već su i njihova srca bila ispunjena zavišću i zlom, i zbog toga što su se odrekli Hrista, oni će umreti u središtu bola i očaja.

Isus je takođe rekao: „Kud Ja idem vi ne možete doći," govoreći im o Njegovom uzdizanju nakon smrti na krstu. Ipak, Jevreji ovo nisu razumeli i mislili su da će Isus sam Sebi oduzeti život. Njima je, činjenica da će se Isus, koji je izgledao kao sin siromašnog stolara, uzdići na nebo, bila van dometa njihove mašte. Na isti način, osoba telesnog će nizati pojedinačne spekulacije jednu za drugom.

Ja sam početak kako vam i kažem

„I reče im: 'Vi ste od nižih, Ja sam od viših; vi ste od ovog sveta, Ja nisam od ovog sveta. Tako vam kazah da ćete pomreti u gresima svojim; jer ako ne uzverujete da sam Ja, pomrećete u gresima svojim.' Tada Mu govorahu: 'Ko si ti?' I reče im Isus: 'Početak, kako vam i kažem.'" (8:23-25)

Kada je Isus ovde upotrebio reč „od nižih," On je mislio na zemlju, i „Vi ste od nižih," znači da su oni (Jevreji), rođeni na ovom svetu od telesnih roditelja; i oni su naučili stvari telesnog, koje su sadržane kao znanje. Zato oni nisu mogli da razumeju, niti da poveruju u stvari koje je Isus rekao u vezi sa četvrtom dimenzijom, ili duhovnim svetom. Za razliku od njih, Isus je rođen od viših. Pošto je On bio začet od Svetog Duha kroz Božju moć, od vremena Njegovog rođenja sve je rađeno u Duhu. U Jevanđelju po Jovanu 7:15, Jevreji su pitali: *„Kako ovaj zna knjige, a nije se učio?"* Umesto učenja čoveka, Isus je činio samo u istini i Božjoj Reči, što pokazuje da On nije od ovog sveta.

Kada je Isus rekao: „Jer ako ne uzverujete da sam Ja, pomrećete u gresima svojim," Jevreji su pitali: „Ko si ti?" Na ovo, Isus je zauzvrat rekao: „Početak, kako vam i kažem." Isus je pokušao da ih podseti na ono što im je On sve vreme govorio — da je On Mesija o kome su u Starom Zavetu prorokovali, Jedan koga suJevreji sve ovo vreme čekali.

Pogledajmo sada kako se u Starom Zavetu propoveda o Mesiji i ispitajmo kako je Novi Zavet bio ispunjenje onoga što je o Njemu propovedano.

Ako pogledate u Postanak 3:15, ono kaže: „*I još mećem neprijateljstvo između tebe i žene i između semena tvog i semena njenog; ono će ti na glavu stajati a ti ćeš ga u petu ujedati.*" Ovo je Bog rekao zmiji koja je iskušavala Evu da pojede voće znanja o doborti i zlu. Ovde, zmija predstavlja neprijatelja đavola i Sotonu, a žena predstavlja Izrael. Ovo je proročanstvo koje govori da će se Mesija roditi u Izraelu i da će pobediti neprijatelja đavola. Tačno to se i dogodilo (Poslanica Galaćanima 4:4-5). Isus Hrist, od roda žene, rođen je u narodu Izraela. On je razbio moć nad smrću, što je bilo pod vlašću neprijatelja đavola i Sotone, i vaskrsnuo iz mrtvih i na taj način On je konačno ispunio Božji plan spasenja.

Takođe, kao što je zapisano u Isaiji 7:14: „*Zato će vam sam Gospod dati znak: Eto devojka će zatrudneti i rodiće Sina, i nadenuće Mu ime Emanuilo,*" Isus je rođen od device Marije. Povrh svega, kao što jezapisano u Jeremiji 31:15,kralj Herod prolioje krv mnoge dece u vreme Isusovog Rođenja (Jevanđelje po Mateju 2:16).

Činjenica da je Isus mogao da izvodi mnoge znakoveda bi pokazao Božju moć, je zapisana u Isaiji 35:5-6, čak i činjenica da će Juda Iskariotski prodati Isusa za trideset srebrnjaka, propovedana je u Zahariji 11:12. I Isusovo vaskrsnuće i uzdizanje su takođe propovedani u drugim delovima Biblije (Psalmi 16:10, 68:18).

Prema tome, istorija potvrđuje da su se sva proročanstva o Isusu dogodila upravo onako kao su ona govorilada će se dogoditi. Čitajući samo nekoliko stihova iz Biblije, daje nam se na znanje i verovanje da je Isus Spasitelj kojije došao da spasi čovečanstvo. Kao Mesija, Isus je znao čak i ono što je bilo u najdubljim delovima srcaJevreja. Zbog toga je On mogao da im sudi istinom. Ipak, On ih nije osuđivao zlim osećanjima. Umesto toga, On je činio sve što je mogaoda ih povede ka istini.

Onaj koji Me posla sa Mnom je

„'Mnogo imam za vas govoriti i suditi; ali Onaj koji Me posla istinit je, i ja ono govorim svetu što čuh od Njega.' Ne razumeše, dakle, da im govoraše za Oca. A Isus im reče: 'Kad podignete Sina čovečijeg, onda ćete doznati da Sam Ja, i da ništa Sam od sebe ne činim; nego kako Me nauči Otac Moj onako govorim. I Onaj koji Me posla sa Mnom je; ne ostavi Otac Mene samog; jer Ja svagda činim šta je Njemu ugodno.' Kad ovo govoraše, mnogi Ga verovaše." (8:26-30)

„Onaj koji Me posla," odnosi se na Boga i „ono što čuh od Njega," odnosi se na istinu. Ipak, Jevreji nisu shvatali da je osoba o kojoj je Isus govorio Bog Otac. Da bi podelio istinu najbolje što je On mogao i da bi spasio makar još jednu dušu, postojala su vremena kada je Isus propovedao o jevanđelju o Nebesima, bez da je uopšte jeo i spavao. On je uvek činio ono što je Bogu bilo bogougodno; i zbog toga Ga Bog nikad nije napustio.

Ono što je Bogu bilo bogougodno u Isusu, bilo je to što je On sebe potpuno povinovao i potpuno se predao Božjoj volji u svemu što je činio. Ovo je takođe razlog zbog kog je mnogo ljudi verovalo i pratilo Isusa, sa izuzetkom fariseja i sadukeja koji su imali zla srca.

Sloboda u istini

Istina se, prema svetu menjala, a menjala se u skladu sa promenom vremena i okolnosti. Nekada su ljudi smatrali da je geocentrična teorija tačna. Ali sa napretkom nauke, heliocentrična teorija je postala istina. Postoji i istina koja se ne menja. A ta istina je Božja Reč. Znati ovu istinu ne znači samo učiti i poznavati Božju Reč; već takođe znači razumeti Božju volju, odbaciti zlo i činiti u istini.

Iskrena sloboda: Spoznaja istine će vam dati slobodu

„Tada Isus govoraše onim Jevrejima koji Mu verovaše: 'Ako vi ostanete na Mojoj besedi, zaista ćete biti učenici Moji; i poznaćete istinu, i istina će vas

izbaviti.'" (8:31-32)

Jevreji su mislili da dokle god se povinuju Zakonu, biće priznati kao Božji ljudi i primiće spasenje. Ali oni nisu odbacili zlo iz srca. Zato im je Isus rekao: „Ako vi ostanete na Mojoj besedi, zaista ćete biti učenici Moji," dajući im do znanja šta je istinsko spasenje. Spasenje je jedino moguće ako neko veruje u Isusa Hrista. Kada verujemo u Isusa Hrista, oprostiće nam se naši gresi, a kada delamo u skladu sa istinom, postajemo istinski učenici Gospoda i možemo otići na Nebesa.

„Ako vi ostanete na Mojoj besedi" označava ljubav, molitvu, odbacivanje zavisti, ljubomore, mržnje itd., u skladu sa Rečju; i znači povinovati se zapovestima. Samo kada se povinujemo Isusu, tražeći istinu i delajući u svetlosti, možemo postati istinski učenik Isusov i reći da zaista „znamo istinu." Postavljajući Božju Reč na njihove dovratnike i kapije i vezivajući Njegovu Reč za njihove zglobove, da bi meditirali i povinovali im se i danju i noću, Jevreji su se hvalili da znaju istinu. Oni su se povinovali Zakonu, ali nisu zaista razumeli Božju volju.

Fizički se povinovati Božjim Zakonima bez istinskog razumevanja Božje dobre i savršene volje sadržane u tim Zakonima je, kao da se odbaci žito a jede ljuska. Na primer, zbog toga što Jevreji nisu poznavali Božju volju da se čoveku da dan Sabata, oni su osudili Isusa zbog činjenja dobrog dela na dan Sabata. Oni se nisu povinovali Zakonima sa radošću. Oni su se povinovali zakonima zbog osećaja dužnosti, ili zbog straha da će biti kažnjeni ako im se ne povinuju. Njihovi načini života su bili vezani za stare običaje i tradiciju koji su im prenošeni od predaka. Koliko li je Isus bio tužan, znajući sve ovo! Zbog toga im je rekao: „I poznaćete istinu, i istina će vas izbaviti.“

U toku svakodnevnog života, niko ne pamti svaki kriterijum svakog zakona i ne proverava svaki put da li je u saglasnosti sa Zakonom svaki njegov korak koji učini. Ljudi obično žive prirodno povinujući se zakonu. Dokle god nas Zakon ne ograničava i mi živimo slobodno. Isto je isa našim duhovnim životima. Kada u našim srcima postoji neistina, ona ograničava našu slobodu i mi nastavljamo da živimo kao robovi greha. Koliko god imali zla u našim srcima, toliko se protivimo Božjoj Reči, te se moramo preispitivati šta je u nama samima. Koliko bi bilo teško pitati se da li je nešto greh ili nije, pre svakog koraka? Ipak, ako odbacimo neistinu iz naših srca i ispunimo ga istinom, onda iako ne dovodimo u pitanje svaki Zakon i detalj, mi nismo osuđeni.

Kao što neko, ko se ističe povinovanjem Zakonima, nikad nije ograničen Zakonima, kada se mi povinujemo Božjoj Reči, istina nas oslobađa. Ako ne mrzimo, ako ne zavidimo, ako nismo ljubomorni ili u neskladu, ako ne posrnemo u kakvim god okolnostima i ako smo u miru sa svima, onda u našim životima postoji istinski mir i mi možemo biti radosni. Ovo znači steći slobodu, spoznajući istinu.

Svaki koji čini greh rob je grehu

„Odgovoriše i rekoše Mu: Mi smo seme Avraamovo, i nikome nismo robovali nikad; kako Ti govoriš ’da ćemo se izbaviti?’ Isus im odgovori: ’Zaista, zaista vam kažem da je svaki koji čini greh rob grehu. A rob ne ostaje u kući vavek, Sin ostaje vavek. Ako vas, dakle, Sin izbavi, zaista ćete biti izbavljeni.'" (8:33-36)

Isus je govorio, da je živeti u radosti i sreći kada se živi u istini, „sloboda" u duhovnom smislu. Ali Jevreji su ovo bukvalno shvatili i mislili su da On govori o tome da neko postane nečiji rob i da se onda oslobodi. Zbog toga su oni ishitreno rekli, da oni kao Avraamovi potomci, nikome nisu robovali.

Na ovo, Isus je odgovorio: „Svaki koji čini greh rob je grehu" i On im je stavio na znanje da su oni grešnici. Ali zašto mi postajemo robovi grehu? Postoji duhovni poredak koji kaže: „*sluge ste onog koga slušate*" (Poslanica Rimljanima 6:16). Ako se povinujemo neprijatelju đavolu i Sotoni, koji je nadzornik greha, i počinimo greh, onda mi postajemo robovi đavola i Sotone i robovi greha.

Robovi se moraju potčiniti svom gospodaru. Čak i ako su kupljeni i prodati kao životinje, oni se ne mogu odupreti. I usled optužbi neprijatelja đavola i Sotone, robovi gresima doživljavaju mnogo problema i bolest se uvlači u njihove živote. Onda konačno, zbog toga što su nagrade za greh smrt, oni završavaju u Paklu, gde vatra nikad ne umire.

Sa druge strane, sin gospodara uživa u svim dobrim stvarima sa svojim ocem i kasnije dobija svoje nasledstvo. Kada se oslobodimo robovanju greha i postanemo Božje dete, ne samo da dobijamo da nastavimo slobodan život u ljubavi prema Bogu i Ocu, koji želi da nam da sve dobre stvari, već takođe dobijamo i Nebesa kao naše nasleđe.

Do ovog trenutka, Isus nije direktno otkrio ko je On bio. Isus je znao da, ako bi ljudima rekao da je On došao na ovaj svet kao Božji Sin, postojao bi neko, ko bi ili pao u iskušenje ili Ga optužio; a On nije imao razloga da podstakne ovakvu vrstu mešanja. U ovom delu teksta, On otvoreno govori svima da je On taj koji daje slobodu i da je On Božji Sin. Zašto je On ovo uradio? On je ovo uradio zbog toga, što među onima koji su Ga slušali u to vreme, mnogi su postali vernici.

Da bi spasio čitavo čovečanstvo od greha, Isus je umro na krstu i poražavajući moć smrti, On je vaskrsnuo. Kao što je zapisano u Poslanici Rimljanima 8:1-2, zbog toga što nas je Isus oslobodio Zakona greha i smrti, dokle god smo u Isusu Hristu, mi više ne stojimo optuženi, već imamo istinsku slobodu.

Kad biste vi bili deca Avraamova

„Znam da ste seme Avraamovo; ali gledate da Me ubijete, jer Moja beseda ne može u vas da stane. Ja govorim šta videh od Oca Svog; i vi tako činite šta videste od oca svog. Odgovoriše i rekoše Mu: 'Otac je naš Avraam.' Isus im reče: 'Kad biste vi bili deca Avraamova, činili biste dela Avraamova. A sad gledate Mene da ubijete, čoveka koji vam istinu kazah koju čuh od Boga; tako Avraam nije činio.'" (8:37-40)

U to vreme, Jevreji su bili veoma ponosni što su potomci Avramovi. Oni takođe nisu mnogo voleli Isusa. Da je tada Isus rekao: „Vi nemate osobine Avramovih potomaka," oni bi postali još nezadovoljniji. Zato je Isus priznao njihov stav govoreći: „Znam da ste seme Avramovo," a onda je On nastavio da ih podučava. Govorivši: „A sad gledate Mene da ubijete, čoveka koji vam istinu kazah koju čuh od Boga,“ Isus je pokušao da im pomogne da se sami odvrate od pogrešnog puta.

Umesto da je bio direktan, Isus je koristio indirektan pristup da istakne njihova zlodela; i dok je to činio, On im je stavio na znanje da su sve Njegove Reči došle od Boga (Jevanđelje po Jovanu 5:19-20, 12:49). Onda im je On rekao da su oni činili stvari koje su došle od neprijatelja đavola i Sotone. Ipak, oni su odgovorili: „Otac je naš Avram.“

Jevreji su se po spoljašnjosti ponašali sveto i čisto, da bi izgledali čestito pred ljudima, ali duboko u njihovim srcima, oni su bili ispunjeni hvalisavošću, bezakonjem, pohlepom i razvratom. Avram je pokazao potpunu pokornost Božjoj Reči i pratio je Božje vođstvo—do tačke dok je nazvan prijateljem Boga. On je davao do trenutka kada je svom nećaku, Lotu, dao bolju zemlju, dozvolivši mu da prvi izabere. A kada su Sodoma i Gomora bile na ivici uništenja, On je tražio od Boga milost; založivši se za ljude koji su tamo živeli. On je bio čovek istinske vere, koji je čak bio voljan da žrtvuje i svog sina Isaka, koga je izrodio kada je imao sto godina, kada ga je Bog tražio.

Ako su Jevreji bili toliko ponosni na takvog pretka, oni su trebali da pokušaju da prate njegova dela. Oni su nazivali Avrama svojim „ocem,“ a ipak su pokušavali da ubiju Isusa, koji im je govorio istinu koju je čuo od Boga Oca. Isus je pokušavao da pokaže Jevrejima ovu kontradiktornu sliku o njima.

Kad bi Bog bio vaš Otac

„Vi činite dela oca svog. Tada Mu rekoše: 'Mi nismo rođeni od kurvarstva: jednog Oca imamo. Boga.' A Isus im reče: 'Kad bi Bog bio vaš Otac, ljubili biste Mene; jer Ja od Boga iziđoh i dođoh; jer ne dođoh Sam od Sebe, nego Me On posla.'" (8:41-42)

Ovde, reč „otac" doslovno znači roditelj, ali duhovno, ona znači đavo. Gospodar posrnulog čoveka je neprijatelj đavo. 1. Jovanova Poslanica 3:8 govori: *„Koji tvori greh od đavola je, jer đavo greši od početka. Zato se javi Sin Božji da raskopa dela đavolja."* „Dela đavolja" se odnosi na sve različite veličine i oblike zla koji nastaju kao rezultat greha. Ljudi od Boga se raduju kada vide da je nešto ispravno i oni sa radošću prate ono što je ispravno. Ipak, Jevreji su pokušavali da ubiju Isusa i zbog toga je Isus rekao da su činili dela đavolja.

Jevreji su se branili govoreći: „Mi nismo rođeni od kurvarstva: jednog Oca imamo. Boga." Jevreji su pod „kurvarstvom" podrazumevali klanjanje drugim bogovima i bogosluženje lažnim idolima. Ako pogledamo Stari Zavet, gde god postoji upozorenje na bogosluženje lažnim idolima, koriste se reči „kurvarstvo" ili „prostitucija" (Sudije 2:17; Jezekilj 23:30). Zbog toga što su Jevreji bili uvereni da su živeli u strogoj privrženosti Zakonima, za razliku od ovih predaka koji su se protivili Bogu, oni su odvažno nazivali Boga njihovim „Ocem."

Onda ih je Isus naučio šta bi trebalo da čine da bi mogli istinski da nazivaju Boga svojim „Ocem." Isus je rekao: „Kad bi

Bog bio vaš Otac, ljubili biste Mene." Zašto je Isus to rekao? Zato što je Bog poslao Isusa. Ljudi koji istinski vole Boga ne povinuju se zakonima iz formalnosti, već se povinuju sa istinskom željom da se povinuju Bogu iz centara njihovih srca. Zbog toga što imaju dobrotu u njihovim srcima, ljudi kao što su ovi, prepoznali su Isusa koji je došao kao Hrist (Jevanđelje po Luki 2:25-38). Jevreji su se povinovali zakonima, ali zbog toga što su to činili iz formalnosti i nisu odbacili nikakvo zlo iz njihovih srca, iako je Isus bio pred njihovim očima, oni Ga nisu prepoznali.

Zašto ne razumete?

„Zašto ne razumete govor Moj? Jer ne možete reči Moje da slušate. Vaš je otac đavo; i slasti oca svog hoćete da činite. On je krvnik ljudski od početka, i ne stoji na istini; jer nema istine u njemu. Kad govori laž, svoje govori: jer je laža i otac laži." (8:43-44)

Jevreji su tako postavili svoje teorije i mišljenja da nisu ni hteli da slušaju Isusove Reči. Iako su potvrdili da Božja moć deluje kroz Isusa, oni je nisu priznali, iako im je Isus rekao da je On Hrist, oni Mu nisu verovali. Ako im nije išlo u korist, oni nisu hteli to da prihvate, iako je to bilo ispravno. Da su imali sebičnu želju za nečim što bi im koristilo, oni bi učinili sve što je u njihovoj moći da bi to dobili, zanemarujući ono što bi se desilo drugim ljudima. Isus ih je podučio da je ovo usled sebičnih želja koje su došle od đavola.

Reči „krvnik ljudski od početka" i „lažov," jasno ukazuju na neprijatelja đavola i osobine Sotone. Neprijatelj đavo i Sotona namamili su zmiju da upotrebi lukave laži da zavede Evu da se ogluši o Božju Reč. Sotona je udahnuo požudu za telesnim, požudu očiju i ponos ovog života u čoveka. Sotona je takođe potpalio Kajinovu ljubomoru, koja je na kraju dovela do ubistva njegovog mlađeg brata. Od tada pa nadalje, Sotona je nastavio da iskušava ljude da postanu pokvareni grehom. Jevreji su mislili za sebe da su oni imali snažnu veru u Boga, a Isusa su zanemarivali kao lažova jer je tvrdio da je Božji Sin. Zbog toga je Isus koristio reči istine, da bi razotkrio njihova unutrašnja srca. On im je pomogao da vide činjenicu, da zato što su bili ispunjeni lažima i sebičnim željama, koje su ih izazivale da traže samo stvari koje bi njima koristile, da su oni od đavola.

Koji Me od vas kori za greh?

„A Meni ne verujete, jer ja istinu govorim. Koji Me od vas kori za greh? Ako li istinu govorim, zašto Mi vi ne verujete? Ko je od Boga reči Božije sluša; zato vi ne slušate, jer niste od Boga.“ (8:45-47)

Osoba od istine prepoznaje iskrenost druge osobe i veruje joj. Razlog zašto Jevreji nisu verovali Isusu iako je On govorio istinu, je taj što oni sami nisu bili isitinoljubivi. Kad god su imali pirliku, da bi osudili Isusa, visoki sveštenik, sveštenici i Fariseji, testirali su Ga postavljajući Mu lukava pitanja. Ali svaki put, oni su padali u frustrirajuće situacije u kojima nisu mogli da pronađu dobar odgovor na Isusove reči istine. Na ovo Isus im je odgovorio: „Ako li istinu govorim, zašto Mi vi ne verujete?"

Osoba od Boga veruje u Božju Reč i dela u dobroti. 1. Jovanova Poslanica 4:7 govori: *„Jer je ljubav od Boga. "* Pored ljubavi, osobine kao što su dobrota, pravednost, isitna, vera itd., su takođe od Boga. Bog je uvek u svetlu. On je takođe dobar i pravedan. Kada ljudi od Boga dođu pred Njega, oni se promene. Ali ljubav, dobrota i pravednost se nisu mogle naći kod Jevreja. Činjenica da nisu verovali Isusu, koji je govorio istinu, dokazuje da oni nisu bili od Boga.

Jevreji pokušavaju da kamenuju Isusa

Jedna vrsta javnog pogubljenja, koju su Jevreji tada korisitili, bila je kamenovanje. Prema Zakonu, bilo je sedamnaest zločina za koje je kao kazna primenjivano kamenovanje; neka od njih su bila skrnavljenje, povinovanje idolima, nepoštovanje Subote, vračanje, preljuba itd. Ne razumejući Isusove Reči, Oni su smatrali da je On kriv za skrnavljenje. Tako da oni su mislili da su mogli da kamenuju Isusa u skladu sa zakonom.

U Meni đavola nema

„Tada odgovoriše Jevreji i rekoše Mu: 'Ne govorimo li mi pravo da si Ti Samarjanin, i da je đavo u Tebi.' Isus odgovori: 'U Meni đavola nema, nego poštujem Oca

Svog; a vi Mene sramotite. A Ja ne tražim slave Svoje;
ima koji traži i sudi.'" (5:21-50)

Kada je Isus jasno izložio duhovno stanje Jevreja na
otvoreno, oni su počeli da se uvijaju od unutrašnjeg besa. Zato
su uzvratili zlim rečima protiv Isusa: „Ne govorimo li mi pravo
da si Ti Samarjanin, i da je đavo u Tebi?"

Tokom tih dana u jevrejskom društvu, nazvati nekog
„Samarjaninom," bilo je vrlo ponižavajuće. Tipično je, kada
se ljudi međusobno svađaju i kada im emocije uzavreju, da
se nazivaju imenima za koja u svom svakodnevnom životu
inače misle da su loša ili negativna. Neki ljudi govore: „Ti
si pas!", ili „Ti si podlac!" Sada kada su Jevreji Isusa nazvali
„Samarjaninom", to je bio isti slučaj.

Povrh svega toga, oni su optužili Isusa da je „đavo u Njemu."
Ovo pokazuje, da je zlo u njihovim srcima dostiglo svoj
maksimum. Ali na njihove zle komentare, Isus je samo rekao:
„U Meni đavola nema, nego poštujem Oca Svog; a vi Mene
sramotite." On ih je učio, da sve što je On učinio, On je učinio
sa srcem koje poštuje Oca, a ne sa srcem koje traži Njegovu
sopstvenu slavu.

Kao što je bilo potrebno, bila su vremena kada je Isus
pokazao da je On Božji Sin i bila su vremena kada je On
oprostio grehe. Videvši ovo, Jevreji su Ga zamenili sa nekim ko
je tražio Njegovu sopstvenu slavu. Zbog toga je On rekao: „A
Ja ne tražim slave Svoje." A kada je rekao: „Ima koji traži i sudi,"
to znači da kada Isus traži Božju slavu, Bog takođe slavi Isusa.

Ko se Ti sam gradiš?

„'Zaista, zaista vam kažem, ko održi reč Moju neće videti smrt doveka.' Tada Mu rekoše Jevreji: „Sad videsmo da je đavo u Tebi. Avraam umre i proroci, a Ti govoriš: 'Ko održi reč Moju neće okusiti smrt doveka.' Eda li si Ti veći od oca našeg Avraama, koji umre? I proroci pomreše; ko se Ti sam gradiš?" (8:51-53)

Voditi se Isusovom Rečju utiče na to da li naši duhovi žive ili umiru. Ako verujemo u Isusa, koji je vaskrsnuće i život, i ako živimo u skaldu sa Njegovom Rečju, mi primamo večni život i živimo večno u Raju (Jevanđelje po Jovanu 11:25-26). Zbog toga je Isus rekao: „Zaista, zaista vam kažem, ko održi reč Moju neće videti smrt doveka."

Jevreji nisu imali pojma šta je ovo značilo. I ponovo su uporedili Isusa sa Avraamom i onda Ga optužili da je u Njemu đavo. Oni su rekli: „Ti kažeš: 'Zaista, zaista vam kažem, ko održi reč Moju neće videti smrt doveka.'" E da li si Ti veći od oca našeg Avrama, koji umre?" I proroci pomreše; ko se Ti sam gradiš?" Da, ovi Jevreji su bili potomci Avraama, ali Bog ih nije priznavao. Bog ne priznaje nekog na osnovu njegove krvne linije ili pukog povinovanja zakonima. On priznaje one ljude koji zapravo žive u pravednosti sa istinskom verom (Posalnica Rimljanima 4:13, 16).

Otac je Moj koji Me slavi

„Isus odgovori: 'Ako se Ja Sam slavim, slava je Moja

ništa; Otac je Moj koji Me slavi, za kog vi govorite da je vaš Bog;' I ne poznajete Ga, a ja Ga znam; i ako kažem da Ga ne znam biću laža kao vi, nego Ga znam, i reč Njegovu držim." (8:54-55)

Oni koji se hvališu sobom ili se razmeću, teško zadobiju poverenje onih oko njih. Ljudi često misle da oni ili preuveličavaju ili da lažu. Zbog toga je Isus takođe rekao: „Ako se Ja Sam slavim, slava je Moja ništa," i otkrio je da je Bog Onaj koji Njega slavi. Ali kada je ovo rekao, On nije Boga nazvao samo „Bog" već „Moj Otac," „za kog vi govorite da je „vaš Bog."

Jevreji su tada bili veoma ljuti na Isusa i smatrali su Ga za nekog ko nije imao nikakve veze sa Bogom; i insistirali su na tome da Ga je zaposeo đavo. Oni su osetili krizu i bili su spremni da Mu direktno prete.

Da se u ovoj situaciji Isus uplašio, ustuknuo i rekao: „Ja ne poznajem Boga," onda bi On postao lažov, kao i oni. Ali nije bilo šanse da Isus—koji je Sam Bog—nije poznavao Boga. I kao poslednja potvrda da je Njegova Reč istina, On je rekao: „Nego Ga znam, i reč Njegovu držim." Sada je Isus objašnjavao ono što je želeo da kaže na jasan i svrsishodan način.

Jevreji pokušavaju da kamenuju Isusa

„'Avraam, otac vaš, bio je rad da vidi dan Moj; i vide, i obradova se.' Tada Mu rekoše Jevreji: 'Još ti nema pedeset godina, i Avraama li Si video?' A Isus im reče: 'Zaista, zaista vam kažem, Ja sam pre nego se Avraam rodio.' Tada uzeše kamenje da bace na Nj; a Isus se sakri, i izađe iz crkve prošavši između njih i otide tako." (8:56-59)

Pošto su Jevreji govorili o Avramu, Isus je pokušao da se poveže sa njima govoreći o Avraamu takođe. U Postanku 22:18, Bog je napravio savez sa Avramom, govoreći: *„I blagosloviće se u semenu tvom svi narodi na zemlji, kad si poslušao glas moj."* Ali naslednik Avramov nije po krvnoj liniji ili po Zakonu, već po pravdenosti vere (Posalnica Rimljanima 4:13). Tako, da bi ovo ispunio, Isus je morao da ispuni plan spasenja.

Avram, koji je sa Bogom vodio duboke razgovore, znao je da će dogovor koji je On primio od Njega, biti ispunjen mnogo kasnije nakon njegovog života, kroz Isusa Hrista. Naravno da se on radovao i žudeo za dolaskom Isusovim! Ipak, Jevrejima, koji nisu imali znanja o duhovnom svetu, ovo je bilo neverovatno! Tako su oni pitali kako je moguće da je osoba, koja još nema pedeset godina, videla Avrama, koji je živeo pre 2000 godina.

Na ovo, Isus je odgovorio: „Zaista, zaista vam kažem, Ja sam pre nego se Avram rodio." Ovo je istina. Iako se Isus rodio u telu dve hiljade godina posle Avrama, duhovno, On je postojao mnogo pre. Ovo je zato što je Isus bio sa Bogom od samog početka vremena. Tako im je Isus samo govorio istinu onakva kakva je, ali Jevreji više nisu mogli da zadrže svoj bes i podigli su kamenje da ga bace na Isusa. Oni su postali srditi i pokušali su da Ga ubiju jer su pogrešno razumeli Njegove duhovne Reči. Ali zbog toga što Njegovo vreme još uvek nije bilo došlo, Isus je otišao iz hrama da bi izbegao ove ljude, pune zlobe.

Poglavlje 9

Isus isceljuje slepog čoveka

1. Idi umij se u banji siloamskoj
   (9:1-12)

2. Slepac koji je isceljen i Fariseji
   (9:13-34)

3. Biti duhovno slep
   (9:35-41)

Idi umij se u banji siloamskoj

U Bibliji ima ljudi čiji se život preokrenuo za 180 stepeni nakon što su upoznali Isusa. Pored dvanaest učenika, tu je bila žena koja je patila od krvarenja dvanaest godina i slepi prosjak Vartimej. Još jedan koji je bio promenjen je čovek koji je bio slep od rođenja.

Uzrok bolesti

„I prolazeći vide čoveka slepog od rođenja. I zapitaše Ga učenici Njegovi govoreći: 'Ravi, ko sagreši, ili ovaj ili roditelji njegovi, te se rodi slep?'" (Jevanđelje po Jovanu 9:1-2)

Jednog dana, Isus je šetao i sreo je slepog čoveka. Ovaj je bio slep od rođenja. Pošto je poticao iz siromašne porodice, on je iz dana u dan živeo kao prosjak. Videvši ga, učenici su bili radoznali i pitali su Isusa: „Ravi, ko sagreši, ili ovaj ili roditelji njegovi, te se rodi slep?“ Svaki put kad je Isus lečio bolesne, bogalje ili demonom zaposednute, On je spominjao nešto o grehu. Kada je izlečio čoveka u banji Vitsaidi, koji je bio bogalj 38 godina, On mu je rekao da ne greši više. Kada je lečio paralizovane, On je govorio: *„Opraštaju ti se gresi tvoji“* (Jevanđelje po Marku 2:5). Mi znamo iz 2. poglavlja Jevanđelja po Marku da je Isus prvo rešavao problem greha. Tako su kroz ove događaje, učenici naučili da su bolesti, slabosti i invalidnost dolazili kao rezultat greha.

„Bolest“ jeprema Bibliji abnormalnost u telu koja razboljeva telo, najčešće uzrokovana otrovom ili nekom vrstom virusa. „Slabost“ i „invalidnost“ znači da telo ne može da obavlja normalne aktivnosti, zbog toga što je organ u telu paralizovan ili onesposobljen, usled greške koju je počinila osoba ili njen roditelj, ili je nezgoda. Ovakve vrste invalidnosti se kategorišu kao urođene ili stečene. U knjizi Ponovljenog Zakona u poglavlju 28, izneseno je nekoliko tipova kletvi koje mogu zadesiti neku osobu, ako se ona ne povinuje Božjoj Reči, ako ne sledi Njegove zapovesti i odredbe. Ovo je zato što kad osoba zgreši, neprijatelj đavo i Sotona podnose optužbe nad njim kao rezultat greha.

Stihovi koji slede daju sveobuhvatnu definiciju greha prema Bibliji: *„a šta god nije po veri greh je“* (Poslanica Rimljanima 14:23); *„jer koji zna dobro činiti i ne čini, greh mu je“*

(Jakovljeva Poslanica 4:17); i „*Jer dobro što hoću ne činim,
nego zlo što neću ono činim. A kad činim ono što neću, već Ja
to ne činim nego greh koji živi u Meni*" (Poslanica Rimljanima
7:19-20). A greh uključuje „dela mesa" (Poslanica Galaćanima
5:19-21) i „stvari mesa" (Poslanica Rimljanima 8:5-6).

Onda, da li je bolest uvek uzrokovna grehom? Ne uvek. Kao
i pitanje učenika, ima mnogo razloga kada je bolest uzrokovna
grehom koji ide protiv Boga, ali takođe ima i izuzetaka.

Ima slučajeva kada se osoba razboli nakon što je pojela
pokvarenu hranu, ili usled preopterećenja tela bez ostvarivanja
opreza ili samokontrole. Bolesti takođe mogu nastati kao
rezultat anksioznosti, psihičkog stresa ili zaposednutosti
demonom usled pokoravanja Sotoni. Ima i retkih slučajeva kada
sperma ili jajna ćelija sa defektom, postane oplođena.

Ali najveći broj bolesti ili urođenih invaliditeta nastaju
zbog same osobe ili njenog roditelja, i/ili njenih predaka koji
su počinili idiopoklonstvo i/ili mnoge druge grehe. Ipak,
slučaj ovog slepog čoveka je bio redak. Slepilo čoveka nije bilo
prouzrokovano nekim grehom, već zbog Božje slave koja će se
otkriti kroz njega.

Zašto je bio slep od rođenja?

„Isus odgovori: Ni on sagreši ni roditelji njegovi,
nego da se jave dela Božija na njemu." (9:3)

Na pitanje učenika Isus je odgovorio: „Nego da se jave dela

Božja na njemu." Ako ovaj odgovor shvatimo bukvalno, to zvuči kao da je Bog namerno učinio da ovaj čovek bude slep od rođenja. Ipak to nije slučaj. Da li bi Bog, tako pun ljubavi da je žrtvovao Njegovog jedinog jedinorodnog Sina da bi spasio grešnike, namerno nekog oslepeo od rođenja? Nema šanse! Onda, šta je Isus ovde mislio?

U Jevanđelju po Luki u poglavlju 4, postoji scena u kojoj je Isusu predata Knjiga Isaije, koju je On otvorio i pročitao proročanstvo Proroka Isaije. Ovo proročanstvo posredno govori o Isusovoj misiji dolaska na zemlju i kakav će posao On ovde obavljati. I kao što je Isaijino proročanstvo govorilo, Isus je oživljavao mrtve, lečio bolesne, otvarao oči slepima i vraćao moć govora nemima.

Kada je On započeo Njegovu javnu službu, Isus je čitao Sveto Pismo: *„Duh je Gospodnji na Meni; zato Me pomaza da javim jevanđelje siromasima. Posla Me da iscelim skrušene u srcu; da propovedim zarobljenima da će se otpustiti, i slepima da će progledati; da otpustim sužnje, da propovedam prijatnu godinu Gospodnju"* (Jevanđelje po Luki 4:18-19).

Slepi čovek je bio odabran da prikaže Božju slavu. Ali on nije bio odabran bez razloga. Ovaj čovek je došao na ovaj svet kao rezultat defektne sperme i jajne ćelije koja je bila oplođena. Ovo se nije dogodilo zbog greha. Ali zbog ovog hendikepa, on je proveo mnogo dana u nemiru, kojom je zaslužio Božju milost. Njegovo priznanje i dela nakon što je bio izlečen, pokazuju nam zašto je on bio izabran (Jevanđelje po Jovanu 9:17, 27).

„Meni valja raditi dela Onog koji Me posla dok je

dan; doći će noć kad niko ne može raditi. Dok Sam na svetu videlo Sam svetu." (9:4-5)

Biblija ima mnogo ilustracija u kojima koristi noć i dan. 1. Solunjanima Poslanica 5:5 kaže: *"Jer ste vi svi sinovi videla i sinovi dana. Nismo noći niti tame."* Poslanica Rimljanima 13:13 kaže: *"Da hodimo pošteno kao po danu: ne u žderanju i pijanstvu, ne u kurvarstvu i nečistoti, ne u svađanju i zavisti."* Tako u skladu sa Biblijom, dan simbolizuje sve što je deo istine, a noć simbolizuje tamu isve što je neistinito.

U retrospektivi, dan simbolizuje normalno vreme za rad. U današnje doba sa napretkom industrije i tehnologije, ipak ima mnogo ljudi koji rade noćne smene. Ali u Isusovo vreme, većina ljudi je radila tokom dana. Tako „dan" označava vreme kada se radi, ili vreme kada se obavlja Božji posao. A „dela onog koji Me posla," odnosi se na duhovni posao davanja slave Bogu i vođenje mnogih ljudi da veruju u Boga.

Tako je Isus izlečio slepog čoveka, dajući slavu Bogu i pomogavši mnogim ljudima da veruju u Boga. Kao što se naš posao završava kada sunce zalazi i sumrak pokriva zemlju, Isus nas je naučio da će kraj vremena doći kad mi više ne možemo obavljati duhovni posao za Boga. Ovde, poslednji dani se odnose na Isusov drugi dolazak.

Dok Sam na svetu videlo Sam svetu." Isus je rekao: „Dok Sam na svetu videlo Sam svetu." On je ovo rekao zato što je On došao na ovaj svet da osvetli tamu (Jevanđelje po Luki 2:32; Jevanđelje po Jovanu 1:4). Kao što svetlost otera tamu, ljudi koji su prepoznali Isusa shvatili su da su oni sami bili grešnici i promenili se. Isus je širio Jevanđelje Nebesa ili Reči istine i izvodio znakove i čuda (Jevanđelje po Mateju 4:23-24). Bolesnima On je postao Svetlost izlečenja, onima koji su patili, On je postao Svetlost mira, a celom svetu, On je postao Svetlost istine, osvetljavajući put do Nebesa.

Isus je od pljuvačke napravio glinu i naneo je na oči čoveka

„Rekavši ovo pljunu na zemlju i načini kao od pljuvačke, i pomaza kalom oči slepome, i reče: 'Idi umij se u banji siloamskoj' (koje znači poslan). Otide, dakle, i umi se, i dođe gledajući." (9:6-7)

Nakon što je Njegove učenike učio istini, On je počeo da leči slepog čoveka. On je pljunuo na zemlju i napravio glinu od pljuvačke i stavio je na oči čoveka. Postoje neki ljudi koji pogrešno misle da je Isus koristio ovozemaljski način da izleči ovog čoveka. Oni misle da je glina bila nekakav lekoviti materijal. Ipak, Isus je čak oživeo mrtvog čoveka samo jednom Njegovom zapovešću. Zašto bi On morao da koristi pomoć u lečenju? A da ne spominjem da glina nema ništa u sebi što bi moglo da izleči nečiji vid! Jedini razlog zbog kog je Isus koristio Njegovu pljuvačku, bio ja da napravi glinu.

A kada je lečio čoveka iz Vitsaide, Isus je zaista pljunuo direktno u čovekove oči (Jevanđelje po Marku 8:22-26). Ovo ima duhovno značenje. Ljudi misle da je pljuvačka prljava. Kada ih neko pljune, oni to smatraju za veliku uvredu. Razlog zbog kog je Isus ovako pljunuo, bio je da bi čovek shvatio da je njegova slabost došla zbog nečistih grehova i prokletstava.

Onda, zašto je Isus napravio glinu od pljuvačke za čoveka koji je bio slep od rođenja i stavio je na njegove oči? Ovo je bilo u skladu sa njegovom verom. Neki ljudi mogu biti ohrabreni samo rečima da imaju snažniju veru, ali nekima se mora dati neki vidljivi dokaz da bi imali snažniju veru.

Zbog toga što ovaj slepi čovek nikada nije mogao da vidi bilo kakve znakove koje je Isus izvodio, njemu je bilo teško da veruje. Znajući ovo, Isus je želeo da ga ohrabri na način koji bi mu pomogao da ima više potpune vere i da bi mu pomogao da se povinuje. Iako on nije mogao da vidi, ako bi osetio nešto na svojim očima, on bi pomislio: „Oh, možda će mi ovo konačno pomoći da progledam," i imao bi snažniju veru.

Slučaj slepog čoveka Vartimeja iz Jerihona je bio malo drugačiji (Jevanđelje po Marku 10:46-52). On je bio izlečen samo Isusovim Rečima. Ovo je bilo zato što su njegovo srce i njegova vera bili kao nijedno drugo. Iako su ga ljudi oko njega korili i govorili mu da bude miran, on je iskreno i još glasnije uzviknuo: „*Isuse, Davidov Sine, smiluj mi se!*" (stih 47). Odbacujući sa strane svoj ogrtač, koji je bio sve što je imao, on je stavio svoju veru u delo i izašao pred Isusa. Kao rezultat, iako Isus nije stavio glinu na njegove oči, njegove oči su se otvorile istog trenutka kada je Isus rekao: „*Idi; tvoja vera te je ozdravila*" (stih 52).

U poređenju sa Vartimejom, ovaj slepi čovek imao je malo vere. Zbog toga je Isus stavio glinu na njegove oči da bi u njemu posadio veću veru i onda je rekao: „Idi umij se u banji siloamskoj." Kada je ovaj poslušao i otišao u banju Siloamsku i umio se, dogodila se neverovatna stvar! Sve se razbristrilo pred njegovim očimai on je mogao da vidi svetlost i divan svet oko njega! To je za njega bio zanosan trenutak i on je osetio kao da je ponovo rođen. On je živeo život u tami bez ikakve nade. Ali kad je sreo Isusa, ceo njegov život se preokrenuo!

Da je on oklevao da ode u banju Siloamsku, ili da je smatrao da je to gnjavaža i da se umio negde drugde, on verovatno ne bi bio izlečen. Eto koliko je važno povinovati se i sprovesti svoju poslušnost u delo (Jevanđelje po Jakovu 2:22). Ako voda duhovno simbolizuje Reč Božju, onda „čin umivanja" simbolizuje veru. Zbog toga što je on prihvatio veru i umio se Rečju, on je otvorio oči i mogao je da progleda.

Priznanje slepog čoveka

„A susedi i koji ga behu videli pre da beše slep govorahu: 'Nije li ovo onaj što seđaše i prošaše?' Jedni govorahu: 'On je;' a drugi: 'Nalik je na nj.' A on govoraše: 'Ja sam.' Tada mu govorahu: 'Kako ti se otvoriše oči?' On odgovori i reče: Čovek koji se zove Isus načini kao, i pomaza oči moje, i reče mi: 'Idi u banju siloamsku i umij se; a kad otidoh i umih se, progledah.' Tada mu rekoše: 'Gde je On?' Reče: 'Ne znam.'" (9:8-12)

Kada je slepi čovek bio izlečen nakon što je sreo Isusa, ljudi oko njega su počeli da govore u začuđenosti. Koliko je veličanstveno bilo da je čovek, koji je čitavog svog života živeo u

tami prosjačeći da bi zaradio za život, povratio svoj vidi nadu u život? Ipak, svi oko njega su pokazivali različite reakcije.

Ljudi koji su govorili: „Ne, on nije onaj koji je bio slep," bili su oni sa zatvorenim umovima. U skladu sa njihovim okvirom uma, nije bilo moguće da slep čovek progleda. Suprotno tome, oni ljudi koji su govorili: „On je," bili su oni sa dobrim srcima, koji su priznali da je on bio izlečen. Mi možemo napraviti razliku u tome koliko dobrote osoba ima u svom srcu, samo na osnovu nekoliko reči koje ona izgovori. Osoba koja je bila slepa postala je zbunjena zbog različitih reakcija koje je primila od ljudi. A ljudima koji nisu verovali on je rekao: „Ja sam," i ponosno se identifikovao.

Čak idanas, kada se Božja moć pokaže, ima ljudi koji pokazuju nesigurnost i pokušavaju da se uvere da je to istina. Očima punim sumnje, oni pokušavaju da pronađu nekakvu obmanu. Jedan po jedan, ljudi su počeli da se okupljaju pitajući: „Kako ti se otvoriše oči?“

Oni nisu pitali samo da bi saznali na koji način je on bio izlečen. Oni su pokušavali da pronađu nešto pogrešno u toj situaciji, jer su u njihovim umovima oni mislili: „Nije moguće da slepac progleda!“ Tako se prirodno, čovek koji je bio izlečen, osećao kao da je nešto zgrešio i počeo je da se oseća uplašeno. Normalno, kada se nađu u ovakvoj situaciji, ljudi lažu ili govore ovo ili ono da bi izbegli sukob ili nekakvo negativno iskustvo. Ipak, ovaj čovek je imao istinsko srce, te je on iskreno objasnio tačno kako je postao izlečen. On je rekao: „Čovek koji se zove Isus načini kao, i pomaza oči moje, i reče mi: 'Idi u banju siloamsku i umij se'; a kad otidoh i umih se, progledah.“

Ali reakcije ljudi nisu bile tako pozitivne. Umesto da se raduju sa njim, oni su pitali gde je Isus. A dan kada je Isus izlečio slepog čoveka, bio je dan Sabata (Jevanđelje po Jovanu 9:14). Jevreji su smatrali da je progledavanje slepog čoveka bio rad i oni su smatrali da je Isus prekršio Sabat. Tek tada je čovek shvatio šta se dešava i misleći da će Isus upasti u nevolju zbog njega, on je brzo rekao ljudima da on ne zna gde je On.

Slepac koji je isceljen i Fariseji

Fariseji su izuzetno cenili Mojsijev Zakon; toliko da su mogli da zapamte svaku reč. Ipak, oni su samo formalno obitavali u Zakonu, a zbog toga što je Isus izlečio bolesnoga na dan Sabata, oni su Ga tretirali kao grešnika. U skladu sa njihovim standardom, da, Isus je prekršio Sabat, ali Isus je činio samo dobra dela, dela koja su vraćala duše u život. I to je bilo zbog toga što je Isus zaista razumeo Božje srce, koji nam je i dao Zakon.

Rasprava Fariseja

„Tada ga povedoše k Farisejima, onog što beše nekad slep. A beše subota kad načini Isus kao i otvori mu oči.

Tada ga opet pitahu i Fariseji kako progleda. A on im reče: 'Kao metnu mi na oči, i umih se i vidim.' Tada govorahu neki od fariseja: 'Nije ovaj čovek od Boga jer ne svetkuje subote.' Drugi govorahu: 'Kako može čovek grešan takva čudesa činiti?' I posta raspra među njima.“ (9:13-16)

Ljudi koji su osećali neprijateljstvo prema Isusu odveli su izlečenog čoveka Farisejima. Oni su imali dokaz da je Isus prekršio Sabat, ali oni sami nisu mogli da Ga unakrsno ispitaju ili da Ga optuže za ovaj prekršaj. Bio im je potreban neko sa sa većim autoritetom i moći. Kada su Fariseji ponovo upitali čoveka kako je progledao, on je ponovo objasnio ceo proces kako je izlečen. Kada ljude pogode ovakva pitanja po drugi put, oni se ustresu i onda ili menjaju iskaz ili daju odgovor sa manje detalja. Ipak, on nije iskrivio istinu. Tako su na kraju, suprotna mišljenja: „Nije ovaj čovek od Boga jer ne svetkuje subote,“ uzrokovala veliku raspravu među Farisejima.

Razlog zbog kog su oni osudili Isusa bio je taj što je u skladu sa formalnošću i procedurama zapisanim u Zakonu, On prekršio Sabat. Kada Fariseji govore o Zakonu, oni govore o prvih pet Knjiga Mojsijevihi tradiciji starijih, koja je prenošena usmeno sa generacije na generaciju. Zbog toga ih je Isus ukorio da su „licemeri“ i „grobovi okrečeni u belo“ (Jevanđelje po Mateju 23:37). Ali sa druge strane, bilo je i ljudi koji su istakli prigovor na argumente svih ostalih.

„Kako može čovek grešan takva čudesa činiti?“ pitali su oni. Među Farisejima je bilo nekoliko ljudi sa dobrotom u njihovim srcima koji su se raspravljali i upitali kako grešnik može da izvodi znake. Da, Isus je prekršio Sabat prema njihovim standardima, ali oni su morali da priznaju da je On učinio nešto što je ljudski nemoguće učiniti.

Jevreji ispituju rodetelje čoveka koji je bio isceljen

„Rekoše, dakle, opet slepcu: 'Šta kažeš ti za Njega što ti otvori oči tvoje?' A on reče: 'Prorok je.' Tada Jevreji ne verovaše za njega da beše slep i progleda, dok ne dozvaše roditelje onog što je progledao, i zapitaše ih govoreći: 'Je li ovo vaš sin za koga vi govorite da se rodi slep? Kako, dakle, sad vidi?'" (9:17-19)

Dok se nastavljala rasprava sa ljudima koji su rezonovali i raspravljali o tome šta je tačno a šta pogrešno, neko je dobacio pitanje čoveku koji je bio izlečen rekavši: „Šta kažeš ti za Njega što ti otvori oči tvoje?"

Sve oči su bile uprte u njega. Zavisno od njegovog odgovora, bes fariseja je mogao još više da poraste ili da splasne. On je odgovorio bez oklevanja.

„Prorok je."

On je verovao da ako ovaj čovek nije od Boga, On ne bi mogao da mu izleči oči. U stvarnosti, Isus nije došao na ovaj svet kao prorok, već kao Mesija ili Hrist, ali on, koji još uvek nije mogao da zna ovu istinu, želeo je da Isusa nazove nekim imenom kojim bi mu učinio najvišu čast i poštovanje.

Ali zbog ovog odgovora, negativna osećanja koja su Fariseji

imali prema Isusu postala su dublja. Iako su jasno čuli odgovor izlečenog čoveka, Jevreji ga nisu prihvatili. Na kraju su pozvali roditelje čoveka i počeli da ih ispituju govoreći: „Je li ovo vaš sin za koga vi govorite da se rodi slep? Kako, dakle, sad vidi?" Njegovi roditelji, koji su iznenada bili pozvani pred fariseje, nisu znali šta da rade. Oni su se plašili da bi moglo nešto loše da im se desi i postali su vrlo nervozni.

„On je veliki, pitajte Njega."

„A roditelji njegovi odgovoriše im i rekoše: 'Znamo da je ovo sin naš i da se rodi slep, a kako sad vidi ne znamo; ili ko mu otvori oči mi ne znamo. On je veliki, pitajte Njega, neka Sam kaže za Sebe.' Ovo rekoše roditelji njegovi, jer se bojahu Jevreja; jer se Jevreji behu dogovorili da bude isključen iz zbornice ko Ga prizna za Hrista. Zato rekoše roditelji njegovi: 'On je veliki, pitajte njega.'" (9:20-23)

Roditelji potvrđuju da je njihov sin rođen slep. Ipak, zbog toga što su se plašili Jevreja, oni nisu mogli iskreno da odgovore, te su izbegli odgovor prebacivši odgovornost na svog sina: „A kako sad vidi ne znamo; ili ko mu otvori oči mi ne znamo. On je veliki, pitajte njega, neka sam kaže za sebe."

Postoji razlog zbog kog su roditelji pokušali da izbegnu odgovor na ovo pitanje. Jevreji su odlučili da će svako ko prizna da je Isus bio Hrist, biti isključen iz sinagoge. „Isključiti nekog iz sinagoge" znači preseći veze te osobe sa sinagogom i izbaciti njega ili nju zbog počinjenja greha.

U zavisnosti od ozbiljnosti greha, postoje tri vrste kazne koju osoba može da dobije.

Prva je kada je osoba ozbiljno ukorena od strane osobe od verskog autoriteta, a zatim lišena svih verskih prava u trajanju od 7-30 dana.

Druga je kada su osobi zabranjena socijalna okupljanja najmanje 30 dana. Ako ova vrsta kazne nema učinka, onda se primenjuje treća vrsta kazne.

Treća vrsta je kada je osoba neograničeno lišena svih verskih privilegija. Kada osoba dobije ovu vrstu kazne, do kraja života biće izolovan i korenjen od ljudi; a mogu biti ugroženi i njegov dom, posao, čak i njegov život.

Tako, „biti isključen iz sinagoge" znači izgubiti sve. Tako je kod roditelja čoveka koji je bio isceljen zavladao strah od mogućnosti da prime ovakvu vrstu kazne. Pritisnuti strašnim rečima Jevreja, oni su ostavili zadatak da odgovori na to pitanje, svom sinu.

Kao roditelji sina koji je bio slep od rođenja, šta mislite kako su se oni osećali? Verovatno su proveli mnogo dana u tuzi i žaljenju zbog svog sina. A sada kada je progledao, oni bi trebalo da budu zahvalni Isusu do kraja njihovih života! Ali čim su shvatili da bi njihovi životi mogli biti u opasnosti, oni su izbegli istinu na kukavički način. Iako je njihov sin bio u situaciji u kojoj bi mogli da ga povrede, oni su prebacili odgovornost na njega. Ovako izgleda telesna ljubav; koja najpre traži korist za samog sebe.

„Već ako i vi hoćete učenici njegovi da budete?"

„Tada, po drugi put dozvaše čoveka koji je bio slep i rekoše mu: 'Daj Bogu slavu; mi znamo da je čovek ovaj grešan.' A on odgovori i reče: 'Je li grešan ne znam; samo znam da ja bejah slep, a sad vidim.' Tada mu opet rekoše: 'Šta ti učini? Kako otvori oči tvoje?' Odgovori im: 'Ja vam već kazah, i ne slušaste; šta ćete opet slušati? Već ako i vi hoćete učenici njegovi da budete?'" (9:24-27)

Kada im roditelji isceljenog čoveka nisu dali odgovor, Fariseji su ponovo pozvali ovog čoveka i rekli mu da da slavu Bogu. Pošto su oni ljudi koji se povinuju Bogu iz generacije u generaciju, naravno da će oni dati slavu Bogu u svakoj prilici. Onda, zašto su Fariseji rekli čoveku da „da slavu Bogu" na tako javan način? Kod njih se u stvari nije radilo o Bogu. Oni su bili zabrinuti da ako ovaj čovek nastavi da slavi Isusa, koga su oni mrzeli, još ljudi će početi da Ga prati.

Fariseji su rekli čoveku da jednostavno da slavu Bogu, jer su oni mislili da je Isus grešnik. Ipak, ovo je suprotno razumu. Kako bi grešnik mogao da otvori oči slepom čoveku i da pri tom slavi Boga? Kako god gledate na to, ovo je jednostavno bilo pogrešno. Iz perspektive isceljenog čoveka, ovi ljudi su mu govorili da je čovek koji ga je iscelio i podario mu nov život, bio grešnik, onda, koliko li je ova cela situacija bila zagušujuća! Tako je čovek pokušao da im indirektno kaže da je Isus bio čovek od Boga: „Je li grešan ne znam; samo znam da ja bejah slep, a sad vidim."

Umesto da se suprotstavi ljudima koji su Isusa nazivali grešnikom govoreći: „Ne, On nije," čovek je istakao istinu, koja je poslužila kao jasniji i učinkovitiji argument. Ovaj čovek se nije zašitio od proganjanja ili pretnji. On je imao istinsko srce, te on nije zaboravio milost koju je primio. Zbog toga, iako on nije tražio od Isusa da mu učini da progleda, Isus je došao k njemu i iscelio ga.

Kada Fariseji nisu dobili odgovor kakav su hteli, umesto da se okanu svojih zlokobnih motiva, oni su nastavili, da bi pronašli neki način da optuže Isusa da je bio grešnik. Zato su nastavili da ispituju čoveka: „Šta ti učini? Kako otvori oči tvoje?"

Ova pitanja nisu bila pitanja koja su tražila istinu. Ova pitanja su dolazila od farisejevih zlih namera. Pošto oni nisu verovali ni u kakvo delo povezano sa Isusom, oni su želeli da pronađu neki razlog da se suoče sa Isusom. Ali čovek koji je bio isceljen od svog slepila nije izbegavao, niti se zamorio od odgovaranja na ova dvosmislena pitanja: „Ja vam već kazah, i ne slušaste; šta ćete opet slušati? Već ako i vi hoćete učenici njegovi da budete?"

Čovek se pitao: „Rekao sam im sve. To bi trebalo da je dovoljno da im pomogne da razumeju. Pitam se zašto me ponovo ispituju?" On nije mogao da shvati njihove namere, te je on mislio da možda i oni žele da postanu Isusovi učenici. Zbog toga što je imao dobro srce, on je njihova podmukla pitanja shvatio na pozitivan način.

Fariseji grde slepog čoveka koji je isceljen

„A oni ga ukoriše, i rekoše mu: 'Ti si učenik Njegov, a mi smo učenici Mojsijevi. Mi znamo da s Mojsijem govori Bog; a ovog ne znamo otkuda je.' A čovek odgovori i reče im: 'To i jeste za čudo što vi ne znate otkud je, a On otvori oči moje.'" (9:28-30)

Ljubazne reči isceljenog čoveka na kraju podstakoše još veću ljutnju među Farisejima. Oni su podigli svoj glas govoreći: „Ti si učenik Njegov, a mi smo učenici Mojsijevi. Mi znamo da s Mojsijem govori Bog; a ovog ne znamo otkuda je."

Na površini, Fariseji su podučavali Mojsijev zakon, tako da su mogli da se raspravljaju da su oni bili Mojsijevi učenici. Ipak, oni se nisu povinovali Zakonu u njihovim srcima. Da su bili istinski učenici Mojsija, onda bi oni mogli da prepoznaju Isusa i slavili bi Boga. Tvrdeći da su imali vezu sa Mojsijem, koji je primio Zakon direktno od Boga, oni su pokušali da tvrde da su njihove reči bile pravedne. Ovo je slično kao da se neko hvali zbog nekog svog poznatog pretka i obmanjuje druge o sebi samom.

Čovek koji je jednom bio slep, nije bio mnogo učen i nije posedovao ništa; ali je znao da ono što su govorili Fariseji, nije imalo mnogo smisla. Ono što ga je još više zbunilo, bilo je to što su ovi ljudi bili učeni neuporedivo više nego on i bili su u poziciji da podučavaju sve njihove ljude, a ipak, oni nisu prepoznali Isusa. On jednostavno nije mogao da razume, govoreći: „To i jeste za čudo što vi ne znate otkud je, a On otvori oči moje."

Iako on nije bio mnogo učen i niko ga nije podučavao, zato što je bio dobar čovek od istine, on je znao šta je istina. Iako nije bio stručnjak za Zakone ili tradiciju starijih, on je mogao duhovno da oseti kakav je čovek bio Isus i shvatio je ko je On bio. Iako je on samo iskusio Boga, a nije znao mnogo o Njegovom delu, razlog zbog kog je stekao duhovno prosvetljenje tako brzo je zbog toga što je njegovo srce bilo tako čisto.

Čak i danas, slično kao Fariseji, mi smo možda stekli mnogo znanja o našoj veri i duhovnosti i mi možda izgledamo sveto od spolja, ali ima slučajeva kada ono što vrlo dobro znamo može postati naše ograničenje, ili nas zarobiti. Čak i u istoj hrišćanskoj zajednici, zbog toga što doktrine i veroispovest postanu ograničenja, ljudi se raspravljaju: „Ovo je ispravno, ili ovo je pogrešno," te se stvaraju podele, a ima i slučajeva kada ljudi osuđuju jedni druge. Na primer, Biblija kaže: „Uzvikujte u molitvi." Ali ako se ljudi određene crkve mole naglas ili uzvikuju u molitvi, ljudi govore: „Ova crkva je čudna." A kada se isceljenje dogodi u crkvi, neki ljudi kažu: „Ova crkva podržava misticizam." U osnovi, ovi ljudi sude Božjem delu zasnovano na pravilima i propisima koje je stvorio čovek.

Čvrsto srce slepog čoveka koji je isceljen

„A znamo da Bog ne sluša grešnika; nego ako ko

poštuje Boga i volju Njegovu tvori, onog sluša. Otkako
je sveta nije čuveno da ko otvori oči rođenom slepcu.
Kad On ne bi bio od Boga ne bi mogao ništa činiti.'
Odgovoriše i rekoše mu: 'Ti si se rodio sav u gresima,
pa zar ti nas da učiš?' I isteraše ga napolje." (9:31-34)

Zamislite scenu u kojoj je slepi čovek koji je bio isceljen,
okružen ljudima punim zla i ispitivan. Čovek mora da se tresao
od straha. Svaka reč koju su mu uputili bila je mučna i verovatno
zvučala skoro kao pretnja. Svi ljudi koji su stajali pred njim
poticali su iz elitnih porodica, bili su poštovani u društvu;
ljudi sa reputacijom i ugledom. Sa druge strane, on je bio prosti
prosjak koji je prosio na ulicama za život. Ali on se nije uplašio
pod njihovim pritiskom i strašnim prisustvom. On je govorio
istinu do gorkog kraja. Kakvo postojano srce je on imao!

Čovek je takođe priznao, da od početka vremena, ovo je bio
prvi put da su oči čoveka koji je rođen slep, progledale. Ovde,
činjenica da je Isus otvorio oči slepom čoveku, ima ogroman
duhovni značaj. To znači da Isus ne samo da ima moć da prosto
izvede znak, već da On takođe ima moć da otvori iduhovne oči.

Duhovno, čitavo čovečanstvo je rođeno slepo. Ali sa verom
u Isusa Hrista, naše duhovne oči su otvorene i možemo videti
duhovni svet i Nebesa. Činjenica da su oči čoveka koji je rođen
slep otvorene od strane Isusa, je predskazanje ovog duhovnog
značaja.

Baš kao što je rekao čovek koji je isceljen, kako može čovek
koji nije od Boga da otvori oči slepom čoveku? Samo Bog koji
ima veću moć od čoveka, može da učini tako nešto. Bez obzira
na razvoj nauke i tehnologije, ovo je nešto što čovek jednostavno

ne može učiniti. Ovo je jedna od onih stvari za koju samo Bog ima moć da je učini. Zato je isceljeni čovek svedočio da je Isus došao od Boga. Ipak, Fariseji ga na kraju ipak nisu slušali.

Biti duhovno slep

Glasine o tome da je slepi čovek progledao i da je slepi čovek isteran od strane fariseja, brzo su se širile. Kako bi dao čoveku još veće blagoslove od onih koje je već primio kada je bio isceljen, Isus se susreo sa čovekom još jedanput. A razlog zbog kog se Isus najpre sreo sa njim jednom, a zatim i drugi put—ne samo jednom—je očigledno zbog delanja čoveka do sada.

„Veruješ li ti Sina Božijeg?“

„Isus ču da ga isteraše napolje, i našavši ga reče mu: 'Veruješ li ti Sina Božijeg?' On odgovori i reče: 'Ko je, Gospode, da Ga verujem?' A Isus mu reče: 'I video si Ga, i koji govori s tobom Ga je.' A on reče: 'Verujem

Gospode.' I pokloni Mu se." (9:35-38)

Isus se sreo sa slepim čovekom koji je bio isceljen i pitao ga: „Veruješ li ti Sina Božijeg?" Šta je On mislio ovim je: „Da li ti veruješ u Božjeg Sina, Mesiju, koji ti je oprostio tvoje grehe i spasio te?" Čovek nije znao da je onaj koji mu je otvorio oči bio Mesija, koga su njegovi ljudi toliko dugo čekali. On je jednostavno mislio da je On bio neko od Boga: „Ko je, Gospode, da Ga verujem?"

U odgovoru on je rekao da je želeo da veruje u Božjeg Sina koji mu je oprostio grehe i koji će ga povesti ka spasenju. On je priznao da iako Ga on nije poznavao do sada, on želi da veruje. Znajući srce čoveka, Isus je otkrio da je On Mesija koji je otvorio njegove oči kada je On rekao: „I video si Ga, i koji govori s tobom Ga je." Čovek koji je bio slep odgovorio je: „Verujem Gospode."

Isus nije mnogo rekao, ali čovek je razumeo. On se poklonio i povinovao Isusu i priznao je svoju veru. Bogosluženje je čin koji pokazuje najveće poštovanje i zahvalnost. Čovek je verovao da je Isus bio Mesija, ne samo svojim usnama, već i svojim srcem.

Fariseji, koji su bili duhovno slepi

„I reče Isus: 'Ja dođoh na sud na ovaj svet, da vide koji ne vide, i koji vide da postanu.' I čuše ovo neki od fariseja koji behu s Njim, i rekoše Mu: 'Eda li smo mi slepi?' Reče im Isus: 'Kada biste bili slepi ne biste imali greha, a sad govorite da vidite, tako vaš greh ostaje.'" (9:39-41)

Isus je rekao Nikodimu, koji je Njemu došao po noći: *„Jer Bog ne posla Sina svog na svet da sudi svetu, nego da se svet spase kroza Nj"* (Jevanđelje po Jovanu 3:17). Ali u ovom odlomku, Isus je rekao: „Ja dođoh na sud na ovaj svet." Ovo može izgledati kao da Isus protivreči samom Sebi, ali to nije slučaj. On im govori tačno ono što „sud" znači, prema Bogu. Isusov konačni cilj za dolazak na ovaj svet je da nas spasi, a ne da nam sudi i da nas pošalje u Pakao. Ipak, oni ljudi koji ne veruju, konačno moraju doći pred sud, jer je cena za greh smrt (Poslanica Rimljanima 6:23).

Na šta je Isus mislio kada je rekao: „Ja dođoh na sud na ovaj svet, da vide koji ne vide, i koji vide da postanu?" Kada uporedimo slepog čoveka sa Farisejima, možemo razumeti šta ovo znači. Iako je neko fizički slep, ako njegovo srce traži Boga i ako je dobra osoba, on će prepoznati Mesiju i primiti spasenje i večni život. Ipak, kao i Fariseji, neko može imati dva oka koja fizički dobro vide, ali ako su njegove duhovne oči zaslepljene zlom u njegovom srcu, on ne može primiti spasenje. Fariseji koji su bili sa Isusom, pitali su Ga: „Eda li smo mi slepi?"

Oni su se suprotstavljali Isusu jer je On rekao: „Kada biste bili slepi ne biste imali greha." Oni nisu ovo upitali zato što to zaista nisu znali. Pošto su oni mogli da vide, oni su želeli da istaknu da oni nisu slepi. Fariseji jednostavno nisu razumeli Isusove Reči. Videvši njihovu reakciju, Isusu je srce bilo slomljeno. „Kada biste bili slepi ne biste imali greha, a sad govorite da vidite, tako vaš greh ostaje."

Ako je neko slep, mi možemo da pretpostavimo da on ne zna zato što ne može da vidi. Ali Fariseji nisu bili slepi. Oni su proveli toliko mnogo vremena proučavajući i podučavajući Zakone, a ipak nisu razumeli. Zato je Isus rekao: „Tako vaš greh ostaje."

Poglavlje 10

„Ja sam pastir dobri"

1. Parabola dobrog pastira
   (10:1-21)

2. „Ja i Otac jedno smo"
   (10:22-42)

Parabola dobrog pastira

Planinska zemlja Izrael ima mnogo strmih padina i kamenja, tako da onaj koji odgaja ovce u tom regionu mora posebno da pazi na okolinu. Ravnice u blizini nisu mnogo travnate, tako da pastiri moraju da prelaze velike udaljenosti da bi nahranili svoje ovce. Dobar pastir neće štedeti na naporu prilikom vođstva ovaca na zelene pašnjake i tihe vode. Isus je često podučavao duhovne istine, koristeći ilustracije sa kojima bi ljudi mogli lako da se povežu, a ovce i pastir su bile među najčešće korišćenim ilustracijama u Isusovim učenjima.

Ovce i pastir

„Zaista, zaista vam kažem, o ne ulazi na vrata u

tor ovčiji nego prelazi na drugom mestu on je lupež i hajduk. A koji ulazi na vrata jeste pastir ovcama." (10:1-2)

Tokom dana, pastir se kreće po okolini tražeći dobar pašnjak za njegove ovce. Kada se dan približi kraju, on vodi svoje ovce u sigurni obor. Pećina ili zid od kamenja se može koristiti kao obor. Kada bi pastir koristio pećinu kao obor, on bi postavio mala vrata nekoliko stopa ispred ulaska u pećinu, i poređao bi kamenje na obe strane vrata da bi pokrio ulaz u pećinu. Ulaz je veoma uzak i on postavlja trnje preko, da bi sprečio vukove i lopove da uđu. Naravno, pastir koji čuva ovce ulazi i izlazi kroz vrata obora. Ako neko uđe u obor penjući se preko zida, onda naverovatnije pokušava da ukrade ovcu.

Zašto bi nam Isus govrio nešto tako očito? Ovo je zato što ovce, pastir, pećina, vrata, lopovi i kradljivac simbolizuju nešto što je duhovno važno. Prvo, „ovce" simbolizuju Božju decu. Novi vernik, koji tek što je prihvatio Isusa, ili dugogodišnji vernik, vernik sa velikom verom, vernik sa malom verom—bilo koja osoba koja je primila spasenje, se smatra „ovcom." „Ovčji obor" simbolizuje mesto na kome se ovce okupljaju da se odmore; drugim rečima, „obor" je crkva u kojoj se Božja deca mogu okupiti da prime istinski Sabat i mir.

U 1. Korinćanima Poslanici 1:2 se opisuje: „*Crkvi Božijoj koja je u Korintu, osvećenima u Hristu Isusu, pozvanima svetima, sa svima koji prizivaju ime Gospoda našeg Isusa Hrista na svakom mestu i njihovom i našem.*" Crkva označava tip građevine i sve vernike. Tako ovčji obor može takođe značiti okupljanje Božje dece. Baš kao što je Isus rekao u Jevanđelju po

Jovanu 10:7: „*Ja sam vrata k ovcama,* " vrata simbolizuju Isusa Hrista.

Onda, koga simbolizuje „pastir ovcama?" Poslanica Jevrejima 13:20 kaže: „*A Bog mira, koji izvede iz mrtvih velikog Pastira ovcama, krvlju zaveta večnog, Gospoda našeg Isusa Hrista,* " a 1. Petrova Poslanica 5:4 govori: „*I kad se javi poglavar pastirski, primićete venac slave koji neće uvenuti.* " Tako možemo videti da je Isus Hrist i „Veliki Pastir" i „Poglavar Pastirski."

Pretpostavimo da je bilo deset hiljada ovaca. Ako ovce podelimo u deset grupa, i dodelimo jednog pastira po grupi, onda će veliki pastir predsedavati desetoricom pastira. Duhovno, Gospod Isus je Veliki Pastir. A Božje sluge su postavljene od strane Boga za svaku Njegovu crkvu, i sve sluge koje brinu o dušama u crkvi, mogu se nazvati „pastirima."

Njazad, ko su „lopovi i kradljivci?" Svako ko vodi vernike pogrešnim putem tako što naziva samog sebe Bogom, ili vaskrsnutim Hristom; antihrist koji poriče da je Isus Hrist došao na ovaj svet u telu; i bilo koji jeretički kult koji poriče Gospoda, koji nas je otkupio time što je platio kaznu naših grehova je, „lopov" i „kradljivac" (2. Petrova Poslanica 2:1).

Ovce koje glas pastira slušaju

„Njemu vratar otvara, i ovce glas njegov slušaju, i svoje ovce zove po imenu, i izgoni ih. I kad svoje ovce istera, ide pred njima, i ovce idu za njim, jer poznaju glas njegov. A za tuđinom neće da idu, nego beže od

njega, jer ne poznaju glas tuđi. Ovu priču kaza im Isus,
ali oni ne razumeše šta to beše što im kaza." (10:3-6)

Kad dođe jutro, pastir stojina vratima i proziva ovce po
imence da bi ih odveo na pašnjak. Ovce, koje su se mirno
odmorile pod zaštitom pastira, čuju njegov glas i izlaze iz
obora. Šta bi se dogodilo da neko drugi obuče pastirovu odeću
i pokuša da imitira pastirov glas? Govori se da ovce prepoznaju
razliku i pokušavaju da pobegnu. Koristeći ove posebne
karakterisitke ovaca kao ilustraciju, Isus je dao duhovno učenje.

Sada je „vratar," koji otvara vrata pastiru, Sveti Duh. Svakome
ko prihvati Isusa Hrista, Bog mu daje Svetog Duha kao poklon.
Sveti Duh, koji stanuje u nama, pomaže nam da komuniciramo
sa Bogom i da živimo u skladu sa Božjom Reči. Tako da, kada
Sveto Pismo kaže: „Njemu vratar otvara," to se odnosi na ulogu
Svetog Duha. A „vrata" u ovom stihu se razlikuju od „vrata"
spomenutih u ranijim stihovima. „Vrata" ovde simbolizuju vrata
naših misli i srca, kao Božje dece.

Kao što ovce mogu tačno razlikovati glas njihovog pastira od
drugih glasova, vernik koji je primio Svetog Duha takođe može
razlikovati glas Gospoda. U istini, osoba može jasno prepoznati
da li su druge sluge Gospoda jedno sa Velikim Pastirom ili ne.
Kada Jevreji nisu mogli da razumeju duhovno značenje ovih
ilustracija, Isus je ponovo objasnio, primenjujući koncept na
Sebi.

„Ja sam vrata k ovcama"

„Tada im reče Isus opet: 'Zaista, zaista vam kažem, Ja sam vrata k ovcama. Svi koliko ih god dođe pre Mene lupeži su i hajduci; ali ih ovce ne poslušaše.'" (10:7-8)

Da bismo razumeli zašto je Isus rekao da je On „vrata k ovcama," moramo se vratiti u vreme Izlaska, što se dogodilo pre 400 godina, kada se izraelski predak Jakov i cela njegova porodica naselila u Egiptu da bi izbegli glad.

Kada je Jakovljeva porodica, koja je brojala oko 70 članova, toliko porasla u broju, da su je mogli nazvati „narodom," oni su postali pretnja egipatskom Faraonu. Zbog toga ih je on pretvorio u robove i počeo da ih progoni. Bilo je dovoljno teško izdržati težak rad, ali kako je zlostavljavljanje od strane Faraona sve više i više raslo, ljudi Izraela su preklinjali Boga da ih spasi.

Tako je Bog odabrao Mojsija da kaže Faraonu da oslodobi Izraelce, ali Faraon ih nije tako lako pustio. Pošto je Faraon počeo da menja svoje reči i da ide protiv Božje volje, egipatski narod je primio različite vrste pošasti. Počelo je sa pošastima krvi, zatim najezdom žaba, vaški, buva, bolestima stoke, pojavom čireva, osipa, najezdom skakavaca, čak i sa pošastima tame. Cela zemlja je postajala iscrpljena. I sve vreme su Egipćani prolazili kroz sve ove nesreće, dok su Izraelci bili zaštićeni od strane Boga.

Upravo pre poslednje pošasti—pošasti u kojoj je svako prvorođeno dete svake egipatske porodice i svaka prvorođena životinja umrla—Bog je rekao narodu Izraela kako da se zaštite od ove pošasti. On im je kazao da zakolju mlado jagnje u sumrak i da njegovu krv namažu na gornje i bočne strane okvira vrata njihovih kuća, da ispeku meso na vatri i da ga pojedu, ostajući u kući. Bočne strane okvira vrata su stubovi koji podupiru vrata, a gornje strane su potpore napravljene od drveta ili kamena koje leže horizontalno iznad vrata i drže zid. U mrkloj noći, senka smrti nije išla u kuće Izraelaca koji su se povinovali Bogu i namazali okvire vrata njihovih kuća krvlju jagnjeta.

Ovde, krv mladog jagnjeta duhovno simbolizuje krv Isusa Hrista. Kao što senka smrti nije odlazila u kuće čiji su okviri vrata bil namazani krvlju, svako ko veruje u činjenicu da je Isus umro na krstu i prolio Njegovu krv, a Njegovom krvljusu nam bili oprošteni naši gresi, pobeći će od smrti i otići u večni život. Iako oni nisu znali duhovno značenje onoga što su uradili, oni su bili spašeni od poslednje pošasti.

Ali domaćinstva koja nisu namazala krv jagnjeta na gornje i bočne strane okvira vrata, iskusila su smrt njihovih prvorođenih sinova. A neki koji su namazali krv na okvire vrata, ipak nisu uspeli da izbegnu senku smrti, jer nisu ostali u kućama kako im je Bog zapovedio. Ovo je simbolika za nekog koje prihvatio Gospoda, ali je izgubio svoje spasenje jer je napustio okvir granica za spasenje. Kao što su Izraelci bili spašeni samo onda kada su namazali krv jagnjeta na bočne i gornje strane njihovih okvira vrata i ostali u kućama, mi jedino možemo biti spašeni ako ostanemo u Isus Hristu, koji nas je spasio prolivajući Njegovu krv zbog naših grehova. Zbog toga je Isus rekao: „Ja sam vrata k ovcama.“

Isus je takođe rekao: „Svi koliko ih god dođe pre Mene

lupeži su i hajduci." O kome Isus ovde govori? Reči „koliko ih god dođe pre mene" u ovom stihu se ne odnose samo na vreme pre. Vreme u kom je Isus došao na ovaj svet da spasi čovečanstvo od njegovih grehova je već bilo određeno u Božjem proviđenju. On je došao otprilike pre 2000 godina, u najpogodnije vreme da izvrši Božju volju. U to vreme, prosperitet Rimskog Carstva je bio toliko veliki, da ljudi i danas koriste izreku: „Svi putevi vode u Rim." Prosperitet Rimskog Carstva i razvoj grčke civilizacije je dosta poslužio kao mehanizam za brzo širenje jevanđelja Isusa Hrista po celom svetu.

Da se bilo ko pojavio i rekao: „Ja sam Hrist," van odgovarajućeg vremenskog okvira, to bi bila laž. Isto važi i za Drugi Dolazak Gospoda. Bog je odredio ovaj trenutak, tako da nema mesta ni za najmanju grešku. Ako se neko pojavi u vremenu koje se razlikuje od ovog određenog trenutka i kaže: „Ja sam Hrist," ili neko drugi kaže: „Ovo je put spasenja," onda su ovi ljudi lupeži i hajduci.

„Ko uđe kroza Me"

„Ja sam vrata; ko uđe kroza Me spašće se, i ući će i izići će, i pašu će naći. Lupež ne dolazi nizašta drugo nego da ukrade i ubije i pogubi; Ja dođoh da imaju život i izobilje." (10:9-10)

Svako ko veruje i prati Isusa Hrista—kroz vrata k ovcama— neće samo primiti spasenje, već gde god da izađe i uđe, primiće i hranu. A rečenica: „Ko uđe kroza Me," je apsolutni preduslov.

Samo ako osoba živi u skladu sa Rečju Gospoda, koji je istina Sam po Sebi, može onda primiti spasenje i blagoslove. Kada slušamo Božju Reč i živimo u skladu sa njom, Bog nam obećava da će nas „uzdići iznad svih naroda sveta," i mi ćemo biti „blagosloveni kada uđemo I blagosloveni kada izađemo" (Knjiga Ponovljenog Zakona 28:1-14).

Suprotno tome, ko su ljudi koje poredimo sa „lupežima?" Oni se pretvaraju da su Hrist, i oni govore drugima da ih prate da bi primili spasenje. Ali na kraju tog puta je smrt. Zato lupež dolazi da krade i ubije, a Isus je došao da nam podari život, i život u izobilju. Kao što je zapisano u 3. Jovanovoj Poslanici 1:2, kada naša duša prosperira, mi imamo dobro zdravlje i sve ide dobro po nas. Isus je došao da bismo mi imali ovakav život. Kada Sveto Pismo kaže da „duša prosperira," to znači da su naša srca ispunjena istinom. A kada su naša srca ispunjena istinom, naša dela će se jasno pokazati. Mi ćemo moći da se potpuno povinujemo Božjim Rečima, uvek ćemo biti radosni, stalno ćemo se moliti i zahvaljivaćemo se u svim okolnostima. Kada ovo činimo, neprijatelj đavo i Sotona će bežati od nas, a sva iskušenja, nevolje i bolesti će bežati zajedno sa njima, a mi ćemo moći da primimo blagoslov dobrog zdravlja.

Dobar pastir i najamnik

„Ja sam pastir dobri; pastir dobri dušu Svoju polaže za ovce. A najamnik, koji nije pastir, kome nisu ovce svoje, vidi vuka gde ide, i ostavlja ovce, i beži: i vuk zgrabi ovce i raspudi ih. A najamnik beži, jer je najamnik i ne mari za ovce.“ (10:11-13)

Kralj David je bio pastir kada je bio mladić. Dok je čuvao ovce, bilo je vremena kada bi lavovi ili medvedi pobegli sa ovcom ili dve. Ali kad god bi se ovo dogodilo, David je jurio grabljivicu, ubio je i spasio ovcu. Isus je govorio Jevrejima koristeći ovo kao ilustraciju. Dobar pastir će se boriti sa grabljivicom, čak i ako rizikuje sopstveni život, da bi spasio život ovce. Ipak, ako je život najamnika u opasnosti, on će napustiti ovce i pobeći će. Tako možemo razlikovati dobrog pastira i najamnika, posmatrajući plodove koje oni daju (Jevanđelje po Mateju 7:17).

Zbog toga što Isus ne bi čak poštedeo ni Njegov sopstveni život kada je postao žrtva pomirenja ljudskih grehova, On bi mogao da spasi čovečanstvo da ne ide putem smrti. Isus je podnosio patnje na krstu da bi nas poveo putem spasenja. On je jedini „dobri“ pastir i jedini istinski pastir. Za razliku od Gospoda koji nam je služio Njegovog celog života, najamnik želi da ga drugi služe. Najamnik čini sve što je u njegovoj moći da se razmeće sobom i pravi sebe poznatim. Ako mu nešto nije pravo, on gaji negativna osećanja i donosi neprijateljstvo. Ako je u situaciji koja mu nije od koristi, ili se suoči sa nekom nevoljom, on beži; tražeći način da spasi samog sebe.

„Dušu Svoju polažem za ovce“

„Ja sam pastir dobri i znam Svoje, i Moje Mene znaju, kao što Mene zna Otac i Ja znam Oca; i dušu Svoju

polažem za ovce." (10:14-15)

Dobar pastir zna kada su njegove ovce gladne i kad treba da ih nahrani. On ih hrani, vodi na vreme na spavanje i štiti ih od lošeg, te tako ovce narastu jake i zdrave. Marljivi pastir zna tačno u kakvom je stanju svaka ovca i on im pruža efikasno rešenje za bilo kakav problem koji se kod ovaca može javiti. Koristeći ovo kao ilustraciju, Isus je rekao: „Ja sam pastir dobri i znam Svoje, i Moje Mene znaju."

Šta znači poznavati nekog, prema Svetom Pismu? To znači poznavati duše koje nam je Bog poverio: ne samo njihovo ime, porodično poreklo, porodičnu situaciju i posao, što se sve odnosi na njihovu fizičku situaciju, već i njihove duhovne uslove takođe. Mi treba da znamo da li duše koje su nam poverene dobijaju dovoljno duhovne hrane i da se pobrinemo da nisu neuhranjene i moramo proveriti da li imaju neke bolesti. I nije dovoljno da samo spoznamo problem. Ako osoba nema vere, mi joj moramo pomoći da ima vere. Ako osoba ima greh, mi moramo da mu pomognemo da razume koji su njegovi grehovi i pomognemo mu da živi u pravednosti. Ako osoba ne zna da se moli, mi moramo da mu pomognemo da se moli. Ovo su odgovornosti dobrog pastira.

Mi možemo da vidimo srce dobrog pastira u priznanju apostola Pavla: „*U trudu i poslu, u mnogom nespavanju, u gladovanju i žeđi, u mnogom pošćenju, u zimi i golotinji. Osim što je spolja, navaljivanje ljudi svaki dan, i briga za sve crkve. Ko oslabi, i ja da ne oslabim? Ko se sablazni, i ja da se ne raspalim?* " (2. Korinćanima Poslanica 11:27-29).

Kada pastir ima ovakvo srce i iskreno se brine o svojim

ovcama, dajući im odgovarajuće recepte i podučavanja, ovce će prirodno voleti i verovati njihovom pastiru. Zbog toga što vole svog pastira, one će slušati njegov glas i pratiti ga. Kao dobar pastir, Isus je došao da pozove grešnike i da ih povede ka pokajanju, tako da On pomaže grešnicima da shvate svoje grehe, da ih odbace i da žive u središtu pravednosti. On podučava istinu u skladu sa merom vere svake osobe i daje im snagu da se nadaju i žive u skladu sa Rečju.

„Ja Sam od Sebe polažem“

„I druge ovce imam koje nisu iz ovog tora, i one mi valja dovesti; i čuće glas Moj, i biće jedno stado i jedan pastir. Zato Me Otac ljubi, jer Ja dušu Svoju polažem da je opet uzmem. Niko je ne otima od Mene, nego je Ja Sam od Sebe polažem, vlast imam položiti je i vlast imam uzeti je opet. Ovu sam zapovest primio od Oca svog.“ (10:16-18)

Kao što je zapisano u Jevanđelju po Luki 5:32: „*Ja nisam došao da dozovem pravednike nego grešnike na pokajanje,*“ Isusova misija za dolazak na ovu zemlju je da spase što više duša koji su van granica spasenja. Kada Isus kaže: „I druge ovce imam koje nisu iz ovog tora,“ On govori o ljudima koji ne veruju u Boga i koji nisu prihvatili Isusa Hrista. Isus govori da ovi ljudi moraju biti vođeni ka Njemu i postati deo svetog stada; drugim rečima, vernici.

Iz tog razloga, Božja deca koja su već spašena moraju

širiti jevanđelje. Kao što je Isus Hrist zapovedio u Delima Apostolskim 1:8: *„Nego ćete primiti silu kad siđe Duh Sveti na vas; i bićete mi svedoci u Jerusalimu i po svoj Judeji i Samariji i tja do kraja zemlje,"* bilo da imamo vremena ili ne, mi moramo da odvojimo vreme i da uložimo svaki napor za uzrok širenja jevanđelja.

Razlog zbog kog je Isus položio Njegov život, bio je da nas spasi i da nas povede na Nebesa. On nije položio Njegov život mimo volje samo zato što je to bila Božja volja. Kao što dete koje voli i razume srce svog roditelja i voljno se povinuje njegovoj volji, Isus se povinovao sa radošću. Isus je poznavao, bolje od bilo koga drugog, tugu u Božjem srcu zbog duša koje su išle ka večnoj smrti.

Zbog toga je Isus izabrao put koji je vodio ka polaganju Njegovog života. Iako je nakraju ovog puta bila slava, ovaj put nije bio lak; bio je to nastavak patnji. Ali On je dobrovoljno izabrao da preuzme ovu optužbu, koliko li je Bog bio radostan! Koliko li je divno Isus izgledao Bogu! Zbog toga je On podario Njegovu moć Isusu i On je Njemu pokazao još veća dela koja bi svi videli i čudili im se (Jevanđelje po Jovanu 5:20). Znaci, čudesna dela i neverovatna moć koji su pokazani kroz Isusa, dokazi su Božje ljubavi prema Isusu.

Bog nam je takođe dao autoritet da postanemo Njegova deca. Zapisano je u Jevanđelju po Marku 16:17: *„A ovi znaci biće onima koji veruju,"* Bog nam obećava da kao Njegova deca, sve dok imamo čistu veru, On će biti uz nas kroz znakove, baš kao što je On sa Isusom.

Rasprava Jevreja

„Tada opet posta raspra među Jevrejima za ove reči. Mnogi od njih govorahu: 'U njemu je đavo, i poludeo je. Šta ga slušate?' Drugi govorahu: 'Ove reči nisu ludoga. Zar može đavo slepima oči otvarati?'“ (10:19-21)

Umesto da se raduju i zahvaljuju sa slepim čovekom koji je bio izlečen, Jevreji ulaze u raspravu među sobom i konačno primoravaju čoveka da ode. I nakon što su čuli Isusovu ilustraciju o ovcama i pastiru u pokušaju da ih prosvetli, nastala je još jedna rasprava. Nakon što su ljudi počeli da optužuju Isusa da je opsednut đavolom, oni su počeli da se svađaju međusobno. Neko je rekao: „U njemu je đavo, i poludeo je. Šta ga slušate?“ dok su drugi govorili: „Ove reči nisu ludoga. Zar može đavo slepima oči otvarati?“

Njihovo uzavrelo neslaganje i rasprava konstantno su eskalirale, dok konačno nisu odlučili da „ubiju“ Isusa. U suštini, njihova srca su bila zla, te oni nisu oklevali da osude druge i oni se nisu obuzdavali u govoru i delanju iz zla. Oni su sebe nazivali Božjim ljudima i bili su u poziciji da proučavaju i podučavaju Zakon. Ali pošto su njihove oči bile slepe za istinu, oni su optužili Isusa da je lud i zaposednut đavolom, iako su videli sva Božja dela koja su se manifestovala kroz Isusa Hrista.

Ali nisu svi sudili i osudili Isusa iz zla. Bilo je nekih sa dobrim srcima među njima, koji su upitali, kako bi đavo mogao da učini da slep progleda. Ovi ljudi su verovali i prihvatili su Isusova dela kao manifestaciju Božje moći. Nije moguće da bi đavo imao moć da učini da slep progleda.

U Bibliji vidimo ljude koji su postali nemi i gluvi usled zaposedanja demonom. Demoni donose bolesti, nesreće, iskušenja, nevolje i patnje. Demoni nemaju ništa zajedničko sa dobrim delima, kao što je progledavanje slepog čoveka, da bi on mogao da slavi Boga (Jevanđelje po Marku 9:25; Jevanđelje po Luki 6:18, 9:42). Progledavanje slepog čoveka je bilo Božje delo, a On čini ovakva dela kroz Njegove odabrane ljude kojima je On zadovoljan (Psalmi 146:8; Isaija 42:1-7).

„Ja i Otac jedno smo“

Kao bilo koji narod, narod Izraela ima posebne praznike. Tri najveća praznika Jevreja su: pasha, praznik sedmica i praznik Građenja senica. Pored ovih praznika ima i drugih, kao što su Roš Hašana, Jom Kipur, Purim i praznik obnovljenja (Hanuka).

Od ovih praznika, praznik obnovljenja, drugačije poznat kao „Hanuka,“ je praznik kojim se obeležava obnovljenje Svetog hrama. 165. g. p.n.e jevrejski vođa Maccabeusje povratio Jerusalim od Sirije i obnovio hram u Jerusalimu, koji je bio uništen kada je zauzet Jerusalim. Da obeleže ovaj događaj, Jevreji tog dana slave Hanuku. Od Septembra 25., po jevrejskom kalendaru (negde oko Decembra), oko osam dana, Jevreji održavaju proslavu praznika. To je otprilike u isto vreme kada i Božić, koji slavi rođenje Isusa. Jevreji ne priznaju Isusa kao Hrista, i umesto toga slave Hanuku.

„Ako si ti Hristos, kaži nam slobodno"

„A beše tada praznik obnovljenja u Jerusalimu, i beše zima, i hodaše Isus u crkvi po tremu Solomunovom. A Jevreji Ga opkoliše, i govorahu Mu: 'Dokle ćeš mučiti duše naše? Ako si ti Hristos, kaži nam slobodno.'" (10:22-24)

Bilo je to u vreme praznika obnovljenja. Bila je zima; a pošto je Isus podnosio patnje na krstu u aprilu naredne godine, ovo je bila Njegova poslednja zima na zemlji. Otprilike u vreme praznika obnovljenja, Isus je bio u hramu na tremu Solomonovom. Pošto se Solomonov trem nalazio duž spoljašnjih zidova hrama, Solomonov trem nije imao zidove koji bi zadržali vetar. Ako pogledamo crkvu, tu je bila zgrada crkve, crkveno dvorište i ograda crkve. Kada bismo poredili hram sa crkvom, trem Solomonov bi bio ograda crkve, koji senalazio izvan zgrade hrama. Ovo mesto su često koristili rabini koji su ovde podučavali svoje učenike.

Isus i Njegovi učenici su takođe tamo odlazili da šire jevanđelje, podučavaju, leče bolesti i da pokažu Božju moć ljudima. Jednog dana, došla je grupa Jevreja i okupila se oko Isusa kao da su se dogovorili, i počeli su nasumice da mu postavljaju pitanja kao što su: „Dokle ćeš mučiti duše naše?," i „Ako si ti Hristos, kaži nam slobodno!"

Jevreji su očekivali da će se Isus uplašiti njihovim prisustvom i da će On reći da nije Hrist. Oni su ovo učinili, jer nisu priznavali Isusa za Božjeg Sina i smatrali su da je On prosta osoba. Oni sami su bili vođe Izraela sa imenima i moćima.

Oni su bili ti koji su temeljno poznavali Zakon. Njima, Isus je izgledao kao sin siromašnog stolara koji je išao okolo sa ribarima kao učenicima. Zbog toga čak iako im je Isus pokazao dosta znakova i čuda da bi im dao dokaz da vide i poveruju, oni su odbili da veruju. Kako je Isus odgovorio ovim ljudima koji su zahtevali da im otvoreno kaže da je On bio Hrist?

„Ali vi ne verujete jer niste od Mojih ovaca“

„Isus im odgovori: 'Ja vam kazah, pa ne verujete; dela koja tvorim Ja u ime Oca svog ona svedoče za Me. Ali vi ne verujete jer niste od Mojih ovaca. Ovce Moje slušaju glas Moj, i Ja poznajem njih, i za Mnom idu.'“ (10:25-27)

Bog je koristio mnogo načina da pokaže da je Isus bio Njihov Spasitelj. On je rekao ljudima kroz Jovana Krstitelja. Isus sam im je rekao. A kroz sva moćna dela koja su učinjena u Božje ime, On je takođe posvedočio o Njemu. Ali Jevreji Ga nisu priznali do samog kraja.

„Ja vam kazah, pa ne verujete; dela koja tvorim Ja u ime Oca svog ona svedoče za Me.“

Jevreji ne samo da su odbili da poveruju; oni su sudili, osuđivali i kovali zaveru kako da ubiju Isusa. Ipak, kao što ovce poznaju glas svog pastira i prate ga, Božja deca bi trebalo damogu da poveruju u sve stvari koje Bog čini kroz Isusa Hrista.

„Ja i Otac jedno smo“

„I Ja ću im dati život večni, i nikad neće izginuti, i niko ih neće oteti iz ruke Moje. Otac Moj koji Mi ih dade veći je od svih; i niko ih ne može oteti iz ruke Oca Mog. Ja i Otac jedno smo.“ (10:28-30)

Isus je rekao: „I Ja ću im dati život večni,“ jer oni koji veruju u Isusa kao Spasitelja primaju Svetog Duha; a njihov duh, koji je nekad bio mrtav, vraća se u život. Kada Sveti Duh rodi duh i kada počnemo da sve više i više živimo u Božjoj Reči, onda se mi malo pomalo menjamo istinom. Ovo je put večnog života. Pošto nema smrti u Isusu Hristu koji ima večni život, kada mi verujemo u Njega, mi možemo imati istinski život. Zbog toga, mi ne stradamo i možemo uživati u istinskoj sreći celu večnost na Nebesima.

Isus je takođe rekao: „I niko ih ne može oteti iz ruke Oca Mog.“ Ovo je pasus koji pokazuje koliko nas Isus voli. Ono što Isus misli ovim pasusom je da pošto su Njegove ovce Njemu poverene od Boga, On voli Njegove ovce Njegovim životom; i bez obzira na opasnosti koje mogu naići, On neće odustati od Njegovih ovaca. Tako niko Isusu ne može oduzeti ovce.

„Ko će nas rastaviti od ljubavi Božije? Nevolja li ili tuga, ili gonjenje, ili glad, ili golotinja, ili strah, ili mač?“ (Poslanica Rimljanima 8:35).

Povrh svega toga, Bog je veći od bilo čega u stvaranju. „Bilo šta u stvaranju,“ odnosi se na sve stvari koje postoje u univerzumu. Univerzum je sam po sebi nazamislivo veliki. Onda, ko nas može rastaviti od Božjih ruku, ko je još veći od ogromnog univerzuma? Nakon naglašavanja da nas niko ne može rastaviti od Isusa dokle god verujemo u Njega i pratimo Ga, On nam govori zašto je to tako govoreći: „Ja i Otac jedno smo.“

Razlog zbog kog su Bog i Isus jedno je, zato što je Isus Reč (Bog) koji je postao telo i došao na ovaj svet (Jevanđelje po Jovanu 1:14). I sama činjenica da je Isus začet od Svetog Duha, daje nam na znanje da je On jedno sa Bogom.

Jevreji pokušavaju da kamenuju Isusa

„A Jevreji opet uzeše kamenje da Ga ubiju. Isus im odgovori: 'Mnoga vam dobra dela javih od Oca svog; za koje od onih dela bacate kamenje na Me? Odgovoriše Mu Jevreji govoreći: Za dobro delo ne bacamo kamenje na Te, nego za hulu na Boga, što Ti, čovek budući, gradiš se Bog.'“ (10:31-33)

Jevreji su pobesneli kada je Isus rekao da je On jedno sa Bogom. Oni su bili spremni da Ga kamenuju. Oni su verovali da je On uvredio Boga, kome su se oni povinovali. Da su oni razumeli da dobra dela koja je Isus izvodio nisu mogla da budu učinjena sa ljudskom moći, oni bi znali da je Bog prebivao sa Njim. Ali njih nisu zanimala dobra dela; oni su se usredsredili samo na reči „jedno sa Bogom“ i videli su to kao smrtni greh. Poznavajući njihova srca, Isus je mudro postavio pitanje koje je otkrilo njihova prava srca: „Mnoga vam dobra dela javih od Oca svog; za koje od onih dela bacate kamenje na Me?“

Kada su se Jevreji prisetili jednog po jednog, svih dela koje je Isus do tada učinio, oni nisu mogli da nađu razlog da Ga kamenuju. Pošto nisu mogli da daju odgovarajući odgovor, oni su se raspravljali da je On bogohulio govoreći: „Za dobro delo ne bacamo kamenje na Te, nego za hulu na Boga, što Ti, čovek budući, gradiš se Bog.“ Biti nedoličan ili drzak prema Bogu je „bogohuljenje.“ U Bibliji je to reč koja opisuje nešto što se smatra skrnavljenjem.

„Zašto Me optužujete za bogohuljenje?“

„Isus im odgovori: 'Ne stoji li napisano u zakonu vašem: Ja rekoh: bogovi ste?' Ako one nazva bogovima kojima reč Božija bi, i pismo se ne može pokvariti; kako vi govorite Onome kog Otac posveti i posla na svet. Zašto Me optužujete za bogohuljenje, što rekoh: 'Ja sam Sin Božji?'“ (10:34-36)

Isus je koristio Zakon kome su Jevreji dodelili moć i autoritet, da bi prosvetlio Jevreje. On je iskoristio stih iz Psalma 82:6: *„Bogovi ste, i sinovi Višnjeg svi.“*

Zašto Isus govori: „Pismo se ne može pokvariti?“ Biblija je obećanje Božje Reči nama. Bog nije čovek; zato, šta god da On kaže, nema zablude i nema žaljenja. On uvek čini ono što kaže da će učiniti. I pošto je Biblija iskreno obećanje od Boga, ono ne može biti pokvareno. Jevanđelje po Mateju 5:18 kaže: *"Jer vam zaista kažem: dokle nebo i zemlja stoji, neće nestati ni najmanje slovce ili jedna titla iz zakona dok se sve ne izvrši."*

Isus je govorio da je zapisano u Zakonu da su ljudi "kojima je došla Božja Reč," bogovi. Ima mnogo ljudi u Bibliji koji su primili posebno otkrovenje od Boga. Bog se obraćao direktno odabranoj osobi ili joj se obraćao kroz snove. Jakovljev jedanaesti sin, Josif, tumačio je Faraonov san koji niko drugi nije mogao da protumači, a onda je Faraon rekao njegovom slugi: *"Možemo li naći čoveka kakav je ovaj, u kome bi duh bio Božji?"* (Postanak 41:38). Mojsiju, vođi velikog Izlaska, Bog je rekao: *"Evo, postavio sam te da si Bog Faraonu"* (Izlazak 7:1). Apostol Pavle je pokazao mnogo neverovatnih Božjih dela i mnogo ljudi ga je takođe smatralo Bogom (Dela Apostolska 14:11, 28:6).

Kada je Isus rekao: "Ja i Otac jedno smo," oni su to prihvatili kao "tvrdnju da je On Bog." Isus je uvek nazivao Boga "Ocem." On nikada nije rekao: "Ja sam Bog." Ipak, na osnovu stiha iz Levitskog Zakonika 24:16: *"Ko bi ružio ime GOSPODNJE, da se pogubi, sav narod da ga zaspe kamenjem; i došljak i domorodac koji bi ružio ime GOSPODNJE, da se pogubi,"* oni su mislili da su samo pronašli razlog za ubijanje, u skladu sa Zakonom.

„Ako Meni i ne verujete, delima verujte"

"Ako ne tvorim dela Oca svog ne verujte Mi; ako li tvorim, ako Meni i ne verujete, delima Mojim verujte,

da poznate i verujete da je Otac u Meni i Ja u Njemu.'
Tada opet gledahu da Ga uhvate; ali im se izmače iz
ruku." (10:37-39)

Isusu je bilo slomljeno srce zbog Jevreja. Iako im je On
pokazao neverovatna Božja dela mnogo puta, oni Njemu i dalje
nisu verovali, zbog zavisti i ljubomore u njihovim srcima. Pošto
oni zaista nisu mogli da poveruju, iako je trebalo da veruju, Isus
ih je pozvao da bar veruju delima koje je On učinio govoreći im:
„Ako ne tvorim dela Oca svog ne verujte Mi; ako li tvorim, ako
Meni i ne verujete, delima Mojim verujte, da poznate i verujete
da je Otac u Meni i Ja u Njemu."

Dela koja je Isus učinio ne mogu biti učinjena ljudskom
moći. Jedan može samo priznati da je On učinio ta dela pomoću
Božje moći. Isus je želeo da oni imaju veru, bar zbog toga što su
videli sve te stvari. Ovaj pasus obuhvata Isusovo srce—srce koje
je istinski žudelo da spasi još jednu dušu.

Ali bez obzira na to koliko se Isus trudio da ih prosvetli, oni
jednostavno nisu razumeli. Jevreji su postali još ljući i pokušali
su da uhvate Isusa. Ipak, još jednom, Isus je mudro izbegao
njihovo hvatanje. Da, još uvek nije bilo došlo Njegovo vreme da
bude uhvaćen; ali što je još važnije, Isusove Reči su nosile takvo
dostojanstvo i autoritet, da se niko nije mogao usuditi da dođe i
uhvati Ga.

Ljudi koji su verovali preko Jordana

„I otide opet preko Jordana na ono mesto gde Jovan

pre krštavaše; i osta onde. I mnogi dođoše k Njemu i govorahu: 'Jovan ne učini ni jednog čuda, ali sve što kaza Jovan za Ovog istina beše.' I mnogi verovaše Ga onde." (10:40-42)

Isus je ponovo otišao preko Jordana. Ovo je bila oblast Verije, gde je Jovan Krstitelj prvi put krstio. Ljude koji su se ovde okupili nakon što su čuli vesti o Njemu, Isus je podučavao o jevanđelju o Nebesima i izvodio mnoge čudesne znakove, uključujući isceljivanje bolesnih. Kada su ljudi iz te oblasti došli direktno u kontakt sa Isusovim Rečima i Njegovim služenjem, oni su govorili: „Jovan ne učini ni jednog čuda, ali sve što kaza Jovan za Ovog istina beše."

Reakcije ljudi iz oblasti Verije bile su vrlo različite od reakcija Jevreja u Jerusalimu. Dobro i zlo u srcima ljudi su ovde jasno vidljivi. Dobri ljudi se trude da veruju u dobre i ljubazne reči koje se odnose na istinu. Naročito kada neko opravdava njegove reči sa znakovima i čudima kao Isus, oni veruju. Ovo je zato što čudesni znakovi ne mogu da se dogode sa ljudskom moći, to je moguće samo u Bogu (Psalmi 62:11).

Autor:
Dr. Džerok Li
(Jaerock Lee)

Dr. Džerok Li je rođen u Muanu, Džeonam provinciji, Republika Koreja, 1943. godine. U svojim dvadesetim, Dr. Li je sedam godina patio od mnoštva neizlečivih bolesti i iščekivao smrt bez nade za oporavak. Međutim jednog dana u proleće 1974. god, njegova sestra ga je odvela u crkvu i kad je kleknuo da se pomoli, živi Bog ga je momentalno izlečio od svih bolesti.

Od trenutka kad je Dr. Li sreo živog Boga kroz to divno iskustvo, on je zavoleo Boga svim svojim srcem i iskrenošću, a u 1978. god., je pozvan da bude sluga Božji. Molio se revnosno uz nebrojene molitve u postu kako bi mogao jasno da razume volju Božju, u potpunosti je ispuni i posluša Reč Božju. Godine1982. je osnovao Manmin centralnu crkvu u Seulu, Koreja i bezbrojna dela Božja uključujući čudesna isceljenja, znaci i čuda se ot tada dešavaju u njegovoj crkvi.

U 1986. god. Dr. Li je zaređen za pastora na godišnjem Zasedanju Isusove Sungkjul crkve Koreje i četiri godine kasnije u 1990.god. njegove propovedi su počele da se emituju u Australiji, Rusiji i na Filipinima. U kratko vreme i u mnogim drugim zemljama, preko Radio difuzne kompanije Daleki Istok, Azija radio difuzne kompanije i Vašingtonskog hrišćanskog radio sistema.

Tri godine kasnije, 1993.god., Manmin centralna crkva je izabrana za jednu od „Svetskih top 50 crkava" od strane magazina Hrišćanski svet (Christian World) a on je primio počasni doktorat bogoslovlja od Koledža hrišćanske vere, Florida, SAD i 1996.god. Doktorat iz Službe od Kingsvej teološke bogoslovije, Ajova, SAD.

Od 1993.god., dr. Li prednjači u svetskoj evangelizaciji kroz mnogo inostranih pohoda u Tanzaniji, Argentini, Los Anđelesu, Baltimoru, Havajima i Nju Jorku u Sjedinjenim Američkim Državama, Ugandi, Japanu, Pakistanu, Keniji, Filipinima, Hondurasu, Indiji, Rusiji, Nemačkoj, Peruu, Demokratskoj Republici Kongo, Izraelu i Estoniji. U 2002. godini bio je priznat kao „svetski obnovitelj" zbog njegovih snažnih svešteničkih službi u mnogim prekomorskim pohodima od strane hrišćanskih novina u Koreji. Izvanredan je bio njegov „Njujorški pohod 2006. god" održan u Medison skver gardenu, najpoznatijoj svetskoj areni. Događaj je prenosilo 220 nacija a na njegovom „Pohodu ujedinjeni Izrael 2009. god." održanom u Međunarodnom kongresnom centru (ICC) u Jerusalimu on je hrabro oglasio da je Isus Hrist Mesija i Spasitelj. Njegove propovedi emitovane su za 176 nacija putem satelita uključujući GCN TV i bio je svrstan kao jedan od top 10 najuticajnijih hrišćanskih vođa 2009. i 2010. godine od strane popularnog Ruskog hrišćanskog časopisa *U pobedu* (In Victory) i nove agencije *Hrišćanski telegraf* (Christian Telegraph) za njegovu moćnu svešteničku službu TV emitovanja i njegove inostrane crkveno pastorske službe.

Od april 2017. god., Manmin Centralna Crkva ima zajednicu od preko 120.000 članova. Postoji 11 000 ogranaka crkve širom planete uključujući 56 domaćih ogranaka crkve i do sad više od 102 misionara su opunomoćena u 23 zemlje, uključujući Sjedinjene Države, Rusiju, Nemačku, Kanadu, Japan, Kinu, Francusku, Indiju, Keniju i mnoge druge.

Do datuma ovog izdanja Dr. Li je napisao 107 knjige, uključujući bestselere: *Probanje Večnog Života Pre Smrti, Moj Život, Moja Vera I i II, Poruka Sa Krsta, Mera Vere, Raj I& II, Pakao* i *Moć Božja*. Njegove knjige su prevedene na više od 76 jezika.

Njegove Hrišćanski rubrike se pojavljuju u *Hankok Ilbo, JongAng dnevniku, Dong-A Ilbo, The Chosun Ilbo, Seul Šinmunu, Kjunghjang Šinmun, Hankjoreh Šinmun, Korejski ekonomski dnevnik, Šisa vesti,* i *Hrišćanskoj štampi*.

Dr. Li je trenutno na čelu mnogih misionarskih organizacija i udruženja uključujući: predsedavajući, Ujedinjene svete crkve Isusa Hrista; stalni predsednik, Udruženje svetske hrišćanske preporodne službe; osnivač i predsednik odbora, Globalna hrišćanska mreža (GCN); osnivač i član odbora, Mreža svetskih hrišćanskih lekara (WCDN); i osnivač i član odbora, Manmin internacionalna bogoslovija (MIS).

Raj I & II

Detaljna skica predivne životne okoline u kojoj rajski stanovnici uživaju i prelepi opisi različitih nivoa nebeskih kraljevstva.

Poruka sa Krsta

Moćna probuđujuća poruka za sve ljude koji su duhovno uspavani! U ovoj knjizi naći ćete razlog da je Isus jedini Spasitelj i iskrenu ljubav Božju.

Pakao

Iskrena poruka celom čovečanstvu od Boga, koji ne želi da ijedna duša padne u dubine Pakla! Otkrićete nikad do sad otkriveni iskaz o okrutnoj stvarnosti Nižeg Hada i Pakla.

Duh, Duša i Telo I & II

Vodič koji nam daje duhovno objašnjenje duha, duše i tela i pomaže nam da pronađemo kakvog „sebe" smo mi načinili da bi mogli da dobijemo moć da pobedimo mrak i postanemo duhovna osoba.

Mera Vere

Kakvo mesto stanovanja, kruna i nagrade su spremne za vas na nebu? Ova knjiga obezbeđuje mudrost i smernice za vas da izmerite vašu veru i gajite najbolju i najzreliju veru.

Probuđeni Izrael

Zašto Bog upire Svoje oči na Izrael od početka sveta pa do današnjeg dana? Kakvo Njegovo proviđenje je spremljeno za Izrael u poslednjim danima, koji očekuje Mesiju?

Moj Život, Moja Vera I & II

Najmirisnija duhovna aroma izvučena iz života koji je cvetao sa neuporedivom ljubavlju za Boga, u sred crnih talasa, hladnih okova i najdubljeg očaja.

Moć Božja

Obavezno-pročitati, koja služi kao suštinski vodič po kojem čovek može posedovati pravu veru i iskusiti čudesnu moć Božju.